Rebecca Niazi-Shahabi
Nett ist die kleine Schwester von Scheiße

PIPER

Zu diesem Buch

Diese Kulturgeschichte des schlechten Benehmens gibt unverschämt humorvoll Tipps an die Hand, wie man wirklich gut ankommt. Egal, ob im Bewerbungsgespräch bei der hippen Werbeagentur oder beim Kennenlernen der Schwiegereltern in spe. Rebecca Niazi-Shahabi verrät unter anderem das Geheimnis erfolgreicher Hochstapler, zeigt, dass Charisma erlernbar ist und warum Artigsein beim Flirten nichts zu suchen hat.

Rebecca Niazi-Shahabi stammt aus einer deutsch-israelisch-iranischen Familie und lebt in Berlin. Dort hält sie seit Jahren Seminare zum Thema Charisma und arbeitet als Journalistin, Werbetexterin und Autorin. Zuletzt erschien von ihr der Roman »Leichte Liebe«.

Rebecca Niazi-Shahabi

Nett ist die kleine Schwester von Scheiße

Danebenbenehmen und trotzdem gut ankommen

Piper München Zürich

Mehr über unsere Autoren und Bücher:
www.piper.de

MIX
Papier aus verantwortungsvollen Quellen
FSC® C083411

Originalausgabe
1. Auflage April 2011
10. Auflage Januar 2014
© Piper Verlag GmbH, München 2011
Umschlaggestaltung: semper smile, München
Umschlagabbildung: Oliver Sperl, Berlin
Satz: Kösel, Krugzell
Gesetzt aus der Adobe Garamond
Papier: Munken Print von Arctic Paper Munkedals AB, Schweden
Druck und Bindung: CPI books GmbH, Leck
Printed in Germany   ISBN 978-3-492-26418-1

»Was ist deine ganze Garderobe von äußern Tugenden
wert, wenn du diesen Flitterputz nur über ein
schwaches, niedriges Herz hängst, um in Gesellschaft damit Staat zu machen?«

Adolph Freiherr von Knigge
»Über den Umgang mit Menschen«

1 MANIEREN UND DENKEN PASSEN NICHT ZUSAMMEN
*Wieso Immanuel Kant für das schlechte
Benehmen zuständig ist* 8

2 WARUM DÜRFEN DIE DAS?
Wie Charme perfekte Manieren ersetzt 34

3 LIZENZ ZUR SÜNDE
Das Phänomen der Scheinmoral 74

4 ÄRGERN, LÜGEN, PROVOZIEREN
*Artigsein hat beim Flirten nichts zu
suchen* 100

5 OHNE BENIMM AUF DIE KARRIERELEITER
*Warum es unwürdig ist, einen guten
Eindruck zu machen* 146

6 SCHLECHTES BENEHMEN ALS HEILUNG
*Wut und Ärger sind der schnellste Weg
zur Erleuchtung* 208

7 DIE WAHL DER WAFFEN
Welches schlechte Benehmen passt zu wem? 256

8 GESELLSCHAFTSSPIELE
Welche Rollen hassen Sie am meisten? 268

NACHWORT: LETZTE WARNUNG VOR KAMELEN 283

1
MANIEREN UND DENKEN
PASSEN NICHT ZUSAMMEN
WIESO IMMANUEL KANT FÜR DAS SCHLECHTE
BENEHMEN ZUSTÄNDIG IST.

*»Geist ist ungeil – schlechtes Benehmen und
moralfreie Grobschlächtigkeit: Kante statt
Kant in der Mitte der Gesellschaft«*
Michael Jürgs, »Tagesspiegel« vom
2. August 2009

Er war ein Tier, ein richtiger Mann. Seit er öffentlich auftrat, erschien es plötzlich als etwas durchaus Erstrebenswertes, seinen Körper nicht mehr zu kontrollieren. Er rülpste und furzte, wenn es ihm danach war, aß und trank mehr, als er vertrug, hatte unzählige Liebschaften, und stand irgendwo ein Regal, lehnte er sich dagegen, so als könne er sich ohne Stütze nicht mehr aufrecht halten. Das war nicht manierlich, aber provokant. Und aufregend. Viele Frauen haben sich in ihn verliebt, Männer haben ihn kopiert: Marlon Brando wurde durch sein rüpelhaftes Benehmen in den 6oern zur Ikone.

»Barbarisch, unästhetisch und unzivilisiert« sei es, schreibt der Restaurantkritiker Wolfram Siebeck ein halbes Jahrhundert später in der Zeitschrift Der Große Knigge, *Weingläser am Kelch anzufassen, anstatt sie am Stiel zu halten. Das Schlimmste aber sei, dass das Fernsehen diese schlechten Manieren auch noch verbreite, indem es Schauspielern und Komparsen, Talkshowgästen und Moderatoren erlaube, Wein- und Sektgläser auf diese unelegante Art und Weise in die vielen Kameras zu halten.*

Schauspieler, Models und Rock- und Fernsehstars, die Vorbilder unserer heutigen Gesellschaft, benehmen sich sowieso meistens schlecht. Denn das gehört zu ihrem Selbstverständnis. Die falsch gehaltenen Gläser zählen da allerdings noch zu den relativ harmlosen Entgleisungen.

Manieren sind ein Spiel. Sie sind gesellschaftliche Codes, mit denen sich Botschaften mit Mitmenschen austauschen lassen. Dass dabei nur eine Sorte von Botschaften erlaubt sein soll, davon sind bloß Einfallslose wie Wolfram Siebeck überzeugt.

Barbarisch, unästhetisch und unzivilisiert – na und?

Der Witz an diesem Spiel ist, dass es ebenso erlaubt ist, sich an die Regeln zu halten, wie, sich nicht an die Regeln zu halten – je nachdem, in welcher Stimmung jemand gerade ist:
Will ich lieber nicht auffallen oder aber überraschen? Lieber anständig oder sexy wirken? Angepasst oder rebellisch? Schmeicheln oder provozieren? Habe ich Persönlichkeit genug, etwas zu riskieren und eine Chance, die sich mir bietet, zu nutzen – auch wenn ich damit gegen eine Regel verstoße?

In den Smalltalkkursen, die ich gebe, stellen sich die meisten Teilnehmer diese Fragen jedoch nicht. Vielmehr wollen sie von mir erfahren, wie sie möglichst korrekt die vielen schwierigen Situationen und Unwägbarkeiten des Lebens meistern. Sie gehen nämlich davon aus, dass es für jede Gelegenheit passende und von offizieller Seite abgesegnete Redewendungen und Gesprächsthemen gibt, mit denen sich ein positiver Eindruck beim Gegenüber erzeugen lässt. Am allerwichtigsten scheint ihnen dabei zu sein, zu vermeiden, dass ihnen andere Menschen irgendetwas vorwerfen können.

Sie wollen sich gut benehmen, weil sie:

– eine Arbeit brauchen,
– neue Menschen kennenlernen wollen,
– in bestimmten Kreisen anerkannt werden möchten,
– sich anbiedern und anpassen wollen,
– glauben, sich von anderen abgrenzen zu müssen.

Sie können es aber auch sein lassen. Denn sie irren sich, wenn sie glauben, dass sie gutes Benehmen einem dieser Ziele näher brächte oder sie beliebter mache. Das ist ja gerade das Paradox des Lebens, dass Freundschaft, Arbeit, Erfolg, Liebe nicht immer denjenigen zufallen, die es eigentlich »verdient« haben. Manchmal scheint vielmehr genau der umgekehrte Zusammenhang zu bestehen: Männer haben Erfolg bei Frauen, obwohl sie Arschlöcher sind, und sexy sind meistens Leute, die noch nie von vollkommenen Umgangsformen gehört haben, wie etwa Marlon Brando oder die Frontfrau der Punkband The Gossip, Beth Ditto. Auch Lady Gaga und die kanadische Sängerin Peaches oder Hella von Sinnen und Oliver Pocher sind nicht gerade durch ihr gutes Benehmen berühmt geworden.
Ein Vorstellungskandidat wirkt interessant, wenn er nicht ganz so gefallen möchte wie seine Mitbewerber. Ex-Bundeskanzler Helmut Schmidt hat Autorität und genießt Anerkennung, weil er trotz Rauchverbots überall raucht. Brave Menschen werden auch nicht zu Talkshows eingeladen. Karl-Lagerfeld-Interviews sind sicher 1000-mal interessanter als solche mit Oliver Bierhoff oder Michael Schuhmacher. Männer und Frauen, die uns ärgern, erregen unsere Aufmerksamkeit, und wenn sie sich richtig

danebenbenehmen, bewundern wir sogar unwillkürlich und wider besseres Wissen ihre Dreistigkeit.

Gutes Benehmen macht unattraktiv!

Manch schlechtes Benehmen mag einem vielleicht nicht gefallen – aber gutes Benehmen kann auch unattraktiv machen. So hat der Disney-Konzern zum Beispiel eine große Umgestaltung seiner bekanntesten Figur, der Micky Maus, gestartet. Denn der Besserwisser und Tausendsassa Micky wird laut umfangreichen Marktforschungen bei Kindern immer unbeliebter. Die zwei häufigsten Vorwürfe der befragten Zielgruppe sind: Micky Maus macht alles richtig und weiß alles besser. Nun soll die Strebermaus daher ein paar Schwächen bekommen und auch Dinge machen, die man eigentlich nicht tut, sodass eine bessere Identifikation mit ihr möglich ist.

So weit sind die Macher der amerikanischen *Sesamstraße* noch nicht. Hier will das Fernsehen die Beliebtheit des Krümelmonsters aus der *Sesamstraße* nutzen, um Vorschulkindern eine gesündere Lebensweise nahezubringen: Das Vorbild Krümelmonster soll daher keine Kekse mehr in sich hineinstopfen, sondern Möhren knabbern. Doch damit wird – und das sollte eigentlich jedem klar sein – genau das zerstört, was das Monster bei Kindern so beliebt macht. Die Kinder lieben das Krümelmonster ja gerade deshalb, weil es sich so herrlich unkorrekt verhält. Hassobjekte sind dagegen die beiden braven, blond bezopften Mädchen mit den piepsigen Stimmen.

Auch der Berliner Rapper Bushido hat sich künstlerisch ruiniert, als er anfing, den geläuterten Radaubruder zu spielen. Seinen Erfolg verdankt er ja gerade seinen schwu-

len- und frauenverachtenden, rassistischen, gewaltver-
herrlichenden und antisemitischen Texten. So konsequent
geschmacklos waren seine Botschaften, dass die Musiksender MTV und Viva alle seine Videos aus dem Programm
nahmen. Er tauge nicht zum Vorbild, sagten die Organi-
satoren der Initiative »Schulen gegen Gewalt« und wollten
ihn nicht mehr dabeihaben. Ein Kerl, der zwischen Nut-
ten und echten Schlampen unterschied, ein Gegenmodell
zu den Vertretern einer förderungswürdigen Jugendkultur,
das war Bushido.

Doch heute rennt er in Talkshows und wirft sich Politikern
wie Horst Seehofer und Berlins Bürgermeister Klaus
Wowereit an den Hals. 2011 will er sogar die CSU-Hymne
singen! Das ist natürlich nicht strafbar, aber damit führt er
sich selbst ad absurdum.

Denn ein Rapper, der gut sein will, ist schlimmer als einer,
der flucht. In der Filmbiografie *Zeiten ändern dich* von Uli
Edel gibt er den harten Kerl, der die Widersprüche seiner
Kindheit und Jugend aufgelöst hat und nun anderen helfen möchte, wieder auf den rechten Weg zu gelangen. Und
so wird das Gangsterimage, mit dem Bushido sein Geld
verdient hat, immer schwächer und schwächer.

Ein italienisches Restaurant in Berlin und eine jüdische
Bäckerei in New York verdanken ihre große Beliebtheit
ebenfalls genau der Sehnsucht der Menschen nach Regel-
brüchen. Im Due Forni in Berlin mit 300 Plätzen muss
man stets vorreservieren. Markenzeichen des Restaurants:
die ruppige Bedienung. Auch bei Murray's Bagels in Manhattan mit dem sagenhaft spröden Personal stehen die
New Yorker Schlange nach den Bagels.

Wie kommen also meine Seminarteilnehmer zu der Annahme, dass sie durch gute Manieren ihre Beliebtheit steigern könnten? Und wieso glaubt Wolfram Siebeck, dass andere Menschen, nur weil er das Glas gerne am Stiel hält, dies auch tun sollten? Übrigens belegt Siebeck durch seine Klage, dass die Regel, Weingläser am Stiel anzufassen, offensichtlich immer weniger Leuten bekannt ist – womit sie sich dann auch von selbst erledigt hätte. Denn da Manieren gesellschaftliche Codes sind, ist es ja zwingend erforderlich, dass es Menschen gibt, die diese Codes auch verstehen. Wenn aber kaum jemand mehr die Regel kennt, von der Siebeck spricht, kann sich auch niemand mehr durch das »falsche Halten« eines Glases gekränkt fühlen – warum also dann diese Gewohnheit künstlich aufrechterhalten? Wein lässt sich doch ebenso gut trinken, wenn man das Glas am Kelch packt, und Menschen haben im Übrigen schon Wein genossen, als es noch gar keine Trinkgläser gab. Vor 2000 Jahren war es bei den Germanen zum Beispiel üblich, Honigwein aus den Schädeln der Feinde zu trinken – auch das funktionierte, und man wurde betrunken. Es wäre allerdings nicht uninteressant zu wissen, ob es damals als eleganter galt, den Schädel am Kiefer oder in den Augenhöhlen zu greifen.

Als die Knigge-Expertin Isa Gräfin von Hardenberg 2000 ihren neuen Benimmratgeber veröffentlichte, gab es zu Promotionszwecken einen Test im Internet: Auf einem Foto von einem Cocktailempfang sollten zwölf Fehler angeklickt werden, die in dieser Szene illustriert waren, etwa ein fälschlicherweise offen gelassenes Jackett. 80 Prozent der Teilnehmer erreichten nicht die volle Punktzahl. Und das sollte ein Kaufargument sein! Wozu aber sich richtig benehmen, wenn das die meisten Leute gar nicht mehr bemerken? Wozu das Jackett korrekterweise geschlossen lassen, wenn 80 Prozent vielleicht gar kein Jackett mehr anhaben?

Menschen wie Siebeck und Frau von Hardenberg werden wohl noch so lange über falsch zugeknöpfte oder fehlende Jacketts jammern, bis kaum jemand mehr dieses Kleidungsstück im Schrank hat. Dafür werden sie just in dem Moment ein Loblied auf das T-Shirt anzustimmen beginnen, wenn es aus der Mode kommt. Es gibt immer irgendeine Verhaltensregel, die gerade am Verschwinden ist, doch dies zu bedauern, ist unnötig, denn dafür kommen ja ständig neue hinzu. Und dies dank der Menschen, welche die Regeln, die sie einengen oder die sie als überflüssig empfinden, einfach brechen. Sie, und nicht die selbst ernannten Benimmexperten, sind die Avantgarde der Gesellschaft.

Wie Trine, die Köchin der Buddenbrooks. In seinem Roman *Buddenbrooks* beschreibt Thomas Mann, wie die Köchin während der 1848er-Revolution plötzlich aufmüpfig wird und niemand so recht damit umgehen kann. Die Köchin hat ein Verhältnis mit einem Schlachtergesellen, und dieser Schlachtergeselle hatte ihr politisches Bewusstsein geweckt. Eines Tages, als sie von der Hausherrin zurechtgewiesen wurde, stemmte sie ihre Arme in die Hüfte und verkündete: »Warten Sie mal bloß, Frau Konsulin, dat duert nu nich mehr lange, denn kommt ne annere Ordnung in de Saak; denn sitt ich doar up'm Sofa in' sieden Kleed, un Sei bedienen mich denn …« – Man kündigte ihr sofort.

Die Avantgarde kann natürlich auch aus der Oberschicht stammen. So ließ sich zum Beispiel der Rektor der Universität Königsberg im Jahre 1787 entschuldigen und erschien nicht zum Festgottesdienst, den seine Universität anlässlich des Besuchs von König Friedrich Wilhelm II. veranstaltete. Ein unerhörtes Benehmen zur damaligen Zeit! Aber leider war es nun mal so, dass der Rektor Gottesdienste hasste und in seiner Jugend nur der Mutter zuliebe die Kirche besucht hatte. Der Rektor hieß Immanuel Kant. Sein kategorischer Imperativ »Handle nur nach derjenigen Maxime, durch die du zugleich wollen kannst, dass sie ein allgemeines Gesetz werde« wird merkwürdigerweise in fast jedem Benimmratgeber von 1960 bis 2010 zur moralischen Begründung von guten Manieren herangezogen. Das ist der billige Versuch, aus Fragen des Benimms eine Frage der Ethik zu machen.

Damit auch jeder den kategorischen Imperativ versteht, wird seine angebliche Übersetzung, die Goldene Regel, meist ergänzend genannt: »Was du nicht willst, dass man dir tu, das füg auch keinem anderen zu.« Das Ganze beweist lediglich, wie wenig die oben angesprochenen Verfasser tatsächlich von Kant und von Manieren verstehen. Denn Manieren und Ethik stellen in gewisser Weise einen Gegensatz dar: Ethische Regeln sind deswegen ethisch, weil sie universal und für alle Menschen gültig sind wie etwa das Gebot »Du sollst nicht töten«. Manieren sind dagegen von Kultur zu Kultur verschieden und ändern sich dauernd – was heute gut ist, war gestern schlecht und umgekehrt. Sie sind also ihrem Wesen nach gerade nicht universal und für jeden gültig. Es sind Regeln, die von Jahrhundert zu Jahrhundert, für Frauen und Männer und für jede Gesellschaftsschicht anders aussehen. Vor 100 Jahren etwa stand ein Gentleman beim Erscheinen einer Dame auf, im Falle einer Arbeiterin jedoch nicht. Heute gilt ein Mensch, der solche Unterschiede macht, als untragbar. Wenn er Pech hat, muss er sich vor Gericht sogar wegen Diskriminierung verantworten.

Was gestern höflich war, ist heute strafbar!

Im 17. Jahrhundert galt es als ehrlos, eine Herausforderung zum Duell abzulehnen, im 21. Jahrhundert würde man sich strafbar machen, wenn man sie annähme. Ein Arbeiter verhielt sich im letzten Jahrhundert anders als ein Manager von heute, für einen Edelmann galten natürlich andere Benimmregeln als für einen Sultan, und ein Popstar kann sich heute mehr erlauben als eine Bankangestellte.

Die Eltern meiner marokkanischen Freundin setzen selbstverständlich andere Prioritäten als die Eltern einer deutschen Schulkameradin. War die Marokkanerin Farida etwa bei deutschen Freundinnen zu Besuch, wurde ihr selten etwas zu essen angeboten. Im Gegenteil: War Abendbrotzeit, forderten sie die meisten Mütter sogar auf, nach Hause zu gehen. Für sie war das schockierend, denn bei ihren Eltern durfte niemand das Haus verlassen, ohne etwas gegessen und getrunken zu haben.

Kant hat sich immer für Ethik und niemals für Fragen des Benimms interessiert. Wie andere Leute ihr Glas Wein halten oder wer wen zuerst begrüßen sollte, kommt in seinen Schriften gar nicht vor. Immanuel Kant war vielmehr auf der Suche nach einer universalen Regel, einer Handlungsmaxime, welche für alle Menschen zu jeder Zeit gültig ist. Bis jetzt hat niemand etwas Besseres als den kategorischen Imperativ (KI) gefunden, obwohl auch der seine Schwächen hat. Der KI ist ein logisches Werkzeug, mit dem jeder Mensch selbstständig und einfach prüfen kann, ob das Prinzip seiner Handlung ethisch ist oder nicht.

Überprüfen Sie folgende Szenarien anhand des kategorischen Imperativs:

Szenario A:
Ein Mann sieht einen Geldboten mit einer prall gefüllten Geldtasche aus einem Spielcasino herauskommen. Der Geldbote ist nicht bewaffnet und, noch viel wichtiger, er ist allein. Der Mann erkennt die Möglichkeit, dem Boten mit einem Ruck die Tasche zu entreißen und dann in der Menge zu verschwinden. Da Spielcasinos das Geld im Grunde genommen auch gestohlen haben und außerdem versichert sind, käme dabei niemand wirklich zu Schaden.

So wenden Sie den KI auf dieses Fallbeispiel an:
Der Mann bestiehlt das Casino, bringt also das Privateigentum des Spielcasinobesitzers an sich. Ziel dieses Diebstahls ist es, dieses Geld zu seinem Privateigentum zu machen – der Mann würde sich schön ärgern, wenn ihm an der nächsten Straßenecke das Diebesgut von einem Dritten wieder abgenommen werden würde – er also seinerseits seines Privateigentums beraubt werden würde. Das Verhalten des Mannes ist daher widersprüchlich.

Der KI funktioniert in jedem Land, zu jeder Zeit, er gilt für Christen, Moslems oder Buddhisten gleichermaßen, und er kann von Königen oder Postbeamten angewendet werden. Und zwar ohne Vorbildung, ohne Kenntnis des Strafgesetzbuches, ohne Zuhilfenahme von Gott oder einer anderen moralischen Instanz.

Kommen wir nun zu Szenario B.

Szenario B:
Ein Mann sieht einen Geldboten mit einer prall gefüllten Geldtasche aus einem Spielcasino herauskommen. Der Geldbote ist nicht bewaffnet und, noch viel wichtiger, er ist allein. Der Mann ist ein moderner Robin Hood und betrachtet Privateigentum als die Hauptursache von Ungerechtigkeit und den daraus entstehenden sozialen Konflikten. Er entreißt dem Mann die Geldtasche und verschwindet in der Menge. Anschließend verteilt er das Geld auf einem öffentlichen Platz an die Menschen.

Nun ist das Verhalten des Mannes ein ganz anderes. Mit dem KI lassen sich in puncto Wertung sehr gegensätzliche Schlussfolgerungen ziehen: Derjenige, der das Privateigentum als eines der wichtigsten Menschenrechte betrachtet, wird zu einem anderen Ergebnis kommen als einer, der es als das größte Übel unserer Gesellschaft ansieht. Doch im wirklichen Leben geht es selten so eindeutig zu, Probleme tauchen meistens in Mischformen auf.

Szenario C:
Was wäre, wenn der Mann aus dem Szenario A einen schwerkranken Sohn zu Hause hätte und das Geld für eine teure Behandlung bräuchte? Auch Immanuel Kant hatte Verständnis für einen Mann, der stiehlt, weil er und seine Kinder in Not sind. Und bestimmt würde er auch zugestehen, dass eine Kleptomanin nicht unethisch, sondern unter Zwang handelt. Und dass der Diebstahl eines Jugendlichen aus einem sogenannten Problemviertel anders zu bewerten ist als die Steuerhinterziehung eines Großverdieners.

Stehlen Sie nie mehr,
als Sie brauchen!

Pfarrer Tim Jones aus York in England sieht das Thema Diebstahl ebenfalls differenziert. »Stehlen Sie nicht mehr, als Sie brauchen!« Mit diesen Worten riet er letztes Jahr seiner nicht gerade wohlhabenden Gemeinde, sich in Zeiten der Not mit Ladendiebstahl zu behelfen. Allerdings sollten die Gemeindemitglieder sich lieber bei großen Kaufhausketten als bei kleinen Familienbetrieben bedienen.

Nun folgt das Argument, mit dem die Verteidiger der guten Manieren schlechtes Verhalten gern brandmarken, es lautet: »Wenn das alle täten …« Sie machen das aus dem Instinkt heraus, dass man, wenn man etwas Einzelnes verallgemeinert, sich damit automatisch auf dem Gebiet der Ethik befindet. Sicherlich kennt jeder dieses Phänomen aus seiner Kindheit: Man kam mit einem Arm voller Blumen nach Hause, die man in einem öffentlichen Park oder von einer Verkehrsinsel gepflückt hatte. Statt aber nun für diese Tat gelobt zu werden, wurde man gescholten: Wenn das alle machen würden, dann gäbe es draußen bald keine Blumen mehr. Schon als Kind war aber klar, dass irgendetwas an dieser Argumentation nicht stimmte, denn schließlich machten das eben nicht alle, und man war doch der Einzige gewesen.

Recht hat das Kind, denn das Verallgemeinern muss passen und ist laut dem amerikanischen Philosophen Marcus George Singer nicht zulässig, wenn der Zustand »wenn alle das täten« genauso wenig wünschenswert wäre wie der Zustand »keiner tut das«.

Das ist leicht einzusehen: Wenn das Kind etwa, anstatt

einen Strauß illegal gepflückter Blumen zu offerieren, den Wunsch äußern würde, Arzt zu werden, würde wohl niemand darauf antworten: Das geht nicht. Wenn das alle machen würden!

Dabei wäre es durchaus schlimm, wenn alle Kinder einer Generation Arzt wären, denn dann würde die Menschheit verhungern.

Weil also der Zustand, dass niemand Arzt ist, genauso schlimm ist, wie wenn alle Arzt wären, ist eine Verallgemeinerung in diesem Falle unzulässig.

Mit dem guten Benehmen ist es genauso: Es wäre scheußlich, wenn alle sich schlecht benehmen würden, aber wenn alle nur brav das Richtige täten, wäre es noch viel scheußlicher. Ob man sich also »gut« oder »schlecht« benimmt, muss man von Fall zu Fall selbst entscheiden.

Stellen Sie sich vor, Sie lebten in einem Land, in dem Benimm und Manieren noch wirklich etwas bedeuten. Die Straßen sind sauber, in U-Bahnen und Bussen wird nicht gegessen und auch kein lautes Wort gesprochen, Rauchen kennt man in diesem Land nur vom Hörensagen. Die Menschen sind höflich und sagen immer die Wahrheit. Denn nachweisbares Lügen wird mit acht Stockhieben auf das nackte Gesäß bestraft. Doch gelogen wird hier nicht – Rücksichtslosigkeit liegt den Einwohnern dieses Landes einfach nicht im Blut. Pornografie ist verboten, jegliche abweichende Sexualität, wie etwa Oralverkehr, wird mit Gefängnis geahndet. Kaugummikauen in der Öffentlichkeit zieht eine empfindliche Geldbuße nach sich, spuckt man das Kaugummi gar auf den Boden, hat man eine Woche lang in einer auffälligen Warnweste mit der Aufschrift »Wiedergutmachungsmaßnahme« öffentliche Plätze oder Strände zu säubern. Wollen Sie in diesem Land des ewigen guten Benimms leben? Wenn ja, packen Sie Ihre Koffer, denn dieses Land existiert. Es heißt Singapur.

Manieren sind etwas für Leute,
die nicht nachdenken wollen.

Dass man selbst nachdenken darf, macht das Zusammenleben natürlich komplizierter – und nicht einfacher, wie es Sinn und Zweck von Manieren ist. Manieren nehmen uns in gewisser Weise nämlich das Nachdenken ab, denn sie sind in Form gegossene Verhaltensweisen, die man ungefragt anwendet. Wer sich manierlich benimmt, zeigt genau das Verhalten, welches andere in bestimmten Situationen von ihm erwarten, nichts weiter. Dafür braucht es jedoch nicht gleich eines Verweises auf Kant. Es lässt sich zum Beispiel auch mit einiger Berechtigung behaupten, dass Wolfram Siebeck sich unmanierlich verhält, wenn er inmitten von unwissenden Schauspielern und anderen Proleten sein Weinglas am Stiel ergreift. Denn weil das ja kaum jemand mehr erwartet – wie er selbst beobachtet hat –, muss er folgerichtig alle Anwesenden mit dieser provozierenden Geste, dieser demonstrativen Zurschaustellung seiner Andersartigkeit verblüffen und düpieren.

Manieren kann man nicht einfordern,
schon gar nicht mit der Hilfe von
Immanuel Kant.

Ob Marlon Brando sich gegen ein Regal lehnt oder nicht, ob Siebeck sein Weinglas am Stiel hält oder wie ein Bauer daraus trinkt, ob Helmut Schmidt in seinem Büro raucht oder nicht, wäre Immanuel Kant wohl ziemlich egal. Gehütet hat er sich auch in seinem Werk *Kritik der reinen Vernunft* davor, seine Formel den Spezialfällen des Alltags auszusetzen – wie eben dem Fall des Vaters eines kranken Sohnes oder dem einer unheilbaren Kleptomanin oder der finanziellen Situation der Gemeinde des Yorker Pfarrers Tim Jones. Außerdem ist das Leben nicht nur reine Vernunft, im Alltag ist es meist mehrschichtig. Es ist von außen betrachtet zum Beispiel nicht zu erkennen, ob ein Mann, der seiner Begleiterin beim Betreten eines Gebäudes nicht die Tür aufhält, dies tut, weil er es nicht besser weiß, oder aber, weil sein Arm so furchtbar schmerzt, weil er ihr gestern beim Umzug geholfen hat. Darüber hinaus müssen auch die vielfältigen Persönlichkeiten und ihre unterschiedlichen Bedürfnisse bei einer Beurteilung berücksichtigt werden. Vielleicht weiß der nicht türenaufhaltende Mann, dass seine Begleiterin diese Höflichkeitsgeste nicht schätzt oder aus einem Land kommt, in dem dies nicht üblich ist. Niemand würde beispielsweise Michelle Obama moralisch verurteilen, weil sie beim Besuch bei der englischen Queen Anfang 2009 gegen die Etikette verstoßen hat, indem sie der Queen die Schulter tätschelte. Michelle Obama wollte sich ja nicht schlecht benehmen, sondern gerade besonders herzlich zeigen. Und ihre kulturelle Prägung als Amerikanerin ist nun einmal eine andere als die der Queen.

Doch hinter dem Weinglas-falsch-Halten und dem Ellenbogen-auf-dem-Tisch steht eine falsche ethische Haltung, nämlich Respektlosigkeit den Mitmenschen gegenüber, und diese Haltung wäre es, die sie kritisierten, sagen Siebeck, von Hardenberg und Benimmexperte Horst Hanisch. Was sie fordern, ist wieder mehr Respekt.

Tatsächlich wäre die Absicht, »respektlos zu sein«, nach dem KI nicht zulässig: denn die Handlungsmaxime, vor anderen Menschen keinen Respekt haben zu wollen, ist in sich widersprüchlich, weil man ja für die Forderung nach dem Ausleben der eigenen Respektlosigkeit Respekt erwartet. Aber Respekt und Manieren hängen keinesfalls, so wie es die Benimmfürworter suggerieren, untrennbar und für alle Zeiten unverrückbar miteinander zusammen. Im Gegenteil.

Oft zementieren der Respekt vor einer Regel und die entsprechenden Manieren gesellschaftliche Zustände, die längst überholt sind: Rosa Parks, eine schwarze Amerikanerin aus Montgomery, löste beispielsweise vor 55 Jahren den Protest gegen die Rassentrennung im Süden der USA aus, weil sie sich weigerte, ihren Sitzplatz im Bus für einen Weißen freizumachen – was damals eine vorgeschriebene Verhaltensregel war.

Ein aktuelles Beispiel ist der Protest der Anwohner in Berlin-Kreuzberg gegen die Gentrifizierung ihres Viertels: Um das Viertel unattraktiv für Yuppies zu machen, die sich für viel Geld Eigentumswohnungen am Spree-Ufer kaufen, Fabriketagen zu großzügigen Lofts umbauen lassen und somit die Mietsätze in dem Viertel so hochtreiben, dass sich die Menschen, welche das Viertel überhaupt zu dem gemacht haben, was es ist, nicht mehr leisten können, ruft die Gruppe Soziale Kämpfe zu folgenden Gegenmaßnahmen auf:

– Verlassen Sie das Haus nur noch im Jogginganzug und Feinrippunterhemd und mit einer Bierflasche – sind Sie auf dem Weg zur Arbeit, ziehen Sie sich erst um, wenn Sie den Stadtteil Kreuzberg verlassen haben.

- Gehen Sie in Gruppen herum, pöbeln und fluchen Sie, und spucken Sie auf die Straße.
- Hängen Sie Aldi- oder Lidltüten in Ihre Fenster.
- Schrauben Sie ausrangierte Satellitenschüsseln an Ihre Hausfassaden.
- Spielen Sie laute Heavy-Metal-Musik, und lassen Sie dabei Ihre Fenster offen stehen. Besprechen Sie mit Ihren Nachbarn, wann es diese am wenigsten stört.
- Erscheinen Sie mit all Ihren Freunden auf Besichtigungsterminen für überteuerte Wohnungen – und feiern Sie dort eine Überraschungsparty mit Ghettoblaster und mitgebrachten Getränken.

Mit anderen Worten, jeder Kreuzberger soll mithelfen, das Straßenbild und die Atmosphäre seines Viertels so zu gestalten, dass den Reichen ihre Freude an ihren 200-Quadratmeter-Lofts gründlich verdorben wird. Es gibt sogar schon ein Wort für dieses Vorgehen: In der Sprache der Soziologen wird das zivilgesellschaftliche Deattraktivierungsstrategie genannt.

> Benehmen Sie sich schlecht –
> und verbessern Sie die Gesellschaft!

Wie bereits an diesen beiden Beispielen deutlich wird, ist es problematisch, Manieren zu einer Frage der Ethik oder des Anstands hochzustilisieren. Denn hier sind es gerade die, die gegen gängige Regeln verstoßen und keine Manieren zeigen, die etwas Positives tun und bewirken.
Trine, die Köchin der Buddenbrooks und Rosa Parks aus den Südstaaten wehrten sich gegen unmoralische Zustände. Der Kreuzberger Widerstand hilft allen, die zu wenig Geld haben, um sich von Hausbesitzern und Vermietern freizu-

kaufen. Und Marlon Brandos Regelverstöße führten zu einer der größten Neuerungen Hollywoods, nämlich der Ablösung des glatten Helden durch wirklich interessante, weil gespaltene Protagonisten. Immanuel Kant machte durch seine Weigerung, den Gottesdienst zu besuchen, fleißige Kirchgänger darauf aufmerksam, dass ein Kirchgang nur dann etwas wert ist, wenn er aus Überzeugung erfolgt.

Wer sich schlecht benimmt, strahlt Macht aus.

Es ist übrigens oft lediglich eine Frage der jeweiligen Macht, ob das Verhalten eines Menschen als schlecht oder gut, kultiviert oder vulgär empfunden wird. Dem einem werden aufgrund seiner Position viele Freiheiten eingeräumt, dem anderen lässt man nichts durchgehen. So hieß es beispielsweise bei den Weimarer Bürgern, welche bei Goethe zu Gast waren, »Goethe genießt den Wein«, wenn Goethe zum Abendessen zwei Flaschen Wein trank. Doch wenn Christiane Vulpius, seine Lebensgefährtin, zur Weinflasche griff, sagten die Leute: »Der arme Goethe – die Christiane ist wieder besoffen.« Goethe galt aufgrund seiner Herkunft als Ästhet und Weinkenner, Christiane, das einfache Mädchen, mit dem Goethe lange Jahre zusammenlebte und fünf Kinder hatte, als Säuferin.

Ex-Bundeskanzler Helmut Schmidt kann rauchen, wo er will, sogar im Fernsehen, und jeder findet das toll. Der hochunsympathische Dieter Bohlen verdient mit seiner arroganten Art sogar eine Menge Geld, und Silvio Berlusconi ist immerhin Ministerpräsident von Italien. Ob nun neureiche Russen, in Hotels randalierende Popstars, egomanische Künstler – Ausschweifungen und absolutes

Ignorieren jeder Norm sind seit jeher Ausdruck einer privilegierten Stellung.

Natürlich gibt es immer noch Kreise und Funktionen, zu denen jemand keinen Zugang hat, wenn ihm der entsprechende Verhaltenskanon nicht geläufig ist. Aber allein mit gutem Benehmen lässt sich keine Schichtzugehörigkeit vortäuschen. So besagt eine Studie aus Deutschland von 2007, dass Juristen, deren Eltern dem Arbeitermilieu angehören, selbst bei Bestnoten kaum Chancen haben, in die Aufsichtsräte großer Unternehmen aufzusteigen, weil ihnen einfach der entsprechende Habitus fehlt: Diese Juristen benehmen sich gut – und zwar zu gut, denn die Selbstverständlichkeit, mit der diese Regeln beherrscht und eben auch gebrochen werden, ist das entscheidende Moment!

> *Das Studium der Manieren lohnt sich nicht:*
> *Außerhalb des speziellen Milieus,*
> *in dem man sie braucht, ist es nicht mehr*
> *nötig, innerhalb hoffnungslos.*

Nicht jeder hat den Mut, Dinge zu tun, die andere niemals täten. Es ist jedoch Tatsache: Je mehr jemand in diesem Gesellschaftsspiel nach seinen eigenen Regeln spielt, desto interessanter und attraktiver wirkt er auf andere Menschen. Daraus folgt allerdings: Wer in Benimmseminare geht, um seine Außenwirkung zu verbessern, hat eigentlich schon verloren. Ihm fehlt grundsätzlich das Verständnis darüber, wie jemand Eindruck bei anderen hinterlässt, wie er sie reizt, bezaubert, fasziniert! Die entscheidende Frage hierbei ist nämlich nicht, wie man sich benimmt, sondern wie er eine Persönlichkeit wird. Friedrich Nietzsche hat in einem Satz zusammengefasst, wie man dies nicht wird: »Wer fragt, was er tun soll, wird die Tat nicht tun, die er tun muss.«

Dr. Jürgen Stepien, Psychologischer Psychotherapeut, Psychoonkologe und Verfasser von zahlreichen Vorträgen zum Thema Eigensinn und Konfliktmanagement, hat beobachtet:

»Viele Menschen stecken viel Zeit und Energie hinein, ihre Eigenarten zu überwinden. Danach zu streben, sich so zu verhalten, dass einem nichts – nämlich die eigene Persönlichkeit – vorgeworfen werden kann, ist aber ein Verrat an sich selbst. Wer jedoch nicht eigensinnig lebt, schneidet sich ab von seiner eigenen Lebendigkeit. Ein hoher Preis. Eigensinnig zu sein, bedeutet immer erst auch, ausgestoßen zu werden. Weil man Fehler macht und Regeln verletzt. Wer beginnt, eigensinnig zu sein, wird sofort mit den Ansprüchen seiner Umgebung konfrontiert. Egoismus und Rücksichtslosigkeit heißen die moralischen Vorwürfe der Leute, deren Interessen man beschneidet. Man braucht Mut, um sich die Treue zu erweisen und es nicht immer anderen Leuten recht zu machen. Aber paradoxerweise sind es gerade die eigensinnigen Leute, die deutlicher gemocht und deutlicher respektiert werden!«

»Wer die Einhaltung gesellschaftlicher
Umgangsformen einfordert, hat das Wesen
der Manieren nicht verstanden.«
Asfa-Wossen Asserate, Autor von »Manieren«

Wer mehr Manieren fordert, reduziert das Gesellschaftsspiel »Manieren« auf einen einzigen Spielzug. Abgesehen davon ist dieses Einfordern der Bruch der Spielregel Nummer eins: Sich schlecht zu benehmen, ist erlaubt, sich über das Benehmen anderer zu beschweren, verrät den Kleinbürger.

Denn der Kleinbürger und Spießer hat aus diesem Spiel ernst gemacht, weil er damit etwas erreichen will: Theodor W. Adorno schreibt in seinem Text *Theorie der Halbbildung*, dass die Bourgeoisie stets darauf aus war, den Adel zu imitieren. Denn seit dem Erstarken des Bürgertums im 19. Jahrhundert schlummerte in jedem Großbürger der inständige Wunsch, irgendwann zu Höherem aufzusteigen – und das Weinglas am Stiel zu halten statt am Kelch, war eben schon der erste Schritt dorthin. Irgendwann begann dann der Kleinbürger damit, den Großbürger zu imitieren: Auch er träumte nun davon, dazuzugehören und ein besseres Leben zu führen – mit Klaviermusik und Ballettunterricht für die Kinder, mit Literatursalons und Briefen, in denen tiefe Gefühle und Einsichten mitgeteilt werden. Und das Ganze umgeben von Kunst und Kultur in einer Villa, die sauber gehalten wird von Personal. Niemals mehr Geldsorgen, Streit, Geschrei oder Weckerklingeln um sechs Uhr morgens. Eine adelige Lebensweise eben, die verrät, dass beide Schätze – sowohl Muße als auch Geld – reichlich vorhanden sind.

Leider begreift der Kleinbürger nicht, dass die Vornehmheit flöten geht, wenn das »feine Benehmen« in den Dienst der Außenwirkung gestellt wird. Fleiß und Pünktlichkeit sind seiner Meinung nach immer noch angeraten, selbst heute, wo allzu korrektes und unnatürliches Benehmen fast lächerlich wirkt, wo Anzug und Krawatte eher den Untergebenen als den Chef verraten. Und wo sich in kaum einer Branche mehr die nächste Stufe auf der Karriereleiter durch Ausdauer und Bescheidenheit verdienen lässt. Im Gegenteil. Meistens sind es die Untreuen und Ungeduldigen, die die Chancen, welche sich ihnen bieten, am schnellsten ergreifen.

Dass sich Adel dadurch verrät, dass man gar nicht wirken muss und deswegen die geläufigen Regeln lässig übertritt, kommt einem Kleinbürger gar nicht in den Sinn.

Manieren zu haben,
ist feige und langweilig.

Sich an Benimmregeln und akzeptierte Umgangsformen zu klammern, ist nur eine Flucht vor den vielen Ambivalenzen und Unwägbarkeiten des Lebens. Manieren sollen schützen vor den eigenen Wünschen, Unsicherheiten und unkontrollierbaren Impulsen. In einem Benimmkurs oder einem Bewerbungstraining suchen die Teilnehmer nach einer Anleitung, um das brüchige Eis der zwischenmenschlichen Begegnung zum spiegelnden, aber rutschsicheren Parkett zu machen. Unvorhergesehenes soll ausgeschlossen werden, oder zumindest möchte man darauf vorbereitet sein.

Dass das Zusammensein mit anderen dann eher öde als aufregend ist, wird dabei in Kauf genommen – Hauptsache, die Betreffenden müssen sich nie wieder steif, unsicher oder fehl am Platz fühlen. Dafür lehnen sie dann diejenigen öffentlich ab, die absichtlich oder unabsichtlich danebenhauen. Heimlich aber freuen sie sich daran, schauen liebend gern Talkshows mit sogenannten Skandalnudeln und Sendungen, in denen sich ungeschickte Menschen lächerlich machen. Bei Einladungen, Empfängen und Partys genießen sie die Anwesenheit von Menschen, die sie selbst niemals zu sich nach Hause einladen würden. Sie möchten mithilfe von Menschen, die sich schlecht benehmen, etwas erleben – aber bitte nicht von ihnen belästigt werden. Sie können über solche Leute lachen und lästern – aber leider nicht mit ihnen umgehen.

Statt sich gut zu benehmen, sollten sie sich lieber fragen, wie es wäre, wenn

– keiner mehr reizt und provoziert wie Klaus Kinski,
– keiner mit seiner Ehrlichkeit oder Dreistigkeit verblüfft wie Karl Lagerfeld,
– niemand durch seinen Fehltritt entkrampft und amüsiert wie Guildo Horn,
– keiner durch neue Ideen zeigt, welche Regeln schon längst überholt sind, wie Kinder es tun,
– kein ausländischer Gast darauf aufmerksam macht, welche Manieren dem oft geforderten interkulturellen Dialog im Wege stehen und
– niemand mehr durch sein schlechtes Benehmen indirekt das gute erstrebenswert macht wie Oliver Pocher.

Das Leben wäre langweilig und blöd und das Miteinander zum Stillstand verurteilt.
Vielversprechender ist ein kreativer Umgang mit den Spielregeln des gesellschaftlichen Zusammenlebens. Niemand mag Menschen, die sich stets korrekt benehmen, und niemand möchte selbst so sein. Die meisten möchten Ungeheuerlichkeiten erleben, um sie weitererzählen zu können, möchten Wildes sagen und tun, damit über sie gesprochen wird. Höfliche brauchen den Kontrast, um stärker zu wirken. Ist eine Veranstaltung zu vornehm, sehnt sich jeder nach einem Menschen, der allein durch sein Auftreten alles entkrampfen könnte. Warum also

nicht etwas ausprobieren und riskieren? Denn es schadet nicht, seine Umgebung auch einmal zu provozieren. Kein Mensch will im Grunde genommen, dass ihm andere alles recht machen, worüber sollte er sich sonst aufregen?

»Wenn man alle Gesetze studieren wollte,
so hätte man gar keine Zeit,
sie zu übertreten.«
Johann Wolfgang von Goethe

Es wäre furchtbar, wenn sich alle Menschen so formvollendet benehmen würden wie zum Beispiel die englische Queen, der man nie ansehen darf, ob sie sich gerade langweilt oder nicht – denn man hätte gar keine Rückmeldung auf das eigene Verhalten! Das mag im Einzelfall angenehm sein, aber auf die Dauer bliebe in solch feiner Gesellschaft stets die Unsicherheit, ob man auch wirklich gefällt.

Diese Tatsache wird in vielen jüdischen Witzen thematisiert: Ein Jude unter Juden kann so sein, wie er ist – gutes Benehmen, also die Verstellung, ist eigentlich nur gegenüber Nichtjuden nötig. In der Öffentlichkeit versucht jeder daher mit mehr oder weniger Erfolg, den anderen etwas vorzumachen. Steht aber fest, dass man sich unter seinesgleichen befindet, wird jedwedes alberne Getue sofort fallen gelassen wie in dieser Geschichte:

In der ersten Klasse eines Zugabteils sitzt ein Jude einem feinen Herrn gegenüber. Der Jude befleißigt sich bester Manieren. Plötzlich wendet sich der feine Herr an ihn und fragt: »Wann haben wir dieses Jahr eigentlich Jom Kippur?«

Nachdem dieser auf diese Weise verraten hat, dass er ebenfalls Jude ist, atmet sein Gegenüber mit einem »Äsoi«

erleichtert auf und legt ungeniert seine Füße auf den Sitz gegenüber.

Sigmund Freud sah in dieser viel zitierten jüdischen Manierlosigkeit etwas Positives, nämlich den demokratischen Charakter der jüdischen Tradition. Persönlichkeiten wie Marlon Brando, Rosa Parks oder die protestierenden Anwohner Kreuzbergs möchten aber noch mehr – sie wollen jedem Menschen auf Augenhöhe begegnen, nicht nur ihresgleichen. Sie fürchten sich auch nicht vor Autoritäten. Oder davor, sich vor Fremden gehen zu lassen und sich angreifbar zu machen. Ihnen ist es wichtiger, wahrhaftig zu sein, als bei jedem Menschen gut anzukommen.

> Dritte Formel des kategorischen Imperativs:
> »Handle so, dass du die Menschheit,
> sowohl in deiner Person als auch in der
> Person eines jeden anderen, jederzeit
> zugleich als Zweck, niemals bloß als
> Mittel brauchest.«

Es gibt übrigens noch eine zweite und dritte Formel des kategorischen Imperativs, die dritte Formel besagt, dass es wichtigere Dinge gibt, als Höflichkeitsregeln einzuhalten – zum Beispiel seinen eigenen Bedürfnissen Rechnung zu tragen und seine Gedanken und Gefühle nicht zu verleugnen. Und dies muss natürlich auch anderen Leuten zugestanden werden. So wie es Immanuel Kant zeit seines Lebens getan haben dürfte.

2
WARUM DÜRFEN DIE DAS?
WIE CHARME PERFEKTE MANIEREN ERSETZT.

»Wenn du eine Persönlichkeit werden willst, pflege deine Fehler.«
Jean-Jacques Rousseau

Empörung und Wut trieben sie an: Ende des Jahres 2001 nahm Christina W. die Verfolgung auf. Sie war dem Mann auf der Spur, der sich das Vertrauen ihrer 83-jährigen Freundin, der Schweizer Gräfin Comtesse Verena du Pasquier-Geubels erschlichen hatte. Von Liebe war die Rede gewesen, ja von Heirat. Und so lächerlich das auch scheinen mag, ihre Freundin hatte ihrem 47 Jahre jüngeren Verehrer geglaubt und ihm fast ihr gesamtes Vermögen anvertraut – einen zweistelligen Millionenbetrag in Schweizer Franken.

Als die Gräfin erfuhr, dass sie einem Betrüger aufgesessen war, hatte sie mit Klage gedroht, woraufhin der junge Mann einen Teil des Geldes zurückgezahlt hatte. Aber Christina W. konnte nicht ertragen dass der Mann ohne Strafe davonkommen sollte, und so zog sie Erkundigungen über ihn ein, trug zusammen, wie viele Frauen er zuvor schon belogen und ausgenommen hatte, und reiste ihm nach: Christina W.s Recherchen endeten allerdings mit dem Verfolgten im Bett.

Und natürlich bekam sie, wie wohl bei einem amourösen Abenteuer mit einem Erpresser und Heiratsschwindler zu erwarten war, bald ein Paket mit heimlich gemachten Videoaufnahmen der schönen Stunden zugeschickt, beiliegend eine freundliche Empfehlung, sich nicht in Dinge einzumischen, die sie nichts angingen.

Helg Sgarbi wurde einer der Berühmtesten seiner Branche, weil er vier Jahre später die reichste Frau Deutschlands,

Susanne Klatten, dazu brachte, ihm zehn Millionen Euro zu schenken. Als er aber mehr Geld verlangte und sie ihm das nicht geben wollte, erpresste er auch sie mit Aufnahmen von ihren gemeinsamen Liebesnächten. Susanne Klatten jedoch zeigte ihn an, und der Fall durchlief die Medien.

Was hat ein Mann an sich, der eine Frau im Vollbesitz ihrer geistigen Kräfte dazu bringt, ihm zehn Millionen Euro zu schenken? Und wie ist es möglich, dass eine erwachsene Frau genau dem Mann, den sie für diese Art von Verbrechen bestraft sehen will, in die Arme sinkt?

Eines ist klar: Helg Sgarbi muss ganz sicher das besitzen, wovon viele Menschen gerne mehr hätten: Charme.

Denn Charme öffnet Türen, die einem sonst verschlossen bleiben. Charmanten Menschen fliegt vieles zu, wofür andere kämpfen müssen: Partner, Sex, Freunde, interessante Aufgaben, ein Lächeln auf der Straße … Man macht für sie Ausnahmen, sie werden eingeladen, erhalten Aufmerksamkeit, ohne dass sie darum bitten müssten. Kurzum: Charmante Menschen bekommen alles, was das Leben reich und wundervoll macht.

Wer charmant ist, muss auch nicht unbedingt schön sein, und Charme verfliegt auch nicht im Alter, ja er nimmt vielleicht im Laufe des Lebens sogar zu. Charme kostet nichts und bringt so viel.

Charme kostet nichts und macht so vieles möglich.

Thomas Holst, auch bekannt als der Heidemörder, konnte am 27. September 1996 aus der geschlossenen Abteilung des psychiatrischen Krankenhauses Ochsenzoll in Hamburg fliehen, weil ihm seine Therapeutin Tamar Segal dabei half. Sie hatte sich in ihn verliebt, obwohl sie seine Krankenakte kannte und wusste, dass er drei junge Frauen vergewaltigt und bestialisch ermordet hatte. Auch seine Prognose stand in den Akten: Thomas Holst galt als untherapierbar. Drei Monate später wurde Tamar Segal verhaftet, und Thomas Holst stellte sich der Hamburger Polizei. Kurz darauf heirateten die beiden. Bis heute ist die Ehe, trotz einer von Thomas Holst eingereichten Klage, nicht vollzogen – denn niemand kann für die Sicherheit seiner Ehefrau garantieren, wenn sie mit ihrem Ehemann im Besucherraum des Klinikums Nord allein bleibt.

Es ist unglaublich, wie viele Chancen ein Mensch noch erhält, obwohl er bereits »Fehltritte« begangen hat, die sehr viel schlimmer sind als ein falsches Wort oder eine ungeschickte Geste – Dinge, für die sich mancher bereits tage- oder wochenlang schämt. Normale Menschen glauben oft schon aus weit geringerem Anlass, anderen nie wieder unter die Augen treten zu können.

Wie haben aber Persönlichkeiten wie Helg Sgarbi und Thomas Holst es geschafft, Frauen (und auch Männer) derart für sich einzunehmen, dass das, was sie getan haben, vollkommen in den Hintergrund tritt? Was ist an ihnen so faszinierend, dass Frauen sogar die Gefahr des gesellschaftlichen Ruins in Kauf nehmen?

Charme verleiht Macht über die Menschen, ist aber nicht allen gegeben. Er ist ein schwer zu greifendes Talent, das von all denen bestaunt wird, die es nicht besitzen. Charme scheint angeboren zu sein, denn Eltern erkennen diese Gabe bereits bei ihren kleinen Kindern. Natürlich nutzt nicht jeder dieser Gabe dazu, andere zu übervorteilen, aber weil Betrüger, Hochstapler und Heiratsschwindler ihren

Charme ganz gezielt einsetzen und in den meisten Fällen sogar gerne darüber reden, lässt sich an ihnen wunderbar untersuchen, was Charme im Einzelnen ausmacht.

Auffällig ist, dass ein charmanter Mensch viele Schwächen haben und sich mehr erlauben darf als andere: Beruflicher Misserfolg beeinträchtigt seine Anziehungskraft zum Beispiel nicht, und auf Allgemeinbildung ist er nicht angewiesen, um in einem Gespräch zu brillieren. Sogar wenn er pöbelt, rülpst, kreischt und zappelt, trägt dies seltsamerweise zu seiner anziehenden Aura bei. Wenn er allerdings vollendete Umgangsformen besitzt, scheinen genau diese seinen Charme auszumachen: Viele Frauen, die auf einen Heiratsschwindler hereingefallen sind, loben im Nachhinein dessen gute Manieren und höfliches Auftreten. Dabei kommt es darauf nicht wirklich an. Ein Beispiel ist die weibliche Hauptfigur aus dem Film *Pretty Woman*. Die Prostituierte Vivian Ward, gespielt von Julia Roberts, soll sich unter die gehobene Society mischen – und das, obwohl sie keinerlei Ahnung hat, wie man sich in einer solchen Umgebung benimmt, und außerdem stets sagt, was ihr gerade in den Sinn kommt. Sie erobert ihren Schwarm, den Finanzmogul Edward Lewis (Richard Gere), aber gerade mit dem absoluten Gegenteil von feinen Manieren und intellektuellen Gesprächsthemen, vielmehr durch ihre freche, ehrliche Art und ihr großes Herz. (Die Glaubwürdigkeit dieser Figurenzeichnung sei dahingestellt.) Charme scheint immer genau aus den persönlichen Eigenschaften des Menschen zu entstehen, der ihn besitzt, und dann doch wieder von diesen Eigenschaften unabhängig zu sein. Bei dem einen ist es seine Einfachheit, die ihn so charmant macht, bei dem anderen seine reizende Kompliziertheit, eine Frau kann charmant sein, weil sie so herrlich burschikos ist, die andere, weil sie wie eine Diva auftritt. Charmant kann ein Mann sein, der direkter ist als andere – oder zurückhaltender. Einer ist charmant, weil er zu gut ist für diese Welt, ein anderer, weil er zu seinen primitiven Gelüsten steht. Charmante Menschen gibt es klein, groß, dick, dünn, mit einem hübschen oder auch hässlichen Gesicht.

> Achtung: Charme entsteht immer aus den persönlichen Eigenschaften des jeweiligen Menschen – und lässt sich daher niemals kopieren!

Wirklich entscheidend für Charme oder sogar Charisma ist wohl eine bestimmte Art von Aufrichtigkeit und Unverkrampftheit, die sich nur schwer nachahmen oder antrainieren lässt. »Charmante Menschen besitzen das Talent zur Ehrlichkeit«, sagt der Psychiater Dr. Mazda Adli, Leiter der psychiatrischen Station der Charité in Berlin.
Aber ist das nicht ein Paradox? Das Talent zur Ehrlichkeit zu besitzen und ein Betrüger zu sein – wie passt das zusammen? Wie gesagt, nicht jeder, der Charme hat, wird ein Hochstapler und/oder Heiratsschwindler, aber jeder Hochstapler muss Charme haben, wenn er in seiner Profession erfolgreich sein will. Und es versteht sich von selbst, dass erfolgreiche Hochstapler besonders ehrlich wirken müssen. Nicht umsonst ist die inzwischen verstorbene Comtesse Verena du Pasquier-Geubels Helg Sgarbi auf den Leim gegangen: »Man glaubte ihm aufs Wort. Ich konnte nicht fassen, dass alles nur Lüge war.« Klar ist auch: Nicht nur dumme Leute fallen auf Hochstapler herein.

*»Er wirkte so unschuldig wie ein
Internatsschüler.«*
Comtesse Verena du Pasquier-Geubels
über Helg Sgarbi

Gert Postel ließ sich die meiste Zeit seines Lebens von intellektuellen Frauen aushalten und ein Jahr vor seiner Verhaftung auch von ihnen verstecken. In dem Dokumentarfilm *Doktorspiele* erzählt er, wie leicht das war: Suchte er ein neues Opfer, setzte er sich Sonnabendmorgens in das Literaturcafé im Bezirk der Besserverdienenden, Berlin-Charlottenburg. Mit dabei hatte er *Die Zeit*. Während er vorgab, Zeitung zu lesen, hielt er nach geeigneten Frauen Ausschau. Seine Kriterien dabei waren eindeutig: Intelligent musste sie aussehen und empfindsam, elegant, nicht mehr ganz jung, aber auch nicht zu alt. Kam er schließlich mit einer solchen Frau ins Gespräch, plauderte er mit ihr über alles Mögliche, bis er irgendwann spürte, dass der Augenblick gekommen war, abrupt das Gespräch zu unterbrechen, ihr die Hand auf den Oberschenkel zu legen und zu bekennen: »Weißt du, was ich glaube? Bei dir liegt unheimlich viel brach.« »Danach«, sagte Gert Postel, »hatte ich sie alle!«

*Charmante Menschen
täuschen jeden Psychiater.*

Ehrlich zu sein, fällt normalen Menschen oft so schwer und diesen Betrügern so leicht. Das macht sie zu etwas Besonderem. Selbstverständlich ist die Ehrlichkeit eines Helg Sgarbi oder Gert Postels nicht echt, aber die Maske des unschuldigen, aufrichtigen Menschen ist so perfekt, dass nicht einmal Psychiater, die genau wissen, wen sie vor sich haben, sie immer durchschauen.

Das Geständnis eines Gert Postel, mit dem er eine gepflegte Konversation unterbricht – das angebliche Bedürfnis, mit einer Unbekannten über tiefe, gemeinsame Sehnsüchte zu sprechen (»bei dir liegt unheimlich viel brach«) –, suggeriert eine Unschuld, die über jeden Verdacht erhaben ist.

Besonders perfide ist, dass gute Betrüger mit echten Gefühlen bei der Sache sind, weil sie wissen, dass sie nur dann gut sind, wenn sie tatsächlich fühlen, was sie vorgeben. Sie stellen ihr Gefühlsleben also in den Dienst ihrer unstillbaren Geltungssucht. Dass sie aber auch plötzlich umschalten können, wenn es um ihre Interessen geht, ist wahrscheinlich sogar für sie selbst verwirrend. Und hier liegt der Schlüssel für alle, die charmanter werden wollen. Die wahren Gefühle in sich zu entdecken und offen zu zeigen, gerade dann, wenn man sie nicht unbedingt zeigen sollte, erregt Anteilnahme und Aufmerksamkeit. Billiger bekommt man diese beiden so unschätzbar wertvollen Güter nicht!

Bieten Sie anderen Menschen an, wonach sie sich am meisten sehnen: Intimität.

Weil charmante Menschen mit echten Gefühlen operieren, sind charmante Menschen mit einer Persönlichkeitsstörung, wie zum Beispiel Betrüger und Hochstapler, auch so schwer zu therapieren. Sie können alles nachfühlen und -spielen, auch den reuigen Patienten, den Einsichtigen, der Angst hat vor seiner eigenen Persönlichkeit, dann aber, nach dem Eingeständnis seiner Krankheit, langsam Therapiefortschritte macht. Das ganze Programm wird gespielt mit eingebauten Rückschlägen, Zweifeln und Fragen. Thomas Holst hat Tamar Segal davon überzeugt, dass er gesund werden und ein neues Leben anfangen wolle, was jedoch in der Klinik nicht möglich sei, weil man ihm dort keine Chance gebe. Wahrscheinlich hat er das selbst geglaubt.

Aber warum ist Ehrlichkeit so wirkungsvoll? »Weil Ehrlichkeit quasi das Gegenteil ist von gutem Benehmen und aus diesem Grund so ungewöhnlich«, meint Dr. Mazda Adli. »Ehrlich zu sein bedeutet, mit Menschen über Dinge zu sprechen, über die man sonst nicht spricht, und nur das schafft Intimität. Nach Intimität aber sehnen wir uns im Grunde unseres Herzens alle. Und niemand hat genug davon.«

Wer charmant wirken will,
muss es auch ertragen können,
wenn er einmal danebenhaut.

Wir sind nicht ehrlich, wenn wir nicht zeigen, dass uns jemand gleich bei der ersten Begegnung gefällt – obwohl doch eine zweite so selten stattfindet. Wir sind unehrlich, wenn wir nicht sagen, dass wir umarmt, geküsst, geliebt werden wollen, weil wir Angst haben, zurückgewiesen zu werden. Es ist unehrlich, auf die Frage »Wie geht es Ihnen?« mit »danke, gut« zu antworten, wenn es nicht zutrifft. Gerade auch, weil ja in Deutschland in dieser Beziehung mehr Ehrlichkeit erlaubt ist. Im restlichen Europa und in den USA wird der Zwang der Deutschen, diese Höflichkeitsfloskel überhaupt zu beantworten, belustigt zur Kenntnis genommen.

Charme ohne Ehrlichkeit ist nicht möglich, und ein Kompliment ist nur echt, wenn es nicht aus bloßer Höflichkeit gemacht wird – echte Komplimente machen kann aber nur ein Mensch, der genauso ungehemmt auch seinem

Ärger, seiner Ungeduld oder Empörung freien Lauf lassen kann. Wer es sich nicht verzeihen kann, dass er auf einer Party, bei einem Abendessen mit Chef und Kollegen oder beim Besuch bei Eltern von Freund oder Freundin aus der Rolle gefallen ist, wird niemals charmant wirken. Jemand, der Charme besitzt, wird nach einem Fehltritt lediglich denken: Es war nicht schön, wie ich mich aufgeführt habe, aber es ist nun mal passiert. Ich bin so, wie ich bin, und damit werden die anderen schon fertig.

Charmant ist der Gast einer Hochzeitsfeier, der einen anspricht, um gleich danach über das peinliche Brautpaar abzulästern, so wie man es sich selbst nie trauen würde. Und wenn man dann in der Ecke steht, komplizenhaft lacht und diese gewisse Spannung spürt, die die Scham über dieses schlechte Benehmen erzeugt, schaut einem der Charmante plötzlich in die Augen und sagt: »Sie sind viel hübscher als die Braut.«
Wer über Charme verfügt, verteilt seine Höflichkeit und Zuneigung nicht an jeden, sondern nur an die Menschen, die er für würdig hält. Er verhält sich eigensinnig und gibt auch den Menschen um ihn herum das Gefühl, etwas Besonderes zu sein. Das macht die Sogkraft eines echten Charmeurs aus.

> Mit anderen etwas Verbotenes zu tun,
> ist die beste Art, sie für sich einzunehmen.

Diese charmante Ehrlichkeit, das heißt der unvermittelte und unverstellte Einblick in die eigene Gefühlswelt, hat natürlich nichts mit unüberlegter, zufälliger Ehrlichkeit zu tun, sonst wären sämtliche Kinder und Betrunkene charmant. Oder Josef Ackermann, der nicht in der Lage war, seinen Triumph in aller Stille zu genießen: Mit der Victory-Geste 2004 nach seinem Freispruch im Mannesmann-Prozess gab er einen zwar authentischen, aber sehr unerfreulichen Einblick in seine Persönlichkeit, der nur wenigen gefallen haben dürfte. Auch Silvio Berlusconi wirkte nicht erfrischend unverkrampft, als er 2009 beim Nato-Gipfel in Kehl die Gastgeberin, Bundeskanzlerin Angela Merkel, einfach stehen ließ, weil er an sein klingelndes Handy gehen musste.

Die Leute, in denen man lesen kann wie in einem aufgeschlagenen Buch, sind auch nicht unbedingt charmant, also Menschen, die von allen durchschaut werden mit einer einzigen Ausnahme – von sich selbst. Wie Guido Westerwelle etwa, der jedes politische Amt dazu missbraucht, seinen Geltungsdrang zu befriedigen, und stets hofft, dass dies keiner merkt. Wiglaf Droste nennt diese Art von Fehleinschätzung in seinem *Stern*-Fazit von 100 Tagen Schwarz-Gelb das Scharping-Syndrom: »Rudolf Scharping, der Mann, der dachte, er sei unglaublich schnell und rasend intelligent. Dabei sahen alle anderen einen sehr langsamen, schwerfälligen Denker.«

Scharping – das darf auf keinen Fall passieren, denn dann ist aller Charme dahin.

Authentischer als andere Menschen zu sein, bedarf einer hohen emotionalen Intelligenz. Es ist alles andere als einfach, in dem in fast allen menschlichen Seelen tobenden Gedanken- und Gefühlschaos die wichtigsten, oft widersprüchlichen Bedürfnisse auszumachen. Selten wendet jemand die Zeit dafür auf, die seltsamen Gedanken zu hinterfragen, die sich unablässig in unserem Kopf formieren. (Und die nach der Auffassung von Erleuchteten, Weisen,

Zen-Meistern unser falsches Selbst ausmachen.) Wir drängen sie lieber weg, denn wir können sie im Alltag, im Beruf und meistens auch in unseren Beziehungen nicht brauchen: Widerwillen, Überdruss, Wut, Eifersucht, Langeweile, Rachefantasien, unrealistische Wunschträume stören nur unseren Tagesablauf. Aber sie sind unerlässlich, um charmant zu sein!

DR. JÜRGEN STEPIEN

»Die meisten Menschen versuchen, andere für sich zu gewinnen, indem sie sich aufblasen, sich größer, toller, erfolgreicher machen, als sie sind. Sie wollen zeigen, was für ein begabter und kluger Mensch sie sind und was sie alles im Leben schon erreicht haben. Sie übersehen, dass sie sich damit von den anderen abgrenzen. Ein Charmeur aber zeigt sich, wie er wirklich ist, wie klein und schwach, wie lächerlich und bedürftig. Er breitet sozusagen seinen Mantel aus, legt ihn seinem Gesprächspartner um die Schultern und lädt ihn ein, sich ebenfalls so zu geben, wie er sich gerade fühlt. Und nur das schafft diese wunderbare Vertrautheit, nach der wir uns doch alle sehnen.«

Beschäftigen Sie sich mit Ihren seltsamen Gedanken und ungewollten Gefühlen – denn sie sind der Schlüssel zu der Seele Ihres Gegenübers.

Noch schwieriger ist es, über das, was andere nicht einmal zu denken oder zu fühlen wagen, zu sprechen. In schlichten Worten ausdrücken, was gesellschaftlich nicht anerkannt ist, was allgemein als peinlich, dumm oder kindisch gilt, das können nur wenige Leute. Dabei wird das Gespräch doch genau dann erst interessant. Und das ist der Joker, den ein charmanter Mensch stets im richtigen Augenblick aus der Tasche zieht, denn mit Höflichkeiten gibt er sich nicht zufrieden, mit Allgemeinplätzen hält er sich nicht auf.

Er oder sie teilt zum Beispiel gleich zu Beginn einer Abendeinladung sämtlichen Gästen mit, dass er furchtbar schlecht gelaunt ist, weil heute alles schiefgegangen ist, was nur schiefgehen konnte. Beim Essen entzückt er dann sein Gegenüber mit der Schilderung der einzelnen Malheurs. Oder er spricht auf einer Messe mit einem wichtigen Kunden nicht über Fachliches, sondern darüber, welche Probleme zu enge Schuhe bei einer solchen Gelegenheit mit sich bringen. Vielleicht lästert er sogar über seinen Chef oder gleich über die ganze Branche. Alles Dinge, die man in einem solchen Rahmen eigentlich nicht machen sollte.

Gerade seine Kleinheit, Schlechtigkeit und sein Unvermögen sind das größte Potenzial des Charmeurs – das macht ihn unwiderstehlich.

Der Charmante weiß genau, dass er damit vom allgemein herrschenden Verhaltenskanon abweicht, aber er nimmt sich das Recht heraus, selbst zu entscheiden, ob ein Verhalten richtig oder falsch, angemessen oder unmöglich ist. Was er dann letztendlich sagt und tut, ist gleichgültig – die Tatsache, dass er dabei sein Innenleben preisgibt, schützt ihn vor allzu viel Kritik.

Daher ist Vorsicht geboten: Wer das Verhalten charmanter Menschen kopieren möchte, um denselben gesellschaftlichen Erfolg zu erzielen, doch sein Innenleben nicht offenbaren will, wird scheitern. Unsere Mitmenschen haben ein sehr feines Gespür dafür, ob das Gespräch über Sex während der Geburtstagsfeier einer Großtante wirklich einem authentischen Bedürfnis entspricht oder nur dazu dienen soll, andere zu provozieren oder zu beschämen. Auch macht es einen Unterschied, ob jemand auf Nachfrage des Gastgebers gesteht, dass ihm das Essen nicht schmeckt, weil er damit zeigen möchte, dass er sich bei ihm sicher genug fühlt, um ehrlich zu sein, oder ob jemand prinzipiell herummeckern muss.

Die Show muss echt sein, um zu wirken!

Es empfiehlt sich beispielsweise nicht, Pit, einen unbestreitbar charmanten Berliner Opernsänger, nachzuahmen, denn damit würde man sicher einige Sympathien in seinem Bekanntenkreis verspielen: Pit, homosexuell, laut, verschwenderisch und immer pleite, hat zu seinen Lebzeiten konsequent sämtliche gesellschaftliche Regeln ignoriert. Während Theateraufführungen schrie und rülpste er oder schlief ein. Bei seiner Arbeit als Empfangschef in einem Hotel erschien er geschminkt und im Pelzmantel. Seine Sprache war bisweilen vulgär, und er behauptete von jedem Mann, der ihm über den Weg lief, mit ihm geschlafen zu haben – was in den seltensten Fällen der Wahrheit entsprach. Noch dazu war dies kein Kompliment für den Betroffenen, denn Pit war weder jung noch schön. Er lieh sich Geld und gab es für Abendessen und Teenachmittage mit Freunden aus. Wer mit ihm irgendwo hinging, etwa zu einer Premierenfeier oder einer Vernissage, musste damit rechnen, im Fokus der allgemeinen Aufmerksamkeit zu stehen, denn Pit pflegte lauthals Frisuren, Outfit und Auftreten der Anwesenden zu kommentieren – ein eigentlich unmögliches Betragen. Dennoch: Als er 2006 starb, waren Eva Matthes, Angela Winkler und andere Berliner Prominenz auf seiner Beerdigung. Und seitdem treffen sich Freunde und Verehrer einmal im Jahr an seinem Todestag, um seiner zu gedenken. Obwohl er nicht mehr lebt, ist er der Mittelpunkt eines Kreises, der aus Balletttänzern, Regisseuren, Diplomatengattinnen, Immobilienmaklern, Arbeitslosen, einem Psychiater, einer Hotelkauffrau und einem Millionär besteht. Sie alle vermissen ihn, denn Pit war einzigartig.

Aber kann jemand wie Pit seinen Charme bewusst einsetzen, also auf Knopfdruck an- und abschalten? Wohl ja, aber nicht so, wie sich das uncharmante Leute vielleicht vorstellen. Es genügt keinesfalls, bewusst bestimmte Gesten auszuführen oder sich für den Fall der Fälle originelle Wortbeiträge zurechtzulegen, ein professioneller Zugriff auf das unkontrollierbare und oft nicht societygemäße Innenleben gehört zum Erzeugen von Charme unabdingbar dazu.

Charmante Menschen wissen alles über sich und viel über die anderen.

Menschen, die über Charme verfügen, wissen mehr über sich selbst und gleichzeitig auch mehr über ihre Zeitgenossen. Im Laufe ihres Lebens vergrößern sie ihren Vorsprung in puncto Menschenkenntnis auch noch gegenüber anderen. Denn charmante Persönlichkeiten haben mehr Freundschaften und Beziehungen als andere, darüber hinaus lernen sie diejenigen, mit denen sie zu tun haben, meist auch noch besser kennen: Offen auszusprechen, was andere eher für sich behalten, führt dazu, dass man sieht, wie andere Leute auf solche Botschaften reagieren – und das liefert wertvolle Hinweise auf deren Charakter.

»Es bleibt nicht aus, dass ein mit Charme oder Charisma Gesegneter auf die Idee kommt, sein gewinnendes Wesen auch ab und zu zu seinem Vorteil einzusetzen«, sagt Dr. Mazda Adli. »Das ist nicht weiter schlimm, denn die anderen haben ja was davon, nämlich eine angenehme Gesellschaft. Aber auch Menschen mit einer narzisstischen Störung, wie Hochstapler u. ä., erkennen früh, was ihnen mit ihrem Charme für ein Werkzeug gegeben ist, und nutzen ihn gezielt, um andere zu manipulieren.«

Wer etwas Wichtiges zu sagen hat, kann auf Manieren verzichten.

Charme ist auch bei nicht narzisstischen Persönlichkeiten eine kleine Form von Betrug, eine Art gespielte Unschuld, eine kalkulierte Ehrlichkeit, vielleicht am besten verkörpert in der Figur des jungen Lord Fauntleroy aus dem Film *Der kleine Lord*. Der hübsche, blonde Cedric Errol reagiert auf die Kaltherzigkeit seines Großvaters Earl of Dorincourt stets mit Fröhlichkeit und Offenherzigkeit. Und scheint dabei nicht zu bemerken, dass der Großvater ihn nicht als rechtmäßigen Erben anerkennt, weil er aus einer nicht standesgemäßen Ehe seines jüngsten Sohnes mit einer Näherin stammt. Die Näherin, die geliebte Mutter, darf das Anwesen des Großvaters nicht einmal betreten. Doch all das beeinträchtigt die Liebe des kleinen Cedric nicht – eigentlich merkwürdig, denn ein empfindsamer Junge wie er müsste unter dem groben Verhalten seines Großvaters besonders intensiv leiden. Doch weil der kleine Lord über das Offensichtliche hinwegsieht, erobert er schließlich das Herz des Großvaters. Cedric ist eben emotional intelligent, lässt sich durch Bärbeißigkeit nicht täuschen und hat hinter der Fassade des strengen Mannes sofort dessen große Liebesbedürftigkeit erkannt.

Charmant ist also, wer sich auch ein kleines bisschen dumm stellt, so tut, als würde er grundlegende gesellschaftliche Regeln gar nicht kennen und deswegen quasi aus Versehen offener, herzlicher, provokanter oder witziger sein als andere.

Doch diese Form der Unschuld ist nicht das einzige Geheimnis dieser sonderbaren Zauberformel »Charme«. Authentisch zu sein allein, reicht nicht, um andere Menschen in seinen Bann zu ziehen. Entscheidend ist auch, etwas Wichtiges zu sagen zu haben. Und damit kehren wir wieder zurück zu Helg Sgarbi, Gert Postel und Thomas Holst:

Alle drei hatten etwas zu sagen. Helg Sgarbi sprach mit Frauen über etwas, über das kein Mann mehr mit ihnen sprach, entweder weil sie zu alt dafür waren oder weil sowieso kaum noch ein Mann in Deutschland mit einer Frau über dieses Thema redet: über die Liebe. Die wirkliche Liebe, die wichtiger ist als jeder Erfolg und alles Geld der Welt.

Thomas Holst gab Tamar Segal das Gefühl, endlich einmal in ihrem Leben etwas Sinnvolles zu tun, indem sie an seiner Seite für seine Chance auf ein neues Leben in Freiheit kämpfte. Für Therapie und die Erlösung von einem Fluch, der nicht nur den ermordeten Frauen, sondern auch ihrem Mörder so viel Leid gebracht hatte. Und Gert Postel stellte seinen Frauen eine nie gekannte intellektuelle und emotionale Verbindung in Aussicht.

Benimm und Manieren sind bei solchen Themen gar nicht mehr nötig. Diese Männer bieten ihren Mitmenschen etwas »Höheres« an, etwas, was uns alle tief in unserem Inneren anspricht, jenseits aller gesellschaftlichen Masken. In dem Dokumentarfilm *Die Hochstapler* sagt der Anlagebetrüger Marc Z.: »Das Bedürfnis nach Freundschaft und die Gier haben die Leute zu mir getrieben, ich musste ja gar nichts tun!« Eines seiner Opfer gesteht, dass er durch die Begegnung mit Marc Z. erkannt habe, wie leer sein Leben sei. Als er ihn einmal bei einer wichtigen Entscheidung um Rat gefragt habe, habe dieser geantwortet: »Solche Dinge bespricht man mit seinem besten Freund.« Nur um dann mit treffsicherem Instinkt nachzufragen: »Oder haben Sie keinen besten Freund?«

> Die wichtigste Frage, die man sich stellen muss, wenn man charmant sein will, ist: Was ist meine Botschaft?

Dass es den Betrügern gar nicht wirklich um diese Themen geht, sondern um die Befriedigung ihrer Sucht nach Macht, soll nicht davon ablenken, dass solch ein »Lebensthema« nötig ist, um bei anderen einen tiefen Eindruck zu hinterlassen. Was könnte einen Menschen mehr aus der Menge herausheben als eine persönliche Botschaft? Diese Botschaft ist es, die Charme verleiht, vielleicht sogar Charisma. Sie entfaltet umso mehr Kraft, je mehr ihr alles andere untergeordnet wird. Sie gibt ihrem Verkünder die Freiheit und das Recht, gegen gesellschaftliche Konventionen zu verstoßen oder schlimmstenfalls sogar gegen das Gesetz.

Deswegen hat beispielsweise Ruth Westheimer, die bekannte deutsch-amerikanische Sexualtherapeutin, Charme.

Ihre Botschaft: Menschen brauchen einen Partner und ein erfülltes Sexualleben, um wirklich glücklich zu sein. Und weil sie der festen Überzeugung ist, dass eine Gesellschaft mit glücklichen Menschen eine bessere wäre, tritt sie für guten Sex in jedem Lebensalter ein, wo immer sie sich gerade befindet. Ihr Lebensthema erfüllt sie mit Energie, macht ihr Leben aufregend, interessant und verschafft ihr viele Bewunderer und Freunde. Natürlich gibt es auch Leute, die sie ablehnen – denn es verstößt durchaus gegen gesellschaftliche Konventionen, bis ins hohe Alter ständig, überall und mit jedem sofort über Sex zu sprechen, so wie sie es tut.

Wer eine Botschaft hat,
ist nie einsam oder pleite!

Ein Anliegen zu haben, entspannt wie ein nie schwindender Geldvorrat in der Tasche. Was auch passiert, man hat ja immer noch sich selbst und seinen besonderen Blick auf die Welt. Erfolg, Geld, Freunde und Liebe kommen dann von ganz allein. Das ganz persönliche wichtige Thema gibt dem Leben eindeutig mehr Sinn als die richtige Kleidung, ein teures Auto oder ein eigenes Haus. Ein charmanter Mensch weiß natürlich, was am Arbeitsplatz, in der Öffentlichkeit und auf dem gesellschaftlichen Parkett von ihm gefordert wird – denn er hat ja eine hohe emotionale Intelligenz –, aber er kümmert sich nicht wirklich darum, denn er ist überzeugt, dass die Welt bei ihm eine Ausnahme machen wird, da er eine sehr viel wichtigere Botschaft zu verkünden hat.

So ein Lebensthema kann ganz unterschiedlich aussehen: Bei dem unbestritten charmanten Literaturkritiker Marcel Reich-Ranicki ist es der Kampf um literarische Qualität –

und dieser Kampf bringt es mit sich, dass Reich-Ranicki nicht immer höflich sein kann.

Klaus Kinski wurde des Öfteren wütend, wenn er seinen künstlerischen Ausdruck in Gefahr sah. Doch hatte der charismatische Schauspieler Verehrer in der ganzen Welt, denn Kinski schrie den Leuten oft schlicht und einfach die Wahrheit ins Gesicht.

Natürlich gibt es noch weitaus mehr und ganz verschiedene Lebensthemen. So geht es Gregor Gysi, dem ehemaligen Parteivorsitzenden der Linken, zum Beispiel darum, sich überall und stets mit den Anwesenden so gut wie möglich zu unterhalten und diese für sich einzunehmen – auch seine politischen Gegner. Und weil ihm das Gemochtwerden ebenso wichtig ist wie seine politischen Ambitionen – und er das im Gegensatz zu Guido Westerwelle, der ebenfalls von jedem gemocht werden will, auch weiß –, ist er charmant. In den 1950er-Jahren hätte er mit dieser Einstellung allerdings kein Politiker werden können, denn damals wurden politische Reden immer noch so zackigherb gehalten wie zur Zeit der *Wochenschau*.

Ein sehr schlichtes, als politisches Anliegen getarntes Lebensthema hatte Andreas Baader, einer der führenden Köpfe der RAF: Er wollte berühmt werden. Dafür steigerte er sich in seine Ansichten hinein und konnte aufgrund seiner Begeisterung und Radikalität auch andere Leute von ihnen überzeugen. Der Schriftsteller Thorwald Proll beschreibt seinen ehemaligen Freund und kurzzeitigen Kampfgefährten folgendermaßen: »Er war ein Verführer, er konnte Menschen mitreißen. Außerdem war er anmaßender als andere, unverschämter. Er fasste dich beim Reden an und schaute dir ins Gesicht. Er war ein bisschen aufdringlich und kam dir auch körperlich sehr nah. Das hat die Leute beeindruckt, manchmal auch beengt. Aber er war immer sehr charmant. Ja, Charme ist der richtige Ausdruck.«

Dem intelligenten, charismatischen Andreas Baader konnten damals weder Frauen noch Männer widerstehen, viele verliebten sich in ihn. Oft bedachte er sie mit beißendem Spott, aber das tat ihrer Liebe zu ihm keinen Abbruch.

Politiker mit Charisma
sind keine guten Demokraten.

Weil zum Charme oder Charisma das Übertreten von gesellschaftlichen Konventionen zwangsläufig dazugehört, verwundert es, dass in den Medien von verschiedenen Seiten mehr charismatische Politiker gefordert werden. Sicher würden charismatische Politiker das Unterhaltungsbedürfnis ihrer Wähler mehr befriedigen. Sie versorgen ihr Publikum mit großen Gefühlen, denn bei ihren Reden können die Menschen mitfiebern, begeistert sein, jubeln, weinen. Charismatische Politiker erinnern daran, dass es in der Welt darum geht, etwas zu bewegen. Und ihre Zuhörer konsumieren diese zur Schau getragenen Gefühle gerne, schließlich kommt so etwas in ihrem Alltag nur selten vor.

Doch was bedeutet es, wenn ein charismatischer Politiker viele tausend Menschen davon überzeugen kann, dass gerade sein persönliches Thema groß und bedeutend, ja vielleicht am allerwichtigsten auf dieser Welt ist? Was, wenn der Kampf gegen Ungerechtigkeit und Umweltzerstörung, für Frieden und Freiheit ihn und ebenso seine Anhänger adelt? Wird dann nicht auch automatisch alles für gut und richtig erachtet, was für dieses Ziel unternom-

men wird? Vielleicht ist diese Sache auch so wichtig, dass
dafür Dinge zu tun sind, die nur mehr schwer als legal
bezeichnet werden können – oder vielleicht gar nicht
mehr.

> Mit Charme erhebt man sich
> über die Konvention,
> mit Charisma über das Gesetz.

Mit einem charismatischen Politiker werden viele Hoffnungen verknüpft. Max Weber unterscheidet in seinem
Vortrag *Politik als Beruf* (1919) den pragmatischen vom
charismatischen Politiker: Der charismatische Politiker
kann viele Menschen für seine Ideen begeistern und mobi-
lisieren, er wird von seinen Anhängern sehr verehrt, wird
aber, wenn er sie enttäuscht – was selten ausbleibt – auch
schnell fallen gelassen. Ein pragmatischer Politiker sitzt an
seinem Schreibtisch und beschäftigt sich mit Anträgen
und Gesetzesentwürfen anstatt auf die Straße zu rennen
und flammende Reden zu halten. Er begeistert ungefähr
so sehr wie das Abwassersystem im eigenen Viertel. Wenn
es verstopft ist, ist das Geschrei groß – tut es aber ganz
unspektakulär seinen Dienst, denkt man nicht daran. Ein
Politiker der jüngsten Zeit ist ein gutes Beispiel für den
Typus des charismatischen Politikers: Jürgen Möllemann.
Auch er konnte Menschen für sich begeistern, erreichte
nach langer Zeit im Jahr 2000 in Nordrhein-Westfalen
den Wiedereinzug der FDP in den Landtag mit 9,8 Prozent, doch seine provokanten Äußerungen und seine
eigenwilligen bis strafbaren Aktionen (Briefbogen-Affäre,
antisemitisches Flugblatt, Verstöße gegen das Parteien-
gesetz) machten diese Erfolge schnell wieder zunichte. Als
im Juni 2003 seine Immunität als Mitglied des Bundes-

tages wegen des Vorwurfs der Steuerhinterziehung aufgehoben wurde, beging Möllemann mit einem Fallschirmsprung Selbstmord.

Charisma passt also nicht zu Gesetzestreuen, Tugendhaften und Hasenfüßen. Wieder klingt es so, als seien charmante oder charismatische Menschen allesamt Betrüger und Verbrecher, doch dem ist natürlich nicht so. »Anständige« Charismatiker wissen genau, wann ihre Regelbrüche harmlos sind und wann nicht, sie gehen daher auch selten in die Parteipolitik – jedenfalls nicht in funktionierenden Demokratien, das ist ihnen zu unglamourös. Lieber werden sie Künstler oder Unternehmer, gründen Nichtregierungsorganisationen oder den Club of Rome, selten geben sie sich mit einem Dasein als Angestellte/-r oder Hausfrau/-mann zufrieden.

Roman Herzog behauptete vor zwei Jahren, es gebe nur noch einen Politiker in Deutschland, der Charisma habe, und das sei der ehemalige Vorsitzende der Linken, Oskar Lafontaine. Und tatsächlich hat die Linke ihren Erfolg im Saarland bei der letzten Bundestagswahl zu einem großen Teil dem Egomanen Lafontaine zu verdanken. Von einem Egomanen kann allerdings nicht verlangt werden, dass er bescheiden und tugendhaft ist, sich im Hintergrund hält, der Partei dient und auf seine Villa verzichtet. Zum Charisma gehört nun mal Anmaßung und wohl auch ein bisschen Größenwahn, meint der Journalist Heribert Prantl, so wie bei Franz Josef Strauß.

Aus diesem Grund sind auch Helg Sgarbi und Gert Postel letztlich kriminell geworden. Denn Charme oder Charisma ist leider nicht nur auf die Glücklichen verteilt, die diese Gaben optimal nutzen können, das heißt, auf die, die noch andere Fähigkeiten besitzen. Nur wenn Talent, Durchhaltevermögen und/oder Intelligenz, Liebesfähigkeit und Charme sich auf wunderbare Weise ergänzen – so wie das bei Ruth Westheimer, Marcel Reich-Ranicki oder Klaus Kinski der Fall ist –, kann der charmante Mensch seine Besonderheiten ausleben und dafür anerkannt werden.

Ein besonderes Lebensthema mit auf den Weg bekommen zu haben, ist aber nicht nur eine Besonderheit, sondern auch eine Aufgabe. Helg Sgarbi und Gert Postel können mit dieser »Last« sicherlich kein normales Leben führen. Wenn sie aus dem Gefängnis entlassen werden, werden sie wohl kaum jeden Tag zur Arbeit in ein Postamt, in ein Büro oder in einen Supermarkt gehen.

Es ist daher auch nicht erstaunlich, dass Helg Sgarbi das viele von den Frauen erhaltene Geld gar nicht für sich ausgegeben hat, sondern in etwas »Höheres« investiert hat, nämlich in die Sekte des italienischen Verführers Baretta. (Helg Sgarbi hat also nur Charme und kein Charisma. Denn ein Charismatiker ist unempfindlich gegen die Verführungen eines anderen Charismatikers.) Gert Postel ist es auch nie um Geld gegangen, als er sich wiederholt erfolgreich als Arzt ausgegeben hat. Bis zum Oberarzt in einer psychiatrischen Klinik in Zschadraß in Sachsen hat er sich hochgelogen, bis ihm die Rolle irgendwann keinen Spaß mehr machte und die Sache aufflog. Ein Medizinstudium zu absolvieren, war ihm aus verschiedensten Gründen nicht möglich – einer davon war, dass ihm für diesen mühsamen und nicht gerade schillernden Weg die Lust fehlte.

Leute mit Charme werden meist beneidet, doch die Nachteile dieser Begabung werden gern übersehen. Etwas Besonderes zu sein bedeutet zum Beispiel auch, sich einen besonderen Platz in der Gesellschaft suchen zu müssen. Das ist anstrengend, und man kann leicht dabei scheitern. Selbst Beliebtheit kann mitunter nerven, denn auch ein charmanter oder charismatischer Mensch kann nicht alle Ansprüche und Bedürfnisse seiner Anhänger und Verehrer erfüllen. Wer Charme hat, weiß nicht nur um seine Vorzüge, sondern kennt auch seine Abgründe und Schwächen. Wie sonst könnte er so unterhaltsam und anregend darüber berichten. Doch auch bei ihm gibt es Tage und Stunden, an denen er über seine Schwächen nicht mehr lachen kann. Willy Brandt, ein zweifellos charmanter und charismatischer Mann, wurde 1969 zum Bundeskanzler gewählt, allerdings war er an manchen Tagen so unglücklich, dass er es manchmal nicht schaffte, ins Kanzleramt zu gehen. Kanzleramtschef Egon Bahr und Hans-Jochen Vogel mussten des Öfteren zu Willy Brandt nach Hause fahren und ihn bitten, doch wieder regieren zu kommen.

Deswegen ist es auch nicht allzu furchtbar, wenn man nicht als supercharmante oder gar als charismatische Persönlichkeit auf die Welt gekommen ist.

Und zum Glück lässt es sich ebenso leicht erlernen, ein kleines bisschen charmant zu sein wie sich gut zu benehmen – mit dem Vorteil, dass Charme effektiver ist als feine Manieren. Auf den nächsten Seiten können Sie nachlesen, wie Sie sich in vier Schritten eine etwas charmantere Art zulegen.

SO WERDEN SIE CHARMANT

ERSTER SCHRITT
Gespielte Naivität

Die wichtigste Eigenschaft eines Charmeurs ist die »gespielte Naivität«. Geben Sie sich so, als würden Sie die allgemeine Verhaltensregel, unliebsame Gedanken oder wahre Absichten in der Öffentlichkeit besser zurückzuhalten, nicht kennen. Besonders heftige Aussagen können Sie durch ein anschließendes Lachen etwas abfedern.
Ihrem Gegenüber einen überraschenden Einblick in Ihre Gedankenwelt zu gewähren, macht Sie charmant. Ihre Schwächen und schlechten Seiten sind hierbei Ihr größtes Kapital! Wichtig ist, dass Sie das, was in Ihnen vorgeht, nicht in Kombination mit einer Entschuldigung vorbringen. Ihr Innenleben ist ein »Geschenk« an den anderen: Ihr Gesprächspartner genießt – warum auch immer – Ihr besonderes Vertrauen, und genau das lässt ihn sich auch als etwas Besonderes fühlen.

BEISPIELE

»Wie kommen Sie denn zu dieser hübschen Frau, Sie sind doch so ein hässlicher Mann?«
Bob Geldof zu Dirk Niebel bei der Berlinale 2010

Der Vater der Schauspielerin Judith Döker belauscht neugierig ein Gespräch am Nachbartisch im Restaurant. Die Leute bemerken dies und fragen ärgerlich: »Wollen Sie

sich vielleicht dazusetzen, dann hören Sie besser?« Er ant-
wortet: »Nein danke, sehr aufmerksam von Ihnen, aber ich
höre von hier sehr gut.«

»Passen Sie auf, was Sie mir erzählen, ich kann nichts für
mich behalten.«
Prof. Dr. Markus M. bei einem Empfang in Potsdam

»Sie wollen mich doch nicht etwa zu Tode langweilen?«
(lacht)
Eine Frau zu ihrem Gesprächspartner bei einer Vernissage

»Die Chinesen haben Tibet annektiert (lacht). Das wollen
die Machthaber in China nicht einsehen (lacht wieder).«
Der Dalai-Lama in dem Zeit-Interview anlässlich seines
Deutschlandbesuchs 2009

»Ach, ich rede ja die ganze Zeit von mir. Kommen wir zu
Ihnen. Wie hat denn Ihnen mein neues Buch gefallen?«
Der Feuilletonist Fritz J. Raddatz in einem Interview

ZWEITER SCHRITT
Den Unsinn im Kopf zum
Gesprächsthema machen

Das Innenleben eines jeden Menschen liefert am laufen-
den Band die interessantesten und lustigsten Gesprächsthemen. Leider ist es aber nicht nur so, dass sich die meisten nicht trauen, darüber zu sprechen, sondern sie können
es gar nicht: Unsere chaotische Gedankenflut voller pein-

licher und unmöglicher Einfälle wird nämlich meistens schon einer Zensur unterzogen, bevor wir sie überhaupt wahrnehmen. Doch genau dieses innere Chaos ist der wichtigste Fundus eines Charmeurs. Scheuen Sie sich daher nicht vor Peinlichkeiten und Absurditäten, denn im Prinzip ist das der gleiche Wirrwarr, der auch in allen anderen Köpfen herumschwirrt. Widmen Sie also dem Unsinn in Ihrem Kopf genauso viel Aufmerksamkeit wie Ihren ernsthaften und zielgerichteten Überlegungen, und halten Sie die besten Lächerlichkeiten für den Ernstfall bereit.

Ich stellte zum Beispiel während der Regierungszeit von Gerhard Schröder fest, dass ich einen gedanklichen Tick entwickelt hatte: Anfangs sporadisch, schließlich immer öfter trug ich unseren damaligen Bundeskanzler als ständige Bewertungsinstanz mit mir herum. Bei allem, was ich tat oder unterließ, fragte ich mich, ob Gerhard Schröder das gutheißen würde. Warum ich das machte, weiß ich nicht, denn weder kannte ich Gerhard Schröder persönlich, noch interessierte er mich besonders. Dennoch war er immer mit dabei, wenn ich abwusch, ins Bad oder zur Arbeit ging, meine Socken sortierte, außerdem stellte ich mir immer Schröder bei eben diesen Tätigkeiten vor. Das einzig Gute an dieser Unsitte war, dass ich das Ganze als erstklassigen Gesprächsbeitrag bei Dutzenden von Abendessen und Partys verwenden konnte. Mit der Abwahl Gerhard Schröders hörte dieser Tick glücklicherweise auf.

Was auch jeder kennt und deswegen ein gutes Gesprächsthema ist, sind die Dialoge, die wir oft in Gedanken mit Menschen führen, die in Wirklichkeit niemals so lange zuhören würden: Diskussionen, in denen wir überzeugen, in denen jedes Argument sitzt und die stets damit enden, dass unser Chef, unsere Mutter, unser Vermieter oder unser Bundeskanzler zugeben müssen, dass wir recht haben.

Wichtig bei solchen Beiträgen ist, dass die Überlegungen vollkommen zweckfrei sind: Es ist unnötig, seine mentale Kapazität an fiktive Auseinandersetzungen zu verschwenden – doch genau deswegen ist es so charmant.

DRITTER SCHRITT
Reden Sie über Tabus – und überlassen Sie die Beurteilung anderen

Ganz ohne Filterung der inneren Einfälle geht es natürlich nicht. Wer detailliert darüber berichtet, was mittags in ihm vorgegangen ist, bis er sich schließlich entschlossen hat, Bratkartoffeln mit Tiefkühlspinat zu essen, muss schon sehr gut erzählen können, um seine Gesprächspartner nicht zu langweilen. Interessant wird es, wenn Sie Themen auswählen, über die sonst nicht geredet wird. Mit anderen Worten Themen, die jeden etwas angehen und die aus dem tiefsten Inneren kommen. Wer sich also fürchtet, zum Beispiel über folgende Angelegenheiten zu plaudern, der wird niemals charmant sein:

Liebe und Eifersucht, Einsamkeit und Traurigkeit, Sex und Selbstbefriedigung, Neid und Missgunst, Ekel und Widerwille, Langeweile und Selbsthass, Wut und Rachefantasien, Missgeschicke und Überforderungen.

Wer aber darüber sprechen will, der sollte das auch richtig machen. Auf gar keinen Fall dürfen Sie so über sich selbst reden, wie Sie das in einer Therapiegruppe täten. Sie erhöhen Ihre Sogkraft auf Ihre Umgebung nicht, wenn Sie sagen: »Ich habe mich in letzter Zeit sehr mit meinen Neidgefühlen auseinandergesetzt und kann mir diese jetzt offener eingestehen.« Es fördert auch nicht den Nimbus als besondere Persönlichkeit, wenn Sie zugeben, dass Sie sich letztens aus heiterem Himmel schwach und klein gefühlt haben, und sich dann Beifall heischend umsehen in der Erwartung, wie bei einer Versammlung der Anonymen Alkoholiker dafür gelobt zu werden.

Wenn Sie Geständnisse machen, dann dürfen Sie nichts beschönigen, kein Bedauern, keine Entschuldigung darf Ihren Tabubruch abfedern. Und niemals dürfen Sie schwören, dass Sie sich bessern wollen. Der Reiz Ihres Geständnisses liegt darin, dass Sie Ihr Innenleben bedingungslos dem Urteil Ihrer Zuhörer ausliefern. Wie beispielsweise eine Studentin, die zugeben musste, dass sie, während sie ihre Doktorarbeit in Soziologie schreiben sollte, bis zu zehn Stunden am Tag fernsah. Sie verkündete in dieser Zeit bei fast jedem Treffen mit Freunden: »Leute, fragt mich was, ich bin super informiert, denn ich schaue ununterbrochen fern.«

Auf einer Party während der Frankfurter Buchmesse entzückte mich ein Literaturagent mit der detaillierten Beschreibung, wie er seinen verhassten Nachbarn foltern würde, wenn er nur dürfte. Eine Freundin gestand neulich in großer Runde ihren nicht zu erklärenden Drang, einmal mit dem dicken Streifenpolizisten, der immer in ihrem Viertel die Falschparker aufschrieb, ein Verhältnis zu beginnen, nur um sich an den entsetzten Gesichtern der Anwesenden zu erfreuen.

Meine Mutter hatte in ihrer Pubertät Probleme mit ihrem Aussehen, besonders störte sie ihre Nase, die sie als zu groß empfand. Eines Tages entdeckte sie ein altes Tagebuch mit Skizzen von Liebesgeschichten, in denen es stets darum ging, dass junge Frauen mit großen Nasen doch noch das ersehnte Liebesglück fanden. Mit diesen Geschichten unterhielt sie dann eine Abendgesellschaft.

Seine Schwächen zum reinen Amüsement der Anwesenden preiszugeben, lohnt sich. Sie können davon ausgehen, dass Ihr Vertrauen andere rührt und auf Ihre Seite zieht.

Aber was ist, wenn das Bekenntnis Ihrer Schwächen, Ihrer abwegigen Wünsche oder Rachefantasien in der Gesellschaft, in der Sie gerade davon erzählen, nicht ankommt? Dann haben Sie sich eben blamiert, aber ohne Risiko kein Erfolg.

WANN IST EIN WITZ EIN WITZ?

Ein Witz, so analysierte Sigmund Freud, arbeitet immer mit Tabus, das heißt mit Inhalten und Gedanken, die in unserer Kultur als verboten oder zumindest als verpönt gelten. Dabei nutzt der Witz das Moment der Überraschung, er erzählt also eine Geschichte, in der eine bestimmte Erwartung erzeugt wird, nur um diese dann plötzlich zu brechen. So wie in dem alten jüdischen – zugegebenermaßen nicht mehr sehr witzigen – Witz von dem Geschäftsmann Shlomo Ben-David:

Shlomo Ben-David, ein Kaufmann, liegt im Sterben. Seine Frau, sein Bruder und seine drei Söhne haben sich um ihn versammelt. Mit schwacher Stimme fragt er nach ihnen: »Rivce, mein geliebtes Weib, bist du da?« »Ja, Shlomo, ich bin hier«, antwortet seine Frau. »Und Moses, mein Bru-

der, bist du auch da?« »Mein Bruder, ich bin bei dir«,
antwortet Moses. Dann fragt Shlomo nach seinen Kin-
dern: »Jakob, Samuel, Benjamin, seid ihr da?« »Ja, Vater,
wir sind hier«, antworten seine Kinder. Mit letzter Kraft
richtet sich Shlomo nun in seinem Bett auf und fragt zor-
nig: »Und wer ist dann im Geschäft?«

VIERTER SCHRITT
Machen Sie Ihr größtes Problem zu Ihrem Markenzeichen

Was mögen Sie an sich gar nicht? Finden Sie sich zu steif,
zu laut, zu gehemmt, zu spröde, zu faul, zu nervös, zu
dumm? Sie erkennen Ihr problematisches Merkmal daran,
dass Sie bisher sehr viel Energie auf die Beseitigung dieser
ungeliebten Eigenschaft verwendet haben. In Zukunft ist
aber Schluss damit, denn ab heute werden Sie genau diese
Eigenschaft kultivieren.
Sie können sicher sein, dass es irgendwo auf dieser Welt
Menschen gibt, die eben wegen dieser von Ihnen nicht
geschätzten Eigenschaft geliebt und bewundert werden.
Fragen Sie zum Beispiel einen Schauspieler, wie oft ihm als
Kind vorgeworfen wurde, dass er immer im Mittelpunkt
stehen wollte. Kluge Menschen, die ihre Klugheit nicht
verstecken, kennen den Vorwurf, ein Besserwisser zu sein.
Und anspruchsvollen Frauen wird gern Divenhaftigkeit
und Prinzessinnengehabe nachgesagt. Es gibt Menschen,
die ihr zügelloses Temperament, ihre Hässlichkeit oder
gar ihre Aggressivität zu ihrem Markenzeichen gemacht
haben. Es existiert wohl keine Eigenschaft, die sich nicht

mit etwas Unverschämtheit in einen beeindruckenden, einnehmenden Charakterzug verwandeln ließe. Verona Pooth war so schlau und machte ihre Unbildung und ihre Naivität zu ihrem Markenzeichen. Der ehemalige Außenminister Joschka Fischer (Die Grünen) wurde, seinem Widerspruchsgeist folgend, 1984 mit seinem an den Bundestagsvizepräsidenten Richard Stücklen gerichteten Zwischenruf bekannt: »Mit Verlaub, Herr Präsident, Sie sind ein Arschloch!« Nicht wenige Talkshowmoderatoren vermissen die Unbeherrschtheit eines Klaus Kinski, die immer hohe Einschaltquoten garantierte – bis heute gibt es für ihn keinen Ersatz.

Hier eine Checkliste: Kreuzen Sie an, was Sie bisher am wenigsten an sich gemocht haben.

zu ruhig	–	zu nervös
zu kompliziert	–	zu einfach gestrickt
zu arrogant	–	zu scheu
zu größenwahnsinnig	–	zu nihilistisch
zu laut	–	zu still
zu anspruchsvoll	–	zu bescheiden
zu verspielt	–	zu bodenständig
zu empfindlich	–	zu unempfindlich
zu unbedarft	–	zu vernünftig
zu ehrgeizig	–	zu phlegmatisch
zu verständnisvoll	–	zu zynisch
zu ungebildet	–	zu fein
zu phlegmatisch	–	zu aufgedreht
zu verkommen	–	zu kontrolliert
zu vulgär	–	zu bieder

Zum Vergleich eine Liste mit Namen charmanter Menschen, die eher negativ besetzte Eigenschaften zu ihrem Markenzeichen gemacht haben:

besserwisserisch	–	Marcel Reich-Ranicki, Literaturkritiker
eigensinnig	–	Karl Lagerfeld, Modedesigner, Fotograf
arrogant	–	Helmut Schmidt, ehem. Bundeskanzler
zynisch	–	Harald Schmidt
phlegmatisch	–	Hanna Schygulla
nervös	–	Louis de Funès
exzentrisch	–	Nina Hagen
vulgär	–	Charlotte Roche
verkommen	–	Kate Moss

Sehen Sie sich das Verhalten der Menschen ganz genau an, deren hervorstechende Charaktereigenschaft genau die Eigenschaft ist, die Sie in der Checkliste oben angekreuzt haben. Achten Sie darauf, wie diese mit dieser vermeintlichen Schwäche umgehen. Kopieren ist in diesem Fall übrigens erlaubt.

WAS EIN CHARMANTER MENSCH NICHT MACHT

Welche der drei Frauen im folgenden Dialog finden Sie am interessantesten, Annette, Silvia oder Adriane?

Annette: »Ich habe das Stillen von Benjamin sehr genossen.«

Silvia: »Ja, ich finde, das schafft so eine innige Verbindung zwischen Mutter und Kind.«

Adriane: »Ach? Ich fand das Stillen öde, ich habe dabei immer den Fernseher angemacht.«

Mitgehört auf einer Juristenparty in Potsdam, Sommer 2010

Sie können selbst entscheiden, welche Frau Sie mehr anspricht. Auf jeden Fall weiß ein charmanter Mensch, dass er einzigartig ist und dass das, was für andere gilt, nicht für ihn gelten muss. Er arbeitet mit dem, was er hat: mit seiner unverwechselbaren Persönlichkeit. Alle Bemühungen, sich an irgendwelche Normen anzupassen, sind beim Versuch, Charme zu entwickeln, kontraproduktiv.

Die folgende Auflistung gibt Ihnen einen Anhaltspunkt dafür, was Ihnen beim Streben nach Charme nicht weiterhilft:

— Besuchen Sie keine Benimm- oder Smalltalkkurse, in denen andere Ihnen erzählen, wie Sie auftreten oder was Sie sagen sollen. Das Gleiche gilt für Bewerbungstrainings und andere Formen des Persönlichkeitscoachings.

— Kaufen Sie auch keine Bücher, in denen steht, wie Sie mehr Ausstrahlung gewinnen können. Der dort beschriebene Weg kann für Sie nicht richtig sein, denn Ihre Persönlichkeit ist einzigartig.

— Wer mit seinem beruflichen Erfolg, seinem Einkommen und seinem Wissen hausieren geht, wirkt unangenehm – erzählen Sie lieber von Ihren Missgeschicken, als von Ihren Heldentaten zu berichten.

— Allgemein anerkannte Empfindungen und Meinungen (siehe Dialog über das Stillen) äußert ein charmanter Mensch nur, wenn es gar nicht anders geht.

– Ein charmanter Mensch nimmt sich nicht zurück, er folgt seinen Eingebungen und Impulsen. Wer sich nicht traut, seinen Teller an einem Buffet vollzupacken, bis er fast überläuft, auffallend laut zu lachen oder seinen Gesprächspartner darauf hinzuweisen, dass er gerade etwas Langweiliges erzählt, hat auch nicht den Mumm, charmant zu sein.

– Machen Sie anderen keine Vorschriften. Ein charmanter Mensch nimmt jeden so, wie er ist, und fragt lieber interessiert, *warum* sein Gegenüber so unappetitlich isst, zu spät gekommen ist oder so unmöglich angezogen ist.

DIE KÜR: SO GEWINNEN SIE CHARISMA

> Wer Charisma haben will,
> braucht ein Lebensthema.

Um aus einem Normalsterblichen einen Charismatiker zu machen, braucht es ein Lebensthema – also etwas, wofür Sie sich wirklich begeistern und engagieren können. Dieses Thema müssen Sie in sich selbst entdecken, es lässt sich nicht so einfach vorgeben – es kann die eigene persönliche Freiheit sein oder die Ungerechtigkeit in der Welt …

> Charismatiker können verführen –
> aber nicht verführt werden.

Die meisten Menschen lernen aufgrund ihrer Erziehung bestimmte Beschäftigungen als sinnvoll zu erachten. Dies hindert sie oft daran, ihr wahres Lebensthema zu erkennen. Sie verlieren sich stattdessen in den Pflichten eines Erwachsenenlebens: einen Beruf erlernen, einen Partner finden, eine Familie gründen, ein Auto oder gar ein Haus kaufen. All das übertönt leider meist die innere Stimme, die vielleicht rät, lieber auf diese Dinge zu verzichten und sich auf etwas Wichtigeres zu konzentrieren.

Charismatische Menschen dagegen empfinden jede Beschäftigung, die nicht mit ihrem Lebensthema zu tun hat, als Zeitverschwendung und sind notfalls sogar bereit, für ihr Anliegen ihren Körper, ihre Beziehungen und ihr Leben zu gefährden. Kein Vorwurf, kein Ratschlag und kein noch so starker Widerstand wird sie von ihrem Weg abbringen. Weil charismatische Menschen überzeugt sind zu wissen, wofür es sich zu leben lohnt, sind sie übrigens auch immun gegen die Verführungen anderer Charismatiker!

Wer in etwas ganz Persönlichem das Allgemeingültige erkennt, kann über andere herrschen.

Beinahe jedes Thema kann sicherlich Hunderttausende, ja vielleicht sogar Millionen Menschen ansprechen und als Anhänger gewinnen. Wichtig ist nur, die allgemeingültige Botschaft in den eigenen, persönlichen Befindlichkeiten und Überzeugungen zu erkennen. Diese Transferleistung gelingt jedoch nicht vielen. In der eigenen Einsamkeit den Schlüssel zum Herzen anderer Menschen zu vermuten, ist für viele zum Beispiel undenkbar. Die meisten gehen ja davon aus, dass sie ihre Einsamkeit verstecken müssen, um bei anderen anzukommen. Ein Charismatiker aber geht ganz anders mit seinen Gedanken und Gefühlen um. Er weiß und spürt: Einsamkeit geht alle etwas an – und macht sie zu seinem Lebensthema.

Wer aber ein Lebensthema hat, hat automatisch auch eine

Berufung. Charismatiker fühlen, dass sie Wichtigeres zu ihrem Thema zu sagen haben als sämtliche Lehrer, Experten und Koryphäen um sie herum. Aus dieser Überzeugung leiten sie einen natürlichen Machtanspruch ab, der auch von den sie umgebenden Menschen widerspruchslos akzeptiert wird. Ein Charismatiker weiß sehr genau, dass seine Anhänger nur durch ihn in der Lage sind, die tiefe Begeisterung für die »große Sache« zu fühlen. Dies ist aber eine gegenseitige Abhängigkeit: Denn auf der einen Seite sehnen sich die Menschen nach jemandem, der in ihnen das Feuer der Begeisterung entfacht, ihnen hilft, Sehnsucht, Trauer, Glück und Stolz zu empfinden, auf der anderen kann sich der Charismatiker nur ausleben, wenn er sich in den Gefühlen der anderen spiegeln kann.

Ein Charismatiker bricht Regeln und Gesetze und gibt Hoffnung.

Charismatische Menschen scheinen die Kraft zu haben, das Leben und die Gesellschaft zu verändern. Ihre Anhänger stellen sie weit über sich, sie vertrauen ihnen blind. Da kann die Enttäuschung meist nicht ausbleiben. Denn kein Mensch kann, auch wenn er noch so charismatisch ist, den Hunger und die Ungerechtigkeit in der Welt abschaffen, allen Frieden und Wohlstand bringen, die Einsamkeit und das Unglück besiegen, oder was auch immer das Grundthema ist, für das er eintritt. Je höher Charismatiker aber gejubelt werden, desto tiefer ist auch ihr Fall. Ein Mann, der so etwas womöglich schon bald erleben wird, ist der US-Präsident Barack Obama.

Erschwerend kommt hinzu, dass Menschen mit Charisma häufig versucht sind, im Dienste der guten Sache Regeln oder gar Gesetze zu brechen. Möllemann nahm sich etwa

71

das Recht heraus, für seine politischen Ziele das Parteien-
gesetz zu missachten. Das Provozierende daran war aber,
dass er sich dabei kaum schuldig fühlte. Die Überzeugung,
dass für ihn andere Regeln gelten als für Normalsterbliche,
kann einen Charismatiker zu Fall bringen, erhöht aber
auch seine Ausstrahlung.

LEBENSTHEMEN CHARISMATISCHER ZEITGENOSSEN

Natürlich können ebenso Menschen mit gutem Charakter
und hehren Zielen Charisma besitzen wie Menschen mit
fragwürdigen Absichten. Begründer einer Sekte müssen
zwangsläufig charismatisch sein, sonst könnten sie ihre
Anhänger nicht überzeugen. Schwierige Lebensumstände
in der Kindheit können die Ausbildung eines Lebensthe-
mas fördern, sind aber nicht Bedingung dafür.
Das Leben eines Charismatikers ist anstrengend und von
normalen Persönlichkeiten kaum durchzuhalten. Nicht
umsonst wird in der Psychologie das charismatische Wesen
den narzisstischen Persönlichkeiten zugeordnet. Doch
vielleicht ist das auch nur ein Ausdruck von Neid der zur
Gewöhnlichkeit verurteilten Ärzte und Psychologen.

Klaus Kinski ließ sich zum Beispiel durch keine äußeren
Zwänge von seinem konsequenten Selbstausdruck abbringen, Marcel Reich-Ranicki machte schon früh die Literatur, die ihm selbst in den schlimmsten Stunden seines
Lebens Kraft und Hoffnung gab, zu seinem Lebensinhalt.
Petra Kelly widmete ihr Leben ihrer Vision einer fried-
licheren Welt und der Bewahrung der Schöpfung, und

Mahatma Gandhi warb für den Frieden unter den Völkern. Nelsons Mandelas Name ist untrennbar mit dem Kampf für die Aufhebung aller Rassenschranken verknüpft, L. Ron Hubbard faszinierte der Gedanke, wie man andere Menschen und sich selbst manipulieren kann, Jesus Christus predigte, zu sich selbst und zu seinen Überzeugungen zu stehen, und Theodor Herzl, der Begründer des politischen Zionismus, sehnte sich nach einer sicheren Heimat für das jüdische Volk.

3
LIZENZ ZUR SÜNDE
DAS PHÄNOMEN DER SCHEINMORAL.

»Je ›heiliger‹ sich die Menschen geben, desto scheinheiliger sind sie.«
Dr. Jürgen Stepien

Ein Stricher beschuldigt einen Mann, ihn über Jahre für Sex bezahlt zu haben, außerdem hätten er und sein Freier Drogen konsumiert. Nichts Besonderes eigentlich, nur ist der Beschuldigte Ted Haggard, einer der einflussreichsten evangelikalen Christen der USA. In seinen Predigten lobt er den Wert der Familie und wettert gegen Homosexualität. Steuerbetrüger wie Klaus Zumwinkel tragen das Bundesverdienstkreuz, die Parteimitglieder der Grünen fahren im Vergleich zum Bundesdurchschnitt die Autos mit dem höchsten Spritverbrauch und machen außerdem mehr Flugreisen nach Übersee. Oskar Lafontaine, der Mann mit der großen Wut auf die Gier von Unternehmern und Aktionären, lebt in einer protzigen Villa. Eliot Spitzer, der ehemalige Gouverneur des US-Bundesstaates New York und leidenschaftlicher Kämpfer gegen Prostitution und Menschenhandel, wurde mit einem Callgirl erwischt. Wie in letzter Zeit ans Licht gekommen ist, wurden in vielen katholischen Schulen und Einrichtungen Kinder grausam behandelt, teilweise sogar missbraucht, und traumatisiert. Und der niederländische Politiker Pim Fortuyn wurde von einem radikalen Tierschützer ermordet.

Sind das alles nur Ausnahmen, die ein schlechtes Licht auf diejenigen werfen, die voll guten Willens und Menschenfreundlichkeit sind? Nein, denn diese Inkonsistenz hat System. Zahlreiche Studien belegen, dass Menschen, die sich öffentlich als moralisch besonders integer darstellen, eher dazu neigen, gegen genau diese Normen zu verstoßen.

Sonya Sachdeva von der Universität Chicago untersuchte diese Diskrepanz zwischen Anspruch und Wirklichkeit und kam zu dem Ergebnis: Menschen, die sich als moralische Wesen betrachten, spenden deutlich weniger Geld für soziale Zwecke als Menschen, die ein eher negatives Selbstbild haben.

Eine 2008 durchgeführte Untersuchung des Deutschlandfunks zur gruppenbezogenen Menschenfeindlichkeit in Sachsen ergab, dass bekennende Christen rassistischer sind und stärker zur Islamophobie neigen als Konfessionslose. Der Psychologe Daniel Effron von der Universität Stanford entdeckte vor Kurzem den »Obama-Effekt«: Die Tatsache, dass nun ein dunkelhäutiger Präsident im Weißen Haus residiert, verleitet manche Amerikaner offenbar erst recht dazu, rassistische Meinungen zu äußern. Und zwar genau diejenigen, die für Obama sind.

Aus meiner Zeit als Journalistin weiß ich, dass links-alternative Zeitungen nicht nur am wenigsten für einen Artikel zahlen, sondern außerdem noch eine schlechte Zahlungsmoral aufweisen. Jedes Mal, wenn ich einen Beitrag für ein Medium verfasst hatte, welches sich der Gesellschaftskritik in besonderem Maße verpflichtet fühlte, musste ich wochenlang hinter den Honoraren hertelefonieren.

In puncto Scheinmoral und Selbstgerechtigkeit stehen gutbürgerliche Kreise der linksliberalen Szene jedoch in nichts nach: In Hamburg wurde vor einigen Jahren eine perfide Methode entwickelt, um ein Problem zu lösen, mit welchem die Stadt seit Jahrzehnten zu kämpfen hat – die vielen Obdachlosen, die sich im und um den Hamburger Bahnhof herum aufhalten. Man begann also, den Bahnhof Tag und Nacht mit

klassischer Musik zu beschallen, sodass die Obdachlosen dank
Brahms und Mozart keinen Schlaf mehr finden konnten und
daher den Bahnhof als Quartier mieden.

Es mag Hausfrauenpsychologie sein oder ein Naturgesetz: Überall dort, wo Menschen besonders viel Energie aufwenden, um eine idealisierte Situation zu schaffen, lauert der Abgrund. Wer sich also mit seinem gesamten Auftreten und seiner Kleidung um ein extrem sauberes Image bemüht, vor dem sollte man sich in Acht nehmen. Überkorrekt gibt sich etwa der eitle FDP-Chef Guido Westerwelle. Doch das schreckt nicht zuletzt auch deswegen so viele Menschen ab, weil sie in einer Art Ergänzungsreflex an die Seiten denken, die ihnen da wohl vorenthalten werden.

Ein Saubermann-Image macht nicht
sympathisch, sondern verdächtig!

Einige Leute bezeichnen eine solche Ausstrahlung als »seriös«, sie glauben, dass Menschen wie Christian Wulff einen guten Charakter haben und es erstrebenswert ist, sich so zu geben wie unser derzeitiger Bundespräsident. Dabei fühlt sich jede halbwegs sensible Person in der Gegenwart von allzu perfekt erscheinenden Menschen unwohl, beispielsweise auf Hochzeiten, wo das Paar so zuvorkommend miteinander umgeht, als wenn es sich gerade erst kennengelernt hätte. Oder bei Abendgesellschaften, bei denen bei Tisch nur Ansichten geäußert werden, die unbestritten als richtig und vernünftig gelten.

Das liegt sicher auch daran, dass Menschen instinktiv spüren, dass niemand nur gut sein kann und mit jemandem, der als Verkörperung von Anstand gilt, etwas nicht stimmen kann. Jeder von uns ist hin- und hergerissen zwischen zwei Antipoden. Auf der einen Seite lockt das Dunkle, Schlechte, Faule und Eigensüchtige, auf der anderen Seite streben wir nach Güte, Anstand und Selbstlosigkeit. Wir sind Homer Simpson und sein überkorrekter Nachbar Flanders in einem.

*»Das Gesetz ist der Tod.
Wenn wir gehorsam durchs Leben gehen,
verlieren wir unsere Seele.«
Paulus*

Die wichtigsten Fragen sind nun: Was bewirkt Scheinmoral bei uns? Wann erkennen wir sie, und wie können wir uns dagegen wehren? Und vor allen Dingen, wie können wir uns davor schützen, selbst heuchlerisch zu sein?

*Moral ist eine Waffe, die immer
dann gezogen wird,wenn wir nicht das tun,
was andere wollen.*

Scheinmoral begegnet uns überall – sie ist auch eines der am häufigsten angewandten Manipulationsmittel. Mit moralischen Appellen will uns jemand dazu zwingen, das zu tun, was er möchte – oder wir zwingen uns selbst dazu, den Konventionen zu entsprechen. Durch unsere Bereitschaft dazu glauben wir, zu einem besseren Menschen zu werden.

Ich sammele einen ganzen Samstagvormittagvormittag ehrenamtlich Spenden für Amnesty International, um das Gefühl zu haben, anderen Menschen zu helfen, obwohl ich die Zeit lieber auf dem Sofa verbracht hätte.

Ich werde zum Buddhisten und unterdrücke sämtliche negativen Impulse, weil ich mir dann ein besseres Schicksal für das nächste Leben erhoffe.

Ich gehe nicht fremd, damit ich verlangen kann, dass auch mein Partner nicht fremdgeht, und nenne das Liebe.

Ich arbeite jahrzehntelang für einen Arbeitgeber und gebe mir große Mühe, nicht entlassen zu werden – nicht, weil ich meine Tätigkeit für sinnvoll halte.

Ich gebe mich verständnisvoll und hilfsbereit, um viele Freunde zu haben.

Natürlich werden die Hoffnungen, die jemand mit seinem guten Verhalten verbindet, nicht immer erfüllt. Dennoch bestimmen sie zwanghaft das Handeln, und dies oft so sehr, dass nicht mehr zu erkennen ist, was jemand wirklich will. Nur wer sich gegen pseudomoralisches Verhalten zur Wehr setzt, kann wieder die Kontrolle über seine Wünsche und Zeit zurückerlangen – oder wie der Psychotherapeut Jürgen Stepien es ausdrückt, vom Opfer oder Täter zum Schöpfer seines Lebens werden.

Jeder kennt solche oder ähnliche Sätze, die zum Erziehungsrepertoire vieler Eltern gehören:

Du darfst dich nicht über andere lustig machen.
Wie kannst du nur so respektlos sein?
Gib nicht so an!
Mit Menschen, die lästern, kann man nicht befreundet sein.
Versprechen muss man halten.
Unehrlichkeit ist eine der schlimmsten Eigenschaften, die es gibt.

Die Schwierigkeit dieser Maximen lässt sich am Beispiel des Lästerns gut erläutern: Alle Menschen eint das dringende Bedürfnis, über andere Menschen zu sprechen. Denn wir sind verschieden und verstehen oft nicht, warum unsere Freunde, Eltern, Liebhaber, Chefs oder Kollegen uns missachten, immer wieder dieselben Fehler machen, Abwegiges tun oder das Naheliegende unterlassen. Um uns selbst und unsere Gefühle besser zu verstehen, müssen wir aber über andere Leute mit Dritten sprechen: Bin ich so wütend auf Markus, weil mit mir etwas nicht stimmt oder weil mit Markus etwas nicht stimmt? Dazu ist die Meinung eines neutralen Dritten wichtig – die von Markus zählt in diesem Fall wohl kaum.

Trotzdem gibt es immer wieder Menschen, die diese für unser Seelenleben so notwendigen Gespräche mit dem Hinweis unterbinden, dass sie grundsätzlich nicht über andere lästern. Meist raten sie sogar dazu, gerade mit dem ungeeignetsten Menschen über die Probleme zu sprechen, nämlich dem Verursacher dieser Schwierigkeiten – und führen uns so ihr strahlendes besseres Wesen vor.

Lästern Sie – vor allem über die Menschen, die angeblich nicht lästern.

Die Nicht-Lästerer glauben, respektvoller als wir zu sein, dabei wenden sie eine perfide Methode an, um uns herabzusetzen. Sie kritisieren an uns, was sie sich selbst nicht zugestehen. Der tiefere Grund ihres »Gutseins« ist jedoch ihre Angst, dass andere Menschen negative Gefühle ihnen gegenüber entwickeln könnten. Sie wollen durch ihr »Nichtlästern« erreichen, dass andere nur positiv über sie denken und sprechen. Sich nicht auszutauschen, ist jedoch eine nahezu unmögliche Forderung, denn jeder hat seinen Mitmenschen gegenüber ambivalente Gefühle, mit denen er nicht immer alleine klarkommt.

*Ob jemand lästert oder das
Lästern unterdrückt, ist einerlei.*

Mit moralischen Vorwürfen dieser Art soll jemand ausgebremst und klein gemacht werden. Dr. Jürgen Stepien nennt das eine von vielen Versionen des Opfer-Täter-Spiels. In dem Beispiel über das Lästern machen die Gutmenschen sich zum Opfer und uns zum Täter. Beide Rollen sind aber nicht besonders angenehm.

DAS OPFER-TÄTER-SPIEL

Dr. Jürgen Stepien beschreibt es so: »Das Wort Egoismus ist eine Waffe von Opfern mit dem Gift der Moral, um Schuldgefühle zu erzeugen. Opfer arbeiten liebend gerne mit Moral und machen uns auf diese Weise zum Täter. Täter muss man anklagen und man muss ihnen Vorhaltungen machen: Du bist schuld. Du machst dieses und jenes falsch. Du benimmst und kümmerst dich nicht. Du bist ein Egoist und denkst nur an dich usw.
Oder sie reden im Konjunktiv – man müsste mal wieder … man sollte … – und zeigen damit, dass sie mit irgendetwas unzufrieden sind, was sie nicht ändern können.«

> *»Opfer sind Menschen, die Täter suchen.
> Der eigensinnige Weg bedeutet,
> bei der Fraktion der Opfer zu kündigen.«*
> Dr. Jürgen Stepien

Wenn jemand sich diesem Opfer-Täter-Spiel entzieht, also zum Schöpfer wird, bekommt er ganz sicher Probleme, denn dann werden ihm viele als Opfer entgegentreten und ihn attackieren. Die Umwelt will nämlich nicht, dass jemand Schöpfer ist, sie hat kein Interesse daran. Vielmehr erwartet sie, dass er funktioniert, seine Bedürfnisse verleugnet und vor allem nicht seine wahren Gefühle zeigt – denn Gefühle stören nur und sind unbequem.

Was aber passiert, wenn jemand das tut, was die Opfer von ihm verlangen, nur um deren Anerkennung nicht zu verlieren? Dann schneidet er sich von seinen Bedürfnissen und seiner Lebendigkeit ab, er vergisst, was ihn wirklich interessiert und was sein Leben mit Sinn erfüllt.

Wer in anderen das Opfer sieht, wird in sich selbst den Täter sehen. Und daraus folgt der Drang, etwas für den anderen zu tun. Für das Unvermögen der Opfer werden viele Entschuldigungen gesucht, und der Täter meint, ihre vermeintliche Benachteiligung ausgleichen zu müssen:

- Ich muss mich um sie kümmern, ihr geht es ja so schlecht und sie ist allein.
- Der Arme hat das eben nicht gelernt.
- Sie meint es nicht so, sie ist nur gestresst, weil sie so viel arbeiten muss.
- Man muss ihn verstehen, er trägt so viel Verantwortung für seine Kinder.
- Sie ist sehr empfindsam, deshalb muss man sehr vorsichtig mit ihr umgehen.
- Er ist krank, daher ist jetzt nicht der richtige Zeitpunkt, ihm die Meinung zu sagen.
- Er hatte eine schlechte Kindheit und kann nichts für sein Verhalten.
- Ich kann ihm nicht sagen, dass ich keine Lust habe, ihn heute Abend zu sehen – das würde ihn traurig machen.

Sei gut, geh helfend durchs Leben und nimm Rücksicht, mahnen die Opfer. Niemand ist aber nur fürs Helfen und Rücksichtnehmen auf der Welt. Wer übrigens die Opfer als Opfer sieht, verleugnet den Schöpfer in ihnen. Jesus sagte: »Ich bringe nicht Frieden auf Erden, sondern das Schwert.« Damit meinte er, dass wir uns zu uns selbst und unseren Überzeugungen bekennen sollen, auch wenn das anderen Leuten nicht gefällt. Doch das muss in Kauf nehmen, wer leben will, wie es ihm entspricht.

> »Moralische Entrüstung besteht in den meisten Fällen zu zwei Prozent aus Moral, zu 48 Prozent aus Hemmungen und zu 50 Prozent aus Neid.«
> François Duc de La Rochefoucauld

Oft sind es eigentlich positive Eigenschaften, die einem von seinen Mitmenschen am hartnäckigsten angekreidet werden – dahinter steckt aber meist Neid. Neid von Menschen, die eben nicht so leben, wie sie es im Grunde gerne möchten. Wenn Ihnen folgende Vorwürfe gemacht werden, sind Sie auf dem richtigen Weg:

Vorwurf:	wirkliche Eigenschaft:
egozentrisch	charakterstark
arrogant	natürliche Autorität
stur	geistig unabhängig
unverschämt	offen, lebendig
wenig hilfsbereit	lässt sich nicht ausnutzen
vorwitzig	intelligent, schlagfertig
geschmacklos	sexy
eingebildet	attraktiv
exzentrisch	exzentrisch

nervig	engagiert, kompetent
exaltiert	interessant, anregend
im Mittelpunkt stehen wollen	außergewöhnlich
unzuverlässig, sprunghaft	spontan
dominant	selbstbewusst
untreu	lebendig
angeberisch	stolz auf sich selbst
geldgierig	geschäftstüchtig

»*Eine Tugend kann zur Untugend werden –*
wenn sie uns schadet.«
Jürgen Stepien

Wie schwer oder unmöglich es ist, ein Leben als Gutmensch zu führen, schildert Bertolt Brecht in seinem
Stück *Der gute Mensch von Sezuan.* Drei Götter besuchen
die chinesische Provinz Sezuan, um in einer von Egoismus
geprägten Gesellschaft gute Menschen zu suchen. Niemand will die drei Fremden aufnehmen, nur die Prostituierte Shen Te bietet ihnen ein Nachtquartier. Als Dank
dafür schenken die Götter ihr ein kleines Vermögen, mit
dem Shen Te einen Tabakladen ersteht, um nicht mehr der
Prostitution nachgehen zu müssen. Als Gegenleistung ver-
spricht sie den Göttern, sich in Zukunft nur noch redlich
und gut zu verhalten, was sich allerdings als schwierig
herausstellt, da ihr selbstloses Engagement für die Armen
und Vernachlässigten schnell ihre finanziellen Reserven
aufbraucht und sie schließlich ruiniert. Um weiter als Shen
Te helfen zu können, schlüpft sie daher in die Rolle eines
imaginären Vetters Shui Ta, der es mit seiner Rücksichtslosigkeit zu einer florierenden Tabakfabrik bringt. Das
Geld, das sie als rücksichtsloser Fabrikbesitzer verdient,
verteilt sie als gute Nachbarin an Bedürftige.

Zu tun, was man tun sollte,
ist die Strategie des Opfers.

In Bertolt Brechts Stück gibt es keine Lösung dieses Dilemmas, das Ende hat er offen gelassen. Die wichtigste Lehre daraus ist jedoch, dass man sich von den Opfern (hier die Armen) nicht zum Täter (hier sowohl Shen Te als auch ihr imaginärer Vetter) machen lassen sollte. Stepien erklärt, wie das geht: »Opfer lieben Enttäuschungen. Sie können also einem Opfer nichts Schöneres schenken, als mal wieder seine Erwartungen richtig zu enttäuschen. Dann quellen vor Rührung die Tränen, und sie haben einen Grund, sich zu beklagen.

Einen Schöpfer dagegen erkennt man daran, dass er die Wahrheit und die Moral den Opfern lässt und den Betrug und die Lüge den Tätern.

Ein Schöpfer wählt die List, um durchs Leben zu kommen. Mit List arbeiten Sie zum Beispiel, wenn Sie sich nicht festlegen. Eine Frau, die von ihrem Mann gefragt wird, wann sie wiederkommt, und nicht antworten will, könnte zum Beispiel sagen: ›Bevor die Sonne aufgeht, bin ich wieder da.‹

List ist eine Haltung, um mit der Wirklichkeit zurechtzukommen, denn die Wirklichkeit ist nicht einfältig, sondern vielfältig. Daher meine Empfehlung: Werden Sie unklar! Unklare Antworten ermöglichen Ihnen einen größeren Handlungsspielraum und engen Sie nicht ein wie zum Beispiel ein widerwillig gegebenes Versprechen, pünktlich um 23 Uhr zu Hause zu sein.

Dass wir der Schöpfer unseres Leben sind und nicht dessen Opfer, drückt sich auch in der Sprache aus. Es gibt ein einfaches Mittel, um wieder die Kontrolle über unsere

Angelegenheiten zu bekommen. Man muss anders über sie sprechen! Anstatt zu sagen: Ich werde mit meinem Haushalt nicht fertig, sagen Sie: Ich will nicht. Ich will nicht Fenster putzen, ich will meine Mutter nicht anrufen, ich will nicht freundlich sein, ich will keinen Sport machen, ich will nicht auf die Kinder meiner Freundin aufpassen. Schon sind Sie ein Schöpfer.«

Jürgen Stepien empfindet Gehorsam als eine der schlimmsten Untugenden, die es gibt: »Ein Schöpfer horcht in sich rein und fühlt, was er will, und gehorcht nicht. Manche Psychotherapeuten, werden reich damit, auf das Opfer in ihren Patienten zu hören. Zum Beispiel kam eine junge Frau zu mir, welche nicht gerne auf Partys geht. Auf Zusammenkünften mit mehr als einer Handvoll Menschen fühlte sie sich unwohl und befürchtete, dass das berufliche und soziale Nachteile für sie haben könnte. Ich könnte jetzt mit der Patientin über ihre Kindheit reden: Woher kommen diese Gefühle von Unwohlsein, warum kann sie nicht auf Partys gehen? Wie kann sie lernen, mit ihren Gefühlen umzugehen? Das machen andere Kollegen. Meiner Meinung nach braucht man nicht zu lernen, auf Partys zu gehen (Opfer-Strategie), man muss nur sagen: Ich will auf Partys gehen oder ich will nicht auf Partys gehen (Strategie des Schöpfers). Um ein Schöpfer zu werden, brauchen Sie nicht länger als eine Sitzung.«

Um sich sogar diese eine Sitzung zu sparen, müssen Sie nur weiterlesen. Werden Sie mit den folgenden Strategien ab sofort zum Schöpfer!

ACHT STRATEGIEN GEGEN
DIE SCHEINMORAL

DIE ANTIHILFSBEREITSCHAFTSSTRATEGIE

Wer zu schnell hilft, verachtet im anderen den Schöpfer. Stets hilfsbereit und großzügig sein zu wollen, ist die Anmaßung und Überheblichkeit der Guten.

Ruth Rendell beschreibt in ihrem Thriller *Urteil in Stein* (verfilmt mit Isabelle Huppert), dass Menschen diejenigen hassen, die zu viel helfen. Sie schildert das Schicksal einer gutbürgerlichen Familie, welche mit ihrem Verständnis und guten Willen eine analphabetische Haushaltshilfe bedrängt und das mit ihrem Leben bezahlt.

Sie sollten mit Ihrer Hilfsbereitschaft niemandem zu nahe treten, im Gegenteil: Es muss schwierig sein, von Ihnen etwas zu bekommen. Sie leihen Freunden kein Geld, weil Sie ahnen, dass Sie anschließend monatelang Ihrem Geld hinterherrennen dürfen und sich dann noch anhören müssen, dass Sie kleinlich sind. Wenn Sie selbstständig sind, machen Sie keine Sonderpreise und tun niemandem einen Gefallen, der mehr Zeit in Anspruch nimmt als eine halbe Stunde.

Irgendwann werden Sie es geschafft haben, dass immer erst andere gefragt werden, wenn ein Umzug ansteht oder Kinder gehütet werden müssen, bevor jemand auch nur auf die Idee kommt, sich an Sie zu wenden.

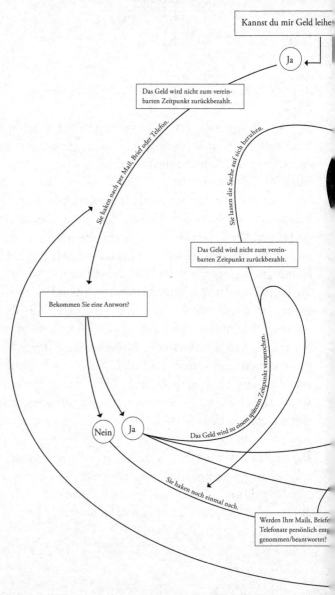

In diesem Schaubild sehen Sie, was passiert, wenn Sie Geld verleihen. Wenn Sie gleich sagen, sparen Sie sich viele Schuldgefühle und vor allen Dingen das Geld. Die Freunds ist nach dieser Frage sowieso nicht mehr zu retten. Das Gleiche gilt übrigens auch für »Tust du mir einen Gefallen?« und »Machst du mir einen Freundschaftspreis?«.

Unausgesprochene Verstimmung

Freundschaft kaputt

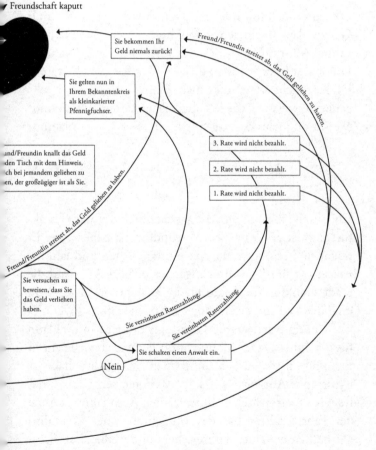

DIE NA-UND-STRATEGIE

Es gibt eine unschlagbare Erwiderung auf sämtliche Vorwürfe, die Ihnen Freunde oder Partner machen und mit denen diese an Ihr moralisches Gewissen appellieren. Sie lautet: »Na und?« Probieren Sie es aus: Mit »Na und?« schlagen Sie jeden Gegner k. o.

Du willst doch nur mit ihr schlafen.	– Na und?
Gib zu, dass du einfach zu faul bist.	– Na und?
Immer willst du etwas Besseres sein.	– Na und?
Du denkst immer nur an dich.	– Na und?
Du hast nicht eingekauft, nicht sauber- gemacht usw., wie wir das abgemacht hatten.	– Na und?
Merkst du nicht, dass du störst?	– Na und?

DIE GEFÜHLE-ZULASSEN-STRATEGIE

Christoph fährt um die Mittagszeit durch die Stadt Frankfurt und ist gestresst. Seine Freundin sitzt neben ihm. Er flucht und schimpft auf den umständlichen und lahmen Fahrer vor ihm, auf die Fußgänger, auf das Auto, auf die Stadt Frankfurt … Seine Freundin fragt: »Was regst du dich denn so auf, das ist doch gar nicht nötig?« (Wenn es nicht nötig wäre, würde Christoph es nicht tun.) Dann fügt sie hinzu: »Der Mann vor dir kennt sich vielleicht in Frankfurt nicht aus, da muss man Verständnis haben.« Christophs Antwort: »Es sollte verboten sein, dass Ortsfremde in europäischen Innenstädten Auto fahren.« Auch der Fahrradfahrer hat das Mitgefühl seiner Freundin: »Sicher hat er keinen Führerschein und weiß daher nicht, dass du Vorfahrt hattest.« Christoph: »Wenn ich nicht wüsste, dass ich dann ins Gefängnis muss, hätte ich ihn über den Haufen gefahren.«

Wir kennen das alle – Menschen, die sich weigern, uns zu bestätigen, obwohl wir es gerade dringend brauchen. Sie stellen sich dumm und sammeln Hunderte vernünftig klingende, unwiderlegbare Argumente gegen unsere Wut, unseren Ärger und unsere schlechte Laune. Doch genau das hilft in der momentanen Stimmung nicht weiter. Wo ein einfaches »Ja, du hast recht, es ist wirklich unglaublich, wie furchtbar die Leute sind« ausreichen würde, um uns wieder mit der Welt zu versöhnen, foltern sie uns mit ihrem Verständnis für die ganze Welt. Das ist illoyal und scheinheilig. Wir sollten daher zurückfoltern und in ihrer Gegenwart einen Wutanfall nach dem anderen bekommen.

DIE LÄSTERSTRATEGIE

Manche Menschen versagen sich das Lästern, weil sie starke Schuldgefühle empfinden, wenn sie ihre wahren Gefühle gegenüber einem Partner oder Freund aussprechen. Sie verurteilen es, sich über Dritte aufzuregen und lustig zu machen, und ignorieren die schlichte Tatsache, dass nicht alle Konflikte durch ein ehrliches Gespräch zu klären sind – zum Beispiel mit Eltern, Schwiegereltern, mit Kollegen oder dem Chef, mit Nachbarn, Behörden oder mit begriffsstutzigen Menschen.

Bei einer buddhistischen Veranstaltung in Berlin war Lästern ein großes Thema. Der Meister, der die Veranstaltung leitete, wurde eingehend zum dritten Gebot des edlen

Achtfachen Pfades, dem Gebot der rechten Rede, befragt. Irgendwann meldete ich mich und erklärte, dass Lästern meiner Meinung nach Verbundenheit und Nähe schaffe, zum Beispiel zu einer Freundin oder Arbeitskollegin, mit der man sich über Bekannte oder Kollegen austausche. Einer Bekannten, die neben mir saß, war das Ganze so peinlich, dass sie ein Stückchen von mir abrückte. Der Meister antwortete: »Nein, dennoch ist die schlechte Rede nicht erlaubt.« »Schade«, meinte ich, »dann ist das hier nichts für mich.« Das sollte eigentlich ein Scherz sein, aber niemand lachte, viele warfen mir sogar verächtliche Blicke zu.

Nach der Veranstaltung stürmten etliche Anhänger des Meisters nach vorne und baten, ihn zum Abendessen begleiten zu dürfen, um ihm in persönlicherer Atmosphäre Fragen stellen zu können. Ich aber ging in den Flur und zog meine Schuhe an. Da kam der Meister zu mir und fragte: »Woher kommst du, ich habe dich hier noch nie gesehen.« Dann forderte er mich auf, ihn zum Essen zu begleiten, bei dem er sich, zum Ärger seiner Fans, den Rest des Abends nur mit mir unterhielt.

Fazit unseres Gesprächs: Wer noch nicht erleuchtet ist, sollte lästern dürfen. Denn ein unterdrücktes Bedürfnis macht unfroher als ein ausgelebtes. Und wer froh ist, muss auch bald nicht mehr lästern.

DIE VERBÜNDUNGSSTRATEGIE

Die einen behaupten, Gesetz und Moral auf ihrer Seite zu haben – na gut, wir aber verbünden uns mit Dritten. Natürlich ist diese Methode umso wirkungsvoller, je wichtiger diese Dritten für denjenigen sind, mit dem wir gerade streiten. Nichts macht so kleinlaut wie die Aussage »Stefan und Anne haben auch gesagt, dass du spinnst«.

Diese Methode ist allerdings verpönt, denn wenn zwei streiten, kann es theoretisch sein, dass beide recht haben, doch wenn Stefan und Anne zu einer Seite halten (bzw. sich gerade nicht dagegen wehren können, von dieser Seite vereinnahmt zu werden), dann entsteht ein Ungleichgewicht, das der andere kaum wettmachen kann. Lahme Widerworte wie »Es ist mir egal, was Stefan und Anne über mich denken«, »Kannst du nicht für dich selbst sprechen« oder »Das ist eine ganz billige Methode« können wir getrost ignorieren. Schließlich ist es nicht unsere Schuld, wenn der andere sich keine geeignete Verstärkung holt.

Und den Vertrauensbruch gegenüber Stefan und Anne brauchen wir auch nicht zu bereuen, denn in den seltensten Fällen wird der Streitpartner die beiden auf die zitierte Aussage hin ansprechen.

DIE BELEIDIGUNGSSTRATEGIE

Als Jugendliche musste ich oft von Ärzten hören, dass ich übermäßig nervös sei. Sie vermuteten dahinter eine Drogensucht oder Krankheit oder gar beides und schlugen regelmäßig vor, mich eingehend zu untersuchen. Lehnte ich das ab, schilderten mir die Ärzte ausführlich die schrecklichsten möglichen Ursachen für meine Nervosität. Eine typische Situation: In der scheinheiligen Maske des Helfers wird jemand zum Weinen gebracht.

Auch heute gibt es noch solche Ärzte, die mich mit mitleidig-besorgter Miene fragen: »Haben Sie schon einmal darüber nachgedacht, etwas gegen Ihre Nervosität zu tun?« Nur kann ich heute besser damit umgehen und antworte dann immer: »Ich bin halt nicht so dröge wie Sie.« Das wirkt meistens.

Will uns jemand beurteilen oder herabsetzen, sollten wir so schnell wie möglich darauf reagieren: Eine gezielte Beleidigung verdirbt unserem Gegner jede Freude an seiner Herabsetzung. Wichtig ist allerdings, bei solchen Beleidigungen stets sehr freundlich zu bleiben, also quasi Scheinheiligkeit mit Scheinheiligkeit zu beantworten. Am besten lässt man einer solchen Beleidigung ein freundliches Lachen folgen.

Oder man seufzt in gespielter Geduld wie Joschka Fischer, als er zu einem *Spiegel*-Reporter sagte: »Alles ist möglich, selbst dämliche Fragen wie Ihre.«

DIE WAHRHEITSSTRATEGIE

Warum sagen wir eigentlich, dass wir keine Zeit haben, uns am Abend mit einem Freund zu treffen, obwohl der wahre Grund ist, dass wir einfach keine Lust mehr haben, das Haus zu verlassen?

Der Journalist Jürgen Schmieder machte ein Experiment – statt zur Osterzeit zu fasten oder auf Alkohol oder Zigaretten zu verzichten, nahm er sich vor, 40 Tage lang nicht zu lügen. Dieser Vorsatz brachte ihm Prügel ein, hat beinahe seine Ehe ruiniert und ihn fast den Job gekostet.

Er erkannte dabei, wie oft er sich sonst im Laufe eines Tages zurückhielt, etwas beschönigte, vortäuschte oder jemandem schmeichelte und wie erleichternd es war, das alles nicht mehr tun zu müssen.

Es ist wunderbar, eine Beleidigung in dem Moment auszusprechen, in dem sie einem durch den Kopf geht. Befriedigend, einem herablassenden Kollegen mit »Du Penner« zu begegnen, längst überfällig, einem Freund zu sagen, dass seine Freundin ihn betrügt und damit gleichzeitig einen ganzen Bekanntenkreis davon zu erlösen, diesen Umstand zu verschweigen.

Ehrlich zu sein in all den Fällen, in denen normalerweise eine Lüge erwartet wird, bringt sicherlich einige Aufregung in den Alltag, aber auch viel mehr Lebensfreude. Es ist doch zum Beispiel viel einfacher, eine Verabredung mit der ehrlichen Begründung abzusagen, dass man keine Lust hat auszugehen, als sich dafür eine fadenscheinige Ausrede ausdenken zu müssen.

Als die 40 Tage vorbei waren, war Jürgen Schmieder froh, auch wieder auf ein paar Notlügen zurückgreifen zu können. Doch auf seinen neu gewonnenen Mut zur Ehrlichkeit mag er nicht mehr verzichten. Natürlich kann Ehrlichkeit auch verletzend sein, dazu meint Jürgen Schmieder: »Ehrlichkeit bedeutet, genau das zu sagen, was einem gerade durch den Kopf geht. Und wenn mir eine Beleidigung durch den Kopf geht, verlangt das Prinzip Ehrlichkeit, dass ich sie ausspreche. Früher hätte ich die Beleidigung eher runtergeschluckt oder abgeschwächt. Heute sage ich: ›Sie Idiot‹, wenn ich so denke. Denn jemanden anzulügen, ist auch beleidigend.«

DIE LÜGENSTRATEGIE

»Wahrheit ist was für Schwächlinge und
Einfallslose. Der eigenständige Mensch
geht nicht ehrlich durchs Leben, nur Opfer
lieben die Wahrheit. Weil Opfer es lieben,
andere zum Täter zu machen und ihnen aufs
Brot zu schmieren, dass sie sie wieder
enttäuscht und angelogen haben.«
Dr. Jürgen Stepien

Die Wahrheit zu sagen, ist kein Wert an sich. Manche Leute brüsten sich nach einem Fehltritt damit, dass sie diesen wenigstens eingestanden haben. Ursache dieser Wahrheitsliebe ist aber ihr Unvermögen, mit diesen Dingen selbst klarzukommen. Lügen ist also keine Sünde, sondern Teil eines selbstbestimmten Handelns.

Das Wichtigste beim Lügen ist aber: Haben Sie einmal damit angefangen, dürfen Sie nicht einknicken. Auf keinen Fall, niemals, ganz gleich, wie bedrückend die Beweislast auch sein mag. Haben Sie einen Knutschfleck, behaupten aber, nicht zu wissen, woher? Bleiben Sie dabei, denn niemand hat das Recht, von Ihnen zu verlangen, über Dinge zu sprechen, über die Sie nicht reden wollen.

Auch ein Freund namens Christoph konnte lange Zeit nicht lügen. Ein großer Nachteil, denn schließlich gibt es immer irgendetwas, das man selbst gerne tut, was dem Partner zum Beispiel aber nicht passt und man daher gerne verschweigen möchte. Es blieben Christoph also nur zwei Möglichkeiten: entweder er unterdrückte seine Wünsche, oder er tat trotzdem, was er wollte, hatte dabei aber das unangenehme Gefühl, bei gezielter Nachfrage alles gestehen zu müssen.

»Das machte mich unsicher und unfrei«, erklärte Christoph, »denn dann ist man nicht Herr der Lage. Frauen auf den Hintern zu schauen oder mit einer Exfreundin in die Disko zu gehen und rumzuknutschen, macht einfach keinen Spaß, wenn man hinterher dem Polizeiverhör der aktuellen Freundin nicht gewachsen ist. Es aber nicht zu tun, nur um diesem Konflikt aus dem Weg zu gehen, ist meiner Meinung nach eine armselige Lösung. Jetzt habe ich mich weiterentwickelt und kann Menschen ohne Hemmungen ins Gesicht lügen, wenn es sein muss. So habe ich die volle Entscheidungsgewalt über alles zurückerobert, was ich tue.«

Er muss sich auch nicht mehr wie ein Versager vorkommen, wenn er die Einladung einer Exfreundin ablehnt, eine Nacht mit ihr zu verbringen. Schließlich könnte er, wenn er wollte.

Sein Lehrmeister in diesem Entwicklungsprozess waren übrigens die Frauen. Denn auch seine Freundin traf sich durchaus mit Menschen, für die sie nicht nur rein freundschaftliche Gefühle hegte. Erstaunt hatte Christoph, dass seine Freundin im Gegensatz zu ihm keinerlei Probleme hatte, alles abzustreiten. Selbst wenn Beweise in Form von Zeugenaussagen von Dritten, Fotos, Haaren am Kragen, einem fremden Parfümduft im Haar usw. vorlagen, blieb sie bei ihrer Version. Das hat ihm deutlich gemacht, wie machtlos man gegenüber hartnäckigen Lügnern ist und auch wie aufreizend ein solches Verhalten wirkt. Er lässt sich auch nicht mehr von der angeblichen Hellsichtigkeit mancher Frauen verunsichern: »Früher wurde ich von Frauen öfters diverser Vergehen beschuldigt und dachte immer: Woher weiß sie das? Ich war davon überzeugt, dass Frauen einen sechsten Sinn haben und einen durchschauen und Leugnen daher zwecklos ist. Heute weiß ich, dass das Unsinn ist. Frauen beschuldigen einfach auf Verdacht und bohren dann so lange nach, bis man irgendetwas gesteht. Jetzt, da ich kein schlechtes Gewissen mehr habe und Mann genug bin, alles abzustreiten, kann ich Frauen wieder gleichberechtigt und auf Augenhöhe begegnen.«

DIE-NIEMALS-ZU-NETT-SEIN-ZU-LEUTEN-DIE-SIE-MÖGEN-STRATEGIE

Ein besonderes Augenmerk der Alzheimerforschung liegt auf dem Zusammenhang zwischen Krankheitsverlauf und Einsamkeit des Patienten. Der Faktor Einsamkeit wird hierbei daran gemessen, wie sehr beziehungsweise wie wenig sich die Patienten bemühen, mit anderen Menschen Kontakt aufzunehmen. Einsame, so die Beobachtung der Forscher, sprechen häufiger (!) Leute an als Menschen, die nicht einsam sind.

Die Einsamen werden dadurch jedoch nicht weniger einsam, im Gegenteil, die anderen erfassen instinktiv, was los ist: Wer so nett ist, hat's nötig.

Zu freundliche Einladungen, zu freudige Zusagen oder zu bedauernde Absagen (wenn man ohnehin nur als Partyfüllmaterial eingeladen wurde), zu aufwendige Mitbringsel – all das macht unattraktiv. Natürlich gehe ich nicht zu der »netten« Geburtstagseinladung meines Steuerberaters (hat der keine Freunde?) und folge nicht der Einladung meiner Nachbarn (habe ich keine Freunde?), und schon gar nicht nehme ich die Einladungen meiner Kollegen zum Karaokeabend an (ich will meinen Chef weder singen hören noch betrunken sehen).

DIE NIEMALS-ZU-NETT-SEIN-ZU-LEUTEN-DIE-SIE-NICHT-MÖGEN-STRATEGIE

In Studien wurde bewiesen, dass heftige Abneigungen vor allen Dingen durch den »falschen« Körpergeruch hervorgerufen werden oder weil die betreffende Person uns mit ihrem Dialekt, ihrer Mimik und Gestik an einen ungeliebten Menschen aus der Vergangenheit erinnert. Wenig hilfreich sei es dann, so die Autoren, trotz einer spontan empfundenen Abneigung freundlich zum anderen sein zu wollen. Denn Menschen können dank ihrer Spiegelneuronen in der Regel gut beurteilen, ob die Emotionen des Gegenübers echt sind.

Sparen Sie sich also verkrampfte Bemühungen und auch den Ärger über sich selbst, den man automatisch empfindet, wenn man versucht hat, jemanden günstig zu stimmen, der einem vom ersten Augenblick an unsympathisch war.

4
ÄRGERN, LÜGEN, PROVOZIEREN
ARTIGSEIN HAT BEIM FLIRTEN NICHTS ZU SUCHEN.

»Du bist echt total nett.«
»Das heißt, ich darf dein Haar streicheln, deine Füße und den Rücken massieren,
aber wir werden nie vögeln?« »Ja.«
ZusilloL auf *Twitter*

»Ihren sagenhaften Aufstieg verdankte die 17-jährige Chinesin Cíxi ihrem schlechten Benehmen im richtigen Augenblick. Cíxi wurde von einer der Nebenfrauen des Kaisers Xiangfeng zu einer der einflussreichsten Persönlichkeiten in China zum Ende der Kaiserzeit. Die Aufnahme in den Harem des Kaisers war ein Privileg und ihr erstes Hindernis. Dutzende Kandidatinnen wurden dem Kaiser jedes Jahr vorgestellt, die schönsten und vornehmsten Frauen aus den westlichen Provinzen Chinas, aus denen er nur wenige erwählte. Im Jahr 1852 war Cíxi unter einigen Dutzenden Mitbewerberinnen dabei.

Die Vorführungszeremonie war streng. Hinter einem Vorhang hatten die Mädchen zu warten, bis sie vom Zeremonienmeister mit einem Klopfen seines Stabes nach vorne gerufen wurden. Vor dem Kaiser hatten sie zu knicksen, zu lächeln, ohne ihm in die Augen zu schauen, sich zu drehen und dann nach wenigen Sekunden wieder zu gehen. Im 30-Sekunden-Takt wurden die Mädchen vor Kaiser Xiangfeng gerufen, Cíxi stand hinter dem Vorhang mit klopfendem Herzen. So viele schöne Mädchen hatten sich dem Kaiser gezeigt – was, wenn dieser schon müde war und mit den Gedanken längst woanders oder sich mit seinem Eunuchen unterhielt, genau in dem Moment, in dem sie ihren Auftritt hatte? Dann war ihre winzige Chance verloren.

Der Zeremonienmeister gab das Zeichen, das Mädchen vor ihr trat auf die Bühne, eine klassische Schönheit. Plötzlich

wusste Cíxi, was zu tun war. Kaum war die Schöne auf der anderen Seite der Bühne verschwunden, schaute der Zeremonienmeister zu ihr herüber und schlug mit dem Stab auf den Boden. Cíxi blieb stehen. Der Zeremonienmeister schaute erstaunt und hob und senkte den Stab ein zweites Mal, Cíxi rührte sich nicht. Sie hörte, wie Unruhe im Saal entstand, der Zeremonienmeister wurde wütend, winkte und fuchtelte mit seinem Stab. Nun schritt Cíxi langsam auf die Bühne: Alle Blicken waren auf sie gerichtet: Wer war das Mädchen, das nicht kam, wenn man es rief?
Der Kaiser fühlte sich durch ihr Verhalten provoziert, das reizte ihn. Außerdem war Cìxi stolz und schön, er wählte sie aus. 1861 übernahm sie nach seinem Tod die Regentschaft, welche sie bis zum Ende ihres Lebens 1908 innehatte, und regierte damit länger als die meisten Kaiser der chinesischen Geschichte.«
Das Leben der Kaiserinwitwe Cíxi, nacherzählt in *Das Mädchen Orchidee* von Pearl S. Buck

Flirten und schlechtes Benehmen gehören zusammen, denn Flirten ist ohne Regelbruch nicht denkbar. Schon wenn ich einem anderen zu lange in die Augen schaue, tue ich ja etwas, das man üblicherweise nicht macht – schließlich muss es meinem Gegenüber auch auffallen, dass ich mit ihm flirten will. Die Grenzen des anderen übertreten, das ist es, um was es beim Flirten und Verführen geht.
Viele Männer und Frauen würden gerne besser verführen können, wollen aber den Preis dafür nicht zahlen. Nur wenige trauen sich, so wie vor 160 Jahren die Kaiserin Cíxi alles auf eine Karte zu setzen, wenn der Moment gekommen ist, den es zu nutzen gilt und der so schnell wieder

verstrichen ist. Cíxi ging ein hohes Risiko ein, als sie sich den Gesetzen des kaiserlichen Hofes widersetzte. Und befolgte damit das wichtigste Prinzip beim Verführen: Wer starke Anziehung erzeugen will, muss auch riskieren, starke Ablehnung zu erfahren, wenn es schiefgeht.

Erfolgreiche Verführer fürchten sich nicht vor Ablehnung, sie gehen davon aus, dass die Menschen für sie eine Ausnahme machen und ihnen mehr erlauben als anderen – und genau das macht sie so attraktiv. Und zwar attraktiver, als es ein schönes Gesicht, ein teures Auto oder ein gesichertes Einkommen vermögen.

Das Risiko des Abgelehntwerdens muss jedoch bei vollem Bewusstsein eingegangen werden. Man darf seinen Regelbruch weder verschleiern noch abmildern, also zum Beispiel so tun, als habe man sich just in dem Moment, als der Kaiser einen rief, lediglich in den Falten seines Kleides verfangen. Auch eine Entschuldigung macht die provokante Tat zunichte, und eine hinterhergeschobene Rechtfertigung lässt einen nicht erfrischend unverschämt, sondern einfach nur unverschämt wirken.

Dreistigkeit, zu der man nicht steht, erzeugt Mitleid.

Ein dazu passendes Erlebnis hatte ich einmal auf einer Party in einer Kunstgalerie in Berlin Mitte: Als ich ankam, war es bereits sehr voll, viele Leute tanzten, andere standen an der Bar. Da es mir aussichtslos erschien, meine Freunde, die ich hier treffen wollte, zu suchen, blieb ich in der Nähe des Eingangs stehen. Plötzlich kam ein Mann auf mich zu und sagte. »Ich bin gerade echt geil, und du gefällst mir sehr gut. Ich würde gerne mit dir schlafen. Kommst du mit mir nach draußen in den Hof?«

Mich hat diese direkte Frage beeindruckt, denn der Mann kannte mich nicht und konnte daher nicht wissen, wie ich auf sein Ansinnen reagieren würde. Eine Menge Frauen hätte ihn beschimpft oder sich lauthals über seine Frechheit beschwert. Dass er Erfolg haben würde, war auch relativ unwahrscheinlich, denn er hatte sein Anliegen ja kein bisschen schön verpackt.

Mir gefällt es allerdings, wenn man Fremden gegenüber direkt ist, schließlich gehen so viele Gelegenheiten ungenutzt vorüber, nur weil es in Deutschland als wichtiger erachtet wird, anderen Leuten nicht zu nahe zu treten, als unserer Sympathie oder unserer Begierde Ausdruck zu verleihen.

Wer sich unter Freunden, Bekannten und Kollegen umhört, wird feststellen, dass sich sehr viele Paare heute über das Internet kennenlernen. Im Internet wird nämlich das Risiko des Zunahetretens deutlich reduziert, weil ja klar ist, weswegen man sich in dem jeweiligen Forum angemeldet hat.

Dass es beim Flirten und Verführen darum geht, einen Partner zu finden, denken aber nur uninteressante Leute. Wer wirklich auf der Suche ist, ist per se schon unsexy und kann sich die Mühe sparen, sich in irgendwelchen Flirtseminaren mehr Sexappeal anzutrainieren.

Ich muss nicht lernen, ein Risiko zu wagen, um bei der Partnersuche erfolgreicher zu sein. Das Risiko selbst ist es, was einem erfolgreichen Verführungskünstler Spaß macht. Wenn er dabei jemanden findet, der mit ihm Sex haben oder sein Leben mit ihm verbringen möchte, ist das ein willkommener Nebeneffekt.

In meinen Seminaren wollen viele wissen, was sie sagen und tun können, um anziehender zu wirken. Wenn sie das dann ausreichend trainiert haben, möchten sie mit diesen Soft Skills in die Welt hinausgehen. Das ist klassische Risikominimierung. Damit lässt es sich durchaus gut und erfolgreich durchs Leben gehen, aber wirklich interessant wird es erst, wenn man das Risiko vergrößert und Dinge ausprobiert, die andere eben nicht machen.

Wer ein Risiko eingeht, ist sexy.

Ich bin zwar mit dem besagten Mann nicht nach draußen gegangen, aber nach der Begegnung mit ihm war meine Stimmung deutlich besser: Was musste das für eine tolle Party werden, bei der einem schon nach fünf Minuten Sex angeboten wurde. Er hat übrigens im Laufe dieses Abends eine Frau gefunden. Als er mit ihr im Arm an mir und meinen Freunden vorüberkam, zwinkerte er mir zu.

Ganz anders ein Mann auf einer Geburtstagsparty eines Freundes: Sämtliche Gäste hatten sich in der Küche versammelt, und er stand allein an der Tür und schaute ständig zu mir herüber. Sogar mein Gesprächspartner bemerkte dies und meinte, dass er mich für einen Moment allein lassen würde, um dem Mann die Gelegenheit zu geben, mich anzusprechen. Doch auch die nächsten zwei Stunden löste dieser sich keinen Millimeter vom Türrahmen, obwohl ich ihn mit Blicken dazu aufforderte. Irgendwann ist er dann gegangen.

Ich treffe mich mit Dietlind Tornieporth, der Expertin fürs unverschämt erfolgreiche Verführen. In ihrem Buch *Die perfekte Verführerin* beschreibt sie, dass es viele Männer gibt, deren Puls in der Gegenwart einer Frau zu rasen anfängt, andere bekommen schwitzige Hände, bei manchen geschieht sogar beides. Sobald sich ein Gespräch anbahnt, bekommen sie keinen vernünftigen Satz mehr heraus. Und vielen Frauen geht es natürlich genauso. Das ist auch kein Wunder, denn von Kindheit an wird jedem eingeimpft, dass er im Umgang mit Mitmenschen alles richtig machen muss. Wird jemand einmal abgelehnt oder als unverschämt empfunden, hat er versagt.

Eine der der häufigsten Fragen in meinen Smalltalkseminaren ist: »Was ist, wenn der andere nicht will?« Dabei wollen meine Seminarteilnehmer gar nicht Sex, Liebe oder Geld von ihren Mitmenschen, sondern würden zum Beispiel einfach gerne einen Kollegen aus einer anderen Abteilung fragen, ob er mit ihnen mittagessen geht. Kaum einer der Teilnehmer befürchtet dabei, brüsk abgewiesen zu werden, vielmehr, dass der Kollege zusagt, aber nur aus Höflichkeit. Dann fände zwar ein gemeinsames Essen statt, aber der Kollege bereute womöglich jede gemeinsam verbrachte Minute.

Das Dumme daran ist nur, dass es unmöglich ist zu wissen, was jemand anderer möchte, bevor man den speziellen Fall nicht erlebt hat. Natürlich kann auch ich nicht dabei helfen, herauszufinden, ob ein mir unbekannter Kollege tatsächlich gerne mit einer Kollegin mittagessen geht oder nicht.

Das Gute daran ist: Man muss es eigentlich auch gar nicht wissen. Die komplizierten Gedankengänge mancher Seminarteilnehmer sind das Produkt eines Bemühens, das von Haus aus zum Scheitern verurteilt ist. Nämlich das Risiko auszuschließen, irgendeine Art von Missfallen bei einem anderen Menschen zu erregen.

So beraubt man sich damit der Möglichkeit, mehr über Menschen und ihre Bedürfnisse herauszufinden: Ein

Mann, der nie eine Frau anspricht, weiß natürlich sehr viel weniger über Frauen als der Mann, der mich auf der Party gefragt hat, ob ich Sex mit ihm haben will. Dieses Wissen sollte einem schon einige Ablehnungen wert sein.

Leider ist das nicht bei vielen der Fall. Werde ich in einem Seminar gefragt, wie man denn bei einer Firmenfeier Gäste aus dem Ausland ansprechen könne, die einsam in der Ecke stehen, kann ich sicher sein, dass die Antwort auf meinen Vorschlag, sich vorzustellen und ihnen anzubieten, die Büroräume zu zeigen, sein wird: Und wenn die Gäste das nicht wollen?

Ein anderes lästiges und bekanntes Problem sind die jährlichen Betriebsfeiern, bei denen Smalltalk mit langweiligen Kollegen aus anderen Abteilungen angesagt ist. Meine Seminarteilnehmer bitten mich für diese Gelegenheiten oft um Themenvorschläge, nur um dann jedes vorgeschlagene Thema mit der Frage zu quittieren: »Was mache ich, wenn das meinen Gesprächspartner nicht interessiert?«

Sinn und Zweck dieser absurden Überlegungen ist immer, den Kontakt mit Fremden unmöglich zu machen.

Dabei ist es ganz gleich, was wir sagen und tun, Hauptsache, wir tun überhaupt etwas.

Dietlind Tornieporth rät Frauen in ihren Seminaren, eine Woche lang Männer anzusprechen, aber nicht, um erfolgreich mit ihnen zu flirten, sondern um sich dabei bewusst einen Korb einzuhandeln. Das heißt, sie sollen im Supermarkt, auf Partys, im Kino, in der U-Bahn oder im Restaurant Männer mit einem Lächeln ansprechen, sie dabei aber auch ein wenig provozieren – mit flapsigen Bemerkungen oder frechen Sprüchen. So lange, bis sie sich die erste herbe Zurückweisung eingefangen haben. Die meisten Frauen werden die Feststellung machen, dass es dazu nicht kommt.

Beim Flirten kann man nicht
unverschämt genug sein.

»Frauen versuchen immer, nett zu sein, das Flapsige liegt ihnen oft nicht, dabei finden Männer das eher gut«, sagt Tornieporth. »Wenn es darauf ankommt, sind wir zu vorsichtig. Sich normal zu geben, ist ja schon im Alltag langweilig, aber auf einer Party ist es völlig unangebracht. Den meisten Erfolg haben wir, wenn wir erst überlegen, was man normalerweise in einer entsprechenden Situation sagt – und das dann auf keinen Fall sagt.«

Sie nennt auch gleich ein Beispiel: »Letztens war ich auf einer Party einer Freundin, und dort saß ein ziemlich gut aussehender Mann in der Küche. Natürlich gehe ich nicht auf ihn zu und sage ihm, dass ich ihn gerne kennenlernen möchte. Stattdessen habe ich ihn etwas ruppig gefragt, ob er überhaupt eingeladen sei, schließlich hatte ich ihn noch nie bei meiner Freundin gesehen. So ein Angriff reizt zum Widerspruch, nun muss der Mann sich erklären, ein kurzes Ja oder Nein genügt nicht.«

Als sie auf der letzten Berlinale einen prominenten Schauspieler traf, fiel ihr auf seiner schwarzen Umhängetasche ein blondes Haar auf. »Du hast da ja ein blondes Haar?«, spottete sie und zeigte darauf. Der Schauspieler reagiert sofort: »Schatz, was hast du denn da wieder gemacht?« Schon waren die beiden im Gespräch.

Smalltalkbücher mit Empfehlungen, was jemand in bestimmten Situationen, etwa im Fahrstuhl, in der Kaffeeküche, bei Messen und Premieren, zu Chefs, Kollegen,

Prominenten und Bekannten sagen könnte, gibt es genug. Sie sind auch nicht gänzlich überflüssig, immerhin lassen sie sich gut dazu verwenden, nachzuschlagen, welche Gesprächseröffnung auf jeden Fall vermieden werden sollte.

Wie würde Tornieporth einen Kollegen, mit dem man gerne mittagessen gehen würde, ansprechen? »Ich würde ihn fragen: Wo gehst du hin? Und wenn er dann zum Beispiel antwortet, er hole sich nur am Imbiss ein belegtes Brötchen, würde ich sagen: Das ist aber ganz schön ungesund, iss doch lieber was Vernünftiges mit mir!«
Ihre direkte Aufforderung, kombiniert mit einer kleinen Kritik – Brötchen essen ist ungesund –, ist »reizend« genug, um das Interesse des Kollegen zu wecken. Außerdem signalisiert sie so, dass es ein Gewinn ist, wenn er mit ihr essen geht.
»Oder man geht noch einen Schritt weiter«, schlägt Tornieporth vor, »guckt ihn auffordernd an und fragt: Muss ich jetzt allein essen gehen, oder was?«

Pickup Artists, also Männer, die es zu ihrer Profession gemacht haben, Frauen zu verführen, setzen diese unschlagbare Kombination aus Kritik und Befehl gezielt ein, um Frauen in ihren Bann zu ziehen. Sie fürchten sich nicht davor, eine Frau anzusprechen, die das vielleicht gar nicht will, oder im Gespräch mit ihr ein Thema anzuschneiden, das sie eventuell nicht interessieren könnte. Im Gegenteil: Sie machen sich keinerlei Gedanken darüber. Und je schräger der erste Satz ist, den ich an einen Unbekannten richte, desto größer wird seine Neugier sein, mich kennenzulernen. Die Kontaktaufnahme zwischen Männern und Frauen folgt eben besonderen Regeln.

Als besonders wirkungsvoll in diesem Zusammenhang bezeichnen internationale Verführungskünstler wie zum Beispiel der amerikanische Flirtmeister Mystery zweifelhafte Komplimente wie »Deine Schuhe sehen aber bequem aus« oder »Ich mag dein Make-up«. Gut sind auch scheinbare Disqualifikationen wie »Du bist hübsch, aber leider nicht mein Typ«. Die menschliche Psyche funktioniert nämlich sehr einfach: Kaum erfährt jemand, dass er etwas nicht haben kann, wird dies erst recht interessant für ihn. Auch mit den schon erwähnten Befehlen lässt es sich Frauen trefflich zu nahe treten. Eine unbekannte Frau aufzufordern: »Hol mir ein Glas Wein, und dann unterhalte mich!«, ist nicht gerade reizend, aber aufreizend. Denn mit einem Befehl wird eine Intimität hergestellt, die dem Sprecher – noch – nicht zusteht. Womit dieser wiederum demonstriert, dass er keine Angst vor Zurückweisungen hat.

Natürlich gelten für Männer und Frauen beim Flirten verschiedene Regeln, aber auch Frauen benehmen sich meistens nicht schlecht genug.

»Frauen können sich mehr leisten und auch mal etwas sagen, das bei Männern großspurig wirken kann«, meint Dietlind Tornieporth. »Je attraktiver der Mann, desto deutlicher darf ich austeilen. Ich kann beispielsweise seine Grobmotorik bemängeln, nachdem er sich versehentlich sein Bier über den Ärmel gekippt hat. Oder fragen, seit wie vielen Jahren er schon Deutsch lernt, wenn er sich etwas ungeschickt ausgedrückt hat. Sticheleien wecken seinen Sportsgeist. So wird der Flirt zu einer Herausforderung, und Männer lieben Herausforderungen. Und nebenbei kann ich mich damit abheben von all den anderen Schnecken, die verbissen jedem Date hinterherjagen.«

»Flapsigsein ist eine Lebenseinstellung.«
Dietlind Tornieporth

Ihrer Meinung nach ist flapsiges Verhalten aber nur wirkungsvoll, wenn es einer bestimmten Haltung entspringt. Deswegen vermittelt Dietlind Tornieporth auch in ihren Seminaren keine Gesten und Floskeln, sondern arbeitet mit den Frauen an der richtigen inneren Einstellung, welche diese von der Masse der »Ignorierten« in die Gruppe der wenigen »Umschwärmten« katapultieren soll.

Damit es leichter fällt, frech aufzutreten, und auch authentischer wirkt, empfiehlt sie zum Beispiel, sich vor dem Ausgehen in eine ganze bestimmte Stimmung zu bringen, sich regelrecht aufzuputschen, etwa mit Musik. Diese Stimmung kann ruhig auch mal etwas Aufrührerisches haben. Schließlich ist eine Party ohne etwas Aufruhr keine Party und ein Abendessen ohne Spannungen nicht spannend.

Zwei Künstler, die das perfekte Partyverhalten vorlebten, sind der Dichter Arthur Rimbaud und sein Freund und Förderer Paul Verlaine. Im Paris Mitte des 19. Jahrhunderts galten sie als die größten Schriftsteller Frankreichs. Die beiden verband nicht nur eine Amour fou, sondern auch eine deutliche Abneigung gegen die Etikette der feinen Gesellschaft. Um dieses Missfallen auszudrücken, mussten sie natürlich auf jeder wichtigen Party erscheinen, die in diesen Kreisen gegeben wurde. Vor den dort geladenen Gästen zogen sie dann sämtliche Register des schlechten Benehmens. Verlaine aß und trank exzessiv, tanzte auf den Tischen, erbrach sich in den Salons von Verlegern, Adeligen und Geschäftsleuten, nur um anschließend weiterzutrinken. Je betrunkener er wurde, desto bissiger wurden dann seine Bemerkungen über die anwesenden Männer und Frauen. Auch Arthur Rimbaud hielt mit, so gut er konnte. Nur im Beschimpfen war ihm sein um zehn Jahre älterer Geliebter weit überlegen. Ein Abend mit Verlaine endete gewöhnlich mit einer Ansprache des mitgenommenen Dichters, in der er lallend jedem Gast ein individuelles Psychogramm seiner Verkommenheit vortrug – Empörung unter den Gästen, wutentbranntes Verlassen des Salons, Ankündigung von gerichtlichen Nachspielen.

Rimbaud und Verlaine hatten nach einem solch kräftezehrenden Abend jedoch kaum Zeit, sich zu erholen, denn ganz Paris riss sich damals darum, diese beiden Männer bei sich zu Gast zu haben: Eine Abendgesellschaft ohne Rimbaud und Verlaine war kein Erfolg. Leistete man einer Einladung eines Ministers oder hohen Offiziers Folge, und die beiden Dichter waren nicht anwesend, waren die Gäste enttäuscht und die Gastgeber untröstlich.

Verlaine beendete seine Schimpftiraden oft mit der Drohung, allen sogenannten feinen Leuten, also den Mitgliedern der angeblich besseren Gesellschaft, einen Brief zu schreiben, sobald er Zeit hätte, und in diesem Brief wolle er ihnen sagen, was er wirklich von ihnen halte, denn das, was er jetzt gerade gesagt habe, sei nur der Anfang gewesen.

Dieser Brief von Verlaine beschäftigte die Fantasie der Pariser Aristokratie sehr, und traf man sich zufällig im Konzert, im Kaffeehaus oder in einem Geschäft, so fragte man einander eifersüchtig: »Excusez-moi, Monsieur, verzeihen Sie meine Neugier – diesen schönen Brief von Verlaine, haben Sie ihn schon erhalten? Dürfte ich ihn wohl einmal lesen?«

»Nein, leider nicht«, musste der Gefragte dann zugeben,

denn dieser hundertfach angekündigte und von allen mit größter Spannung erwartete Brief wurde leider nie geschrieben. Nur Paul Verlaines Ausspruch »die sogenannten feinen Leute« ist geblieben.

Arthur Rimbaud und Paul Verlaine haben damals in Paris gleich drei wesentliche Gesetze des richtigen Verführens befolgt. Sie verzichteten zum Beispiel auf die zu jener Zeit üblichen Gesprächseröffnungen, fragten ihren Tischnachbarn also nicht höflich nach dem Befinden der Mutter oder sprachen über die letzte Aufführung der Comédie Française, sondern setzten mit gezielten Beschimpfungen einen interessanten Kontrapunkt. Somit war ihnen die Aufmerksamkeit ihres Tischherrn oder ihrer Tischdame von Beginn an sicher. Eine brisante Gesprächseröffnung ist vor allen Dingen dann die richtige Wahl, wenn man es mit einem schwerfälligen und maulfaulen Gesprächspartner zu tun hat – denn einen solchen zum Plaudern zu bringen ist nach wie vor eine der größten Herausforderungen beim Flirten.

ERSTES GESETZ
Riskieren Sie es, jemanden,
der Ihnen wichtig ist, zu verlieren –
und gewinnen Sie ihn damit!

Wie die Kaiserin Cíxi gehen Rimbaud und Verlaine bei ihren Auftritten ein hohes Risiko ein. Und ein Risiko zu wagen ist, wie bereits erwähnt, der wichtigste Aspekt der sexuellen Anziehung.
Pickup Artists nennen dies das Gesetz des »Risk of loosing

you«, das heißt, ich benehme mich so, wie es meinem Gegenüber eigentlich missfallen müsste, und bin gerade deswegen attraktiv. Selbstverständlich muss ich dafür in irgendeiner Weise von meinem Gegenüber abhängig sein, sonst wäre es ja kein Risiko. So wie Paul Verlaine, denn er war auf diejenigen, die er beschimpfte durchaus angewiesen: Auf den Pariser Partys waren schließlich auch seine Verleger, Förderer, Gönner und Leser. Statt seinen Gönnern die eigene Abhängigkeit aufzubürden, indem er versuchte, ihnen um jeden Preis zu gefallen, schaffte Verlaine durch sein unmögliches Benehmen eine inspirierende Atmosphäre, in der sich jeder Gast frei fühlen konnte. Zum Beispiel so frei, Verlaine trotzdem zu mögen.

ZWEITES GESETZ
Bei Beschimpfungen ist es wie mit Komplimenten – je dicker sie aufgetragen sind, desto besser wirken sie

Arthur und Paul haben auch nicht krampfhaft nach Gesprächsthemen gesucht, die die meisten Gäste schon Dutzende Male erörtert haben, sondern sie haben Dinge angesprochen, über die alle Menschen unbedingt reden möchten: nämlich Themen, über die man eigentlich nicht spricht. Gerade das Verbotene erzeugt aber Spannungen, aus denen sich gegebenenfalls Nutzen ziehen lässt: Spannungen reißen heraus aus Gewohnheit und Alltag, treiben den Kreislauf an, muntern auf und machen einen offen für einen näheren Kontakt mit dem Gesprächspartner – und sei es im Rahmen einer Schlägerei. Die Wirkung ist dann am stärksten, wenn die Tabuthemen mit der Person des

Gesprächspartners verknüpft werden, so wie Rimbaud und Verlaine es getan haben. Man kann sein Gegenüber also mit Indiskretionen, Beschimpfungen, Unterstellungen, anzüglichen Angeboten und anderen Taktlosigkeiten unterhalten. Die übliche Frage meiner Seminarteilnehmer – »Was ist, wenn das den anderen nicht interessiert?« – erübrigt sich bei solch einer Themenwahl, denn welcher Mensch interessiert sich nicht für sich selbst?

DRITTES GESETZ
Kontraste bilden heißt: Schaffen Sie Erwartungen – und zerstören Sie sie dann wieder

Das dritte Gesetz, welches Rimbaud und Verlaine befolgten, ist ebenso simpel wie effektvoll: Um eine faszinierende Ausstrahlung zu erzeugen, muss man Kontraste bilden können. Leider wird dieser Verführungstrick hierzulande viel zu wenig angewandt, deswegen sind Filmpartys, Geschäftseröffnungen, Vernissagen, Premieren und andere festliche Zusammenkünfte in Deutschland so selten glamourös.

Einen Kontrast bilde ich zum Beispiel, wenn ich bei einem feinen Diner exzessiv trinke, mich übergebe und anschließend nach Hause gehe und die allerschönsten Gedichte schreibe. Solch einen Kontrast zu bilden, ist natürlich nicht jedem gegeben, aber es gibt viele andere Möglichkeiten, zwischen seiner äußeren Erscheinung und seinem Auftreten eine irritierende Diskrepanz zu erzeugen.

In unserer Gesellschaft wird viel Wert auf Stimmigkeit gelegt, auf Authentizität. Kleidung soll die eigene Persönlichkeit unterstreichen – oder überhaupt erst erschaffen. Wer eine eher schwache Persönlichkeit hat, ist auf diese Äußerlichkeiten angewiesen. Das bedeutet zum Beispiel, dass derjenige, der als fein und kultiviert gelten möchte, sich in Schale werfen muss, ein Schriftsteller ein Schriftsteller-Outfit benötigt, eine Schauspielerin auf dem roten Teppich ein schickes Kleid trägt oder ein Architekt in Tweedhosen und schwarzem Rollkragenpulli erscheint usw.

Mit diesen Vorgaben lässt sich trefflich spielen. Denn durch die Kleidung und das Styling können Erwartungen geschaffen – und diese dann wieder zerstört werden. Dies geschieht etwa, wenn jemand, der ein teures Kostüm trägt und perfekt frisiert ist, sich sehr burschikos gibt oder wenn jemand vollendete Manieren zeigt, aber Jeans und T-Shirt anhat. Wer als Schriftsteller eingeladen wird, sollte niemals über Literatur reden, sondern über Sex oder Geld, wer bei einem Kindergeburtstag anwesend ist, sollte Vorträge darüber halten, wie schrecklich Kinder sind, und wer ein klassisches Konzert besucht, sollte in der Pause nicht über Musik reden, sondern darüber, wie komisch die anderen Besucher angezogen sind.

So erzielte beispielsweise ein Mann, der gerne isst, bei seiner Begleiterin großen Erfolg, als er ihr während der Opernaufführung zuflüsterte, was er jetzt am liebsten verzehren würde. Meine Mitschülerinnen und ich liebten gerade den Deutschlehrer besonders, der bei den Theaterbesuchen im Hamburger Schauspielhaus regelmäßig einschlief und laut schnarchend und mit offenem Mund in seinem Sessel lag.

Der Regisseur Alfred Hitchcock erklärte einmal gegenüber Truffaut seine Vorliebe für Blondinnen wie folgt: »Ich finde, die englischen Frauen, die Schwedinnen, die Norddeutschen und die Skandinavierinnen sind interessanter als die romanischen, die Italienerinnen und die Französinnen. Der Sex darf nicht gleich ins Auge stechen. Eine junge Engländerin mag daherkommen wie eine Lehrerin, aber wenn Sie mit ihr in ein Taxi steigen, überrascht sie Sie damit, dass sie Ihnen in den Hosenschlitz greift.«

Dietlind Tornieporth macht zum Thema »Kontraste bilden« folgende Vorschläge:
»Ein Bodybuilder-Typ oder ein Mann mit Tätowierungen und Rocker-Outfit macht einen ganz anderen Eindruck auf Frauen, wenn er auch mal über philosophische Themen spricht, als es ein Mann tut, von dem man das sowieso erwartet. Ein Mann, von dem man erwartet, dass er Philosoph ist, kann wiederum wie ein Macho auftreten. Das macht interessant. Auch Frauen wirken interessanter, wenn sie nicht über Frauenthemen sprechen, sondern zum Beispiel über Musik und gute Boxen. Allerdings sollten sie auch nicht übertreiben. Als Frau mit Männern über Fußball und Autos zu sprechen, kann schon wieder sehr anbiedernd wirken.«
Das von ihr propagierte freche Auftreten kann besonders bei kleinen und zierlichen Frauen einen schönen Kontrast bilden.
Wer aber keinen Kontrast aufbauen kann, der sollte ihrer Meinung nach wenigstens overdressed unterwegs sein, also im Glitzertop im Biergarten erscheinen, im Abendkleid zu einem Punkrock-Konzert gehen oder im Anzug oder Kostüm in den Supermarkt. Und dann die vielen Blicke genießen, die dieses Erscheinungsbild unweigerlich auf sich zieht.

Weil wirklich nur noch wenige Leute sehr gut angezogen sind, kann ein perfektes Outfit im falschen Moment schon recht schrill wirken. So wie bei Pit, dem Berliner Opernsänger, der im Pelzmantel zu seinem Nebenjob im Hotel erschien, oder den berühmten Charlottenburger Damen, die mit Hüten voller Blumenputz und langen Handschuhen nachmittags im Café sitzen.

Asfa-Wossen Asserate, Autor des Buches *Manieren*, rät dazu, seine Erscheinung mit einem kleinen Fehler zu brechen. Der Gastgeberin im Smoking einen großen Blumentopf mit Petersilie zu überreichen – so viel Souveränität sollte seiner Meinung nach jeder besitzen.

Unsexy ist dagegen Kleidung, die lediglich gesund und praktisch ist: denn hier soll wieder Risiko minimiert werden. Anstatt ungeschützt und unvernünftig den Gefahren des Lebens zu trotzen, tragen die Menschen ohne Sexappeal

- ein Leder-Rucksäckchen, weil das gesünder für den Rücken ist;
- Sandalen mit anatomisch geformtem Fußbett, weil die Füße in ihnen besser atmen können;
- bunte Fahrradhelme, weil sie als Mutter oder Vater schließlich Vorbildfunktion haben;
- atmungsaktive Windjacken und Ähnliches;
- einen Regenschirm;
- Ohrenschützer.

Glamour ist immer Übertreibung, und wer übertreibt, fordert mehr Aufmerksamkeit, als ihm zusteht.

Wer Kontraste bildet, fällt natürlich auf und muss dies auch aushalten können. Von der Kritik der Unauffälligen braucht sich jedenfalls kein Glamouröser beirren lassen.

Manche haben Glück und werden quasi vom Schicksal gezwungen, Kontraste zu ihrem Äußeren zu bilden. Der Schauspieler Helmut Berger berichtet in seiner Autobiografie mit dem schlichten Titel »Ich« beispielsweise davon, wie er auf einem Rot-Kreuz-Ball in Monaco in Schwierigkeiten kam, weil er vor der Festivität zu viel und zu schlechtes Koks geschnieft hatte. Als er in seinem weißen Smoking an der Tafel saß, machten sich die Nebenwirkungen bemerkbar, und er machte sich in die Hose. Nun war er umweht von einem entsetzlichen Gestank an seinen Platz gefesselt, und zu allem Unglück wurde er auch noch von irgendwelchen Prinzessinnen und Bankiersgattinnen zum Tanzen aufgefordert. Eine grobe Unhöflichkeit, dieses Ansinnen zurückzuweisen, und natürlich irritierte Helmut Bergers strikte Weigerung, aufzustehen, die anwesenden Damen ungemein.

Was auf den ersten Blick schrecklich ist – ein verdreckter Smoking und die fürchterliche Blamage –, zeigt erst auf den zweiten Blick seine wirkliche Qualität. Denn glamourös sind nicht die Partys, bei denen am nächsten Morgen nicht mehr erkennbar ist, dass überhaupt jemand da war, und sich die Spuren der Gäste durch Tischabwischen und Teppichsaugen beseitigen lassen. Und ehrlich: Auf welcher Party wären Sie lieber – auf der mit Helmut Berger oder auf einer Party der Jungliberalen?

*Rasten Sie aus, übergeben Sie sich,
ruinieren Sie die Möbel Ihrer Gastgeber –
und spüren Sie Ihre Freiheit.*

Auch wenn es einem vielleicht nicht liegt, auf jeder Party der Krawallmacher zu sein, so sollte jeder doch mindestens einmal in seinem Leben die Grenzen des Möglichen und Erlaubten weit überschreiten, um die Erfahrung zu machen, dass er danach durchaus noch unter die Leute gehen kann. Es ist erstaunlich, wie viel einem verziehen wird. Selbst Helmut Berger war nach der Episode auf dem Rot-Kreuz-Ball nach wie vor ein gern gesehener Gast bei anderen High-Society-Partys. Wer aber einmal eine Peinlichkeit von diesem Ausmaß überlebt hat, dem kann sicher nichts mehr passieren, denn sind die Erwartungen der anderen erst einmal zerstört, schenkt einem das eine wunderbare Freiheit im Umgang mit Menschen aller Klassen und Rassen, um die einen viele beneiden werden. Außerdem gibt es dann auf der nächsten Party etwas, das man seinem Flirtpartner erzählen kann, um ihn zum Lachen zu bringen.

Die Angst, im Umgang mit anderen etwas falsch zu machen, quält viele Leute. Sie fürchten, dass sie die Sympathie ihrer Mitmenschen verlieren, wenn sie etwas sagen oder tun, was diesen missfällt. Mit Erstaunen registrieren sie dann aber, dass es durchaus Frauen und Männer gibt, die genau das tun, was man auf keinen Fall machen sollte, und dennoch Erfolg haben. Das Spiel mit der Erotik ist eben widersprüchlich. Menschen wünschen sich vielleicht rational das eine, aber gefallen tut ihnen das andere – das wird in vielen Büchern und Filmen thematisiert, zum

Beispiel in Woody Allens Film *Verbrechen und andere Kleinigkeiten*. In diesem Film verliebt sich die Regieassistentin Helen (Mia Farrow) nicht in den intelligenten, tiefsinnigen und liebenswürdigen Filmemacher Lester (Woody Allen), sondern in ihren Chef, den Fernsehproduzenten Cliff, einen entsetzlichen Snob und Angeber. Dabei haben Helen und Lester nicht nur ähnliche Interessen und Ansichten über das Leben, sondern sind sich sogar einig in ihrer Abneigung gegen Männer wie Cliff. Sie verbringen ganze Nachmittage damit, seine selbstgefällige und oberflächliche Persönlichkeit zu analysieren, seine Frauenfeindlichkeit im Allgemeinen und die herablassende Art, mit der er Helen behandelt, im Besonderen zu kritisieren. Und trotzdem zieht Helen schlussendlich ihren Chef vor, und irgendwie ist das auch verständlich.

Ein Mann, der einer Frau gefallen soll, muss etwas an sich haben, das sie »reizt«. Wohlgefälligkeit und Anständigkeit locken einem Mann nur Frauen in die Arme, die schon viel Schlimmes erlebt haben.

Mein Vater regte sich einmal über einen jungen Mann auf, weil dieser an einem Samstagnachmittag mit seiner Mutter Kuchen backen und anschließend mit ihr ins Kino gehen wollte. Der Mann war geschieden und hatte seit vier Jahren keine neue Freundin gefunden. Mein Vater ließ sich darüber aus, dass er sicherlich ein guter Sohn, aber kein echter Kerl sei: »In seiner Lage würde ich keinen Kuchen backen, sondern die Leopoldstraße auf und ab gehen, bis ich mir eine Frau geschnappt habe!« Aber das lag dem jungen Mann eben nicht, denn seiner Meinung nach schnappte man sich eine Frau nicht, sondern lernte sie durch intensive Gespräche kennen – nur gab es offenbar keine Frau, die mit ihm die Nächte durchdiskutieren wollte.

Auch Frauen machen Kapitalfehler: Dietlind Tornieporth beschreibt in *Die perfekte Verführerin* die emanzipierte Frau von heute, die eigenständig und unabhängig ist und immer alles im Griff hat, dann aber auch beim ersten Date unbedingt die Gestaltung des Abends übernehmen möchte, Kino- oder Konzertkarten besorgt, mit der U-Bahn oder mit dem Taxi kommt, um ihrem Verehrer keine unnötige Mühe zu machen, das Essen im Restaurant bezahlt und das Gespräch in Gang hält – nur um sich hinterher zu beklagen, dass die Männer von heute keine Gentlemen mehr sind. Frauen geben sich unproblematisch, unabhängig und kompetent und glauben, dass sie dies attraktiv macht. Aber solch ein Verhalten verzaubert nicht, denn eine perfekte, alles selbst gestaltende Frau ist keine Herausforderung, sie ist nicht aufregend genug.

Größeren Erfolg haben da Frauen, die kapriziös sind und viel fordern, also kein eigenes Taxi bestellen, nicht den Abend gestalten, sondern, wenn sie mit dem Auto abgeholt werden, nur fragen: »Was machen wir heute?« Eine kapriziöse Frau strampelt sich auch nicht ab, wenn ihr Gegenüber nichts Interessantes und Lustiges zu erzählen weiß – sie schweigt. Soll der Mann doch ruhig merken, dass sie nicht amüsiert ist. Wird eine kapriziöse Frau nach Hause gebracht, sagt sie lediglich: »Danke für den schönen Abend« – und geht. Niemals würde sie anfügen: »Wann sehen wir uns wieder?«, oder würde vorschlagen: »Das nächste Mal lade ich dich ein.«

Verweigern Sie heute,
was Sie noch gestern gewährt haben!

Wer erfolgreich verführen will, muss unberechenbar sein. Schon Oscar Wilde wusste: Ungewissheit ist die Essenz der romantischen Liebe. Auch wenn anderswo Charaktereigenschaften wie Zuverlässigkeit und Berechenbarkeit gefragt sind, beim Flirten und Verführen können sie alles kaputt machen. Daher: nicht anrufen, wenn man es versprochen hat, stattdessen eine Verabredung absagen, auf die der andere sich gefreut hat.

Dietlind Tornieporth erklärt ihre Taktik, um Männer zu reizen: »Ich verhalte mich überraschend und unvorhersehbar, ich verändere mein Verhalten, ziehe mich im entscheidenden Moment wieder zurück. Ich habe plötzlich keine Zeit für ihn, wenn er sich meldet, ich gehe dann, wenn es am schönsten ist, das wird ihm zu denken geben.«

Das ist natürlich ein sehr alter Trick, doch immer noch ungemein wirkungsvoll, und das wird wohl auch in Zukunft so bleiben. Erotik entsteht durch Differenz – es ist das Andere, das uns reizt, sagt auch der Psychotherapeut Dr. Jürgen Stepien. »Durch Sex will man dem Menschen näher kommen, den man nicht wirklich versteht. Das Problem ist bloß, dass in einer Beziehung beide Partner daran arbeiten, ihre Differenzen auszumerzen, und somit die Spannung und Aufregung an ihrer Wurzel ausreißen.«

Statt dem Partner jede Art von Aufregung ersparen zu wollen, sollte man ihn lieber mit Unklarheiten, Liebesentzug und ungerechten Vorwürfen aus seiner Mitte reißen, wenn es zu harmonisch wird. Werfen Sie das alte Lieblingshemd Ihres Partners weg, ohne ihn zu fragen, geben Sie Geld aus, das Ihnen nicht gehört, verabreden Sie sich an seinem Geburtstag mit jemand anderem, und tun Sie so, als fänden Sie das vollkommen in Ordnung, missachten Sie seine Ordnungsregeln, die Sie bis vor Kurzem noch befolgt haben – tun Sie irgendetwas Unmögliches, denn jede Art von Aufregung belebt die erotische Beziehung.

Genau das ist auch das Erfolgsgeheimnis von Männern wie Rimbaud oder dem Schauspieler Marlon Brando – sie schaffen durch ihr aufreizend schlechtes Verhalten Situationen, die intensive Gefühle bei Frauen auslösen.

Gutes Benehmen ist normalerweise darauf ausgerichtet, seinem Gegenüber solche intensiven und unerwünschten Gefühle zu ersparen. Aber beim Flirten lösen wir sie bewusst aus, denn sie sind uns nützlich. Der Körper kann nämlich nicht zwischen Aufregung und Erregung unterscheiden: In beiden Fällen werden die Hormone Adrenalin und Dopamin ausgeschüttet, und es entstehen dieselben Symptome wie zum Beispiel feuchte Hände und Herzklopfen. Aus diesem Grund verlieben sich Menschen in aufregenden Situationen schneller als auf dem heimischen Sofa. Ganze Filme beruhen auf diesem primitiven Strickmuster. So lernen sich in vielen Hollywoodfilmen Mann und Frau bei nervenaufreibenden Fluchten durch Dschungel oder Großstadt kennen und geben sich in einem Fahrstuhl, in den sie sich in letzter Minute während einer Schießerei retten konnten, den ersten Kuss. Dabei sind sie blut- und schweißverschmiert, ihre Kleidung ist schmutzig und zerrissen, und sie haben sich seit Tagen nicht gewaschen oder die Zähne geputzt. Doch das stört alles nicht, denn Hauptsache ist, sie werden aus ihrem langweiligen, alten, aufgeräumten Leben gerissen.

»Ein Treffen darf niemals so enden, dass einer von beiden

sagt: War nett, dich kennengelernt zu haben«, bestätigt auch Dietlind Tornieporth, »denn dann ist etwas verdammt schiefgelaufen.«

Mit Ihnen sollen Männer bzw. Frauen etwas erleben, was sie noch nie erlebt haben.

Flirtmeister nennen das *Reframing*. Reframing bedeutet, dass ich den anderen aus seiner gewohnten Situation herausreiße und mit etwas Neuem konfrontiere. Zum Glück sind die meisten Leute so harmlos, dass man dafür nicht gleich eine Schießerei organisieren muss.

Im Sommer nachts in ein Freibad einzubrechen, um dort nackt zu schwimmen, ist ja schon ein altbekannter Klassiker. Wunderbar ist es auch, etwas gemeinsam kaputt zu machen oder zu stehlen. Mutproben wie etwa einen Wachhund zu ärgern, sich in eine fremde Party einzuschleichen oder zu versuchen, bei einer festlichen Veranstaltung hinausgeworfen zu werden, sind eine aufregendere Abendgestaltung als ein Kinobesuch.

Schlechtes Benehmen isoliert – und schweißt zusammen. Wenn zwei Menschen ausgeschlossen und hinausgeworfen wurden, bleibt ihnen schließlich nichts anderes übrig, als gemeinsam nach Hause zu gehen …

MUT ZUM RISIKO!

Bei Menschen, denen wir nicht auf den ersten Blick sympathisch sind, erhöhen wir unsere Chancen auch dann nicht, wenn wir uns anbiedern. Und bei Leuten, denen wir gefallen, ist es nicht nötig. Wir verbauen uns also nichts, wenn wir die, die wir erobern möchten, mit unserer Unverschämtheit reizen und irritieren. Für die erfolgreiche Verführung ist es letztlich nebensächlich, ob die Gefühle, die wir auslösen, angenehm oder ungenehm sind – Hauptsache, sie sind intensiv. Nebenbei lassen sich so gleich von Beginn an die Humorlosen und die Mimosen aussortieren, sodass man seine Zeit nicht mit langweiligen Gesprächen verschwendet.

ERSTES RISIKO
Riskieren Sie es, falsch angezogen zu sein

♀ *Overdressed*

Es geht immer darum aufzufallen – seien Sie also stets overdressed oder underdressed. Das Bedürfnis aufzufallen, muss zu Ihrem normalen Lebensgefühl werden. Glamour verbreiten in der Regel nur Menschen, die unpassend angezogen sind. Wer das nun partout nicht glauben will, muss nur in den Tagebüchern des Feuilletonisten Fritz J. Raddatz lesen. Darin amüsiert er sich, dass man sich noch heute in Journalistenkreisen, also seit fast 25 Jahren, über seine englischen Hemden, teuren Socken, das silberne Zigarettenetui und seine Maßanzüge aufregt. Doch genau solche Reaktionen wollen Sie erreichen. Denn wenn Sie mit Ihrem Outfit übertreiben, werden Sie sich auch ein klein wenig verkleidet vorkommen – und eine Verkleidung ist oft schon Auslöser für ein etwas ungehemmteres Benehmen.

♂ *Peacoking*

Die Peacoking-Strategie hat der amerikanische Flirtmeister Mystery entwickelt. Sie ist die Lösung für das Problem, dass Frauen eigentlich keinen Grund haben, einen Mann anzusprechen. Wenn Mystery durch die Clubs zieht, dann trägt er gerne bunte Ketten, Strassschmuck, einen Glitzerschal oder eine Federboa. Also irgendetwas, das auffällt und bei seiner Umgebung eine Reaktion herausfordert. Dabei ist es völlig gleichgültig, ob das Accessoire einer Frau gefällt oder nicht, auf jeden Fall hat sie so etwas, womit sie ein Gespräch beginnen kann.

Diesen Trick hat auch der erfolgreiche Blogger, Marketingstratege und Autor Sascha Lobo genutzt. Über seinen rot gefärbten Irokesenschnitt haben sich schon viele Leute aufgeregt und lustig gemacht, aber durch dieses Markenzeichen wurde er der einzige außerhalb der Branche bekannte Werber. Er selbst meint dazu: »Mit Verhöhnungen habe ich kein Problem, das ist Teil der Netzkultur. Ich gebe mich schon lange bewusst der Lächerlichkeit preis, etwa mit dieser für viele albernen Frisur.«

ZWEITES RISIKO
Riskieren Sie es, das Falsche zu sagen

Faustregel bei jeder verbalen Interaktion ist: Das, was jemand normalerweise in einer bestimmten Situation zu einem anderen sagt, hat die geringste Wirkung auf den

Gesprächspartner. Wer etwas Besonderes erreichen will, muss also auch etwas Besonderes sagen. Und dieser Gesprächsbeitrag wird in den seltensten Fällen »politisch korrekt« sein.

Begegnet man beispielsweise jemandem bei einem Diner oder einer Party und möchte ihn gerne wiedersehen, so ist es ziemlich effektiv, ihn oder sie zu beleidigen. Denn dann hat man am nächsten Tag einen guten Grund anzurufen, um sich zu entschuldigen. Vielleicht war die Beleidigung sogar so schwerwiegend, dass dies nur mit einer Einladung zum Abendessen wiedergutzumachen ist. Ein zweiter Vorteil dieser Methode ist, dass man sich danach ohne jegliche Anstrengung ganz normal verhalten kann, weil dies im Vergleich zum ersten Eindruck schon äußerst zuvorkommend wirkt.

Nicht alle verbalen Provokationen eignen sich für Männer und Frauen gleichermaßen – überraschende, freche Aussagen passen besser zu Frauen, Männer sollten eher die zweifelhaften Komplimente und die scheinbaren Disqualifikationen anwenden.

Wirkungsvoll ist auch, nichts zu sagen, wenn es angebracht wäre. So kann jemand zum Beispiel bei Fragen nach Beruf, Interessen, Alter und Wohnort so tun, als hätte er sie nicht gehört. Oder er beantwortet aus Prinzip einfach nur jede zweite Frage. Erstens wirkt dies geheimnisvoller, als brav über sich Auskunft zu geben, und zweitens erzeugt diese Weigerung eine gewisse Spannung beim Gesprächspartner.

Aber: Auch die verbale Provokation darf nicht zum Standard werden, sondern muss gezielt eingesetzt werden. Flapsige Bemerkungen oder Beleidigungen sollten immer erst wirken können, bevor nachgelegt wird.

♀ Überraschen und frech sein

Je frecher, desto besser. Wer sogar für den eigenen Geschmack einmal zu sehr über die Stränge geschlagen hat, darf dennoch die Unverschämtheit niemals zurücknehmen. Also keine Erklärung oder Entschuldigung wie »das war ein Scherz« oder »das habe ich nicht so gemeint« hinterherschieben. Eine Frechheit wird eher verziehen als die Angst vor der eigenen Courage – die dabei entstandene Spannung muss der Verursacher eben aushalten können.

Was gemeint ist, wird anhand eines Beispiels von Dietlind Tornieporth anschaulich. Während eines Essens im Restaurant erzählt ein Freund, dass er am letzten Wochenende in einem Club Musik aufgelegt und dabei viel mehr verdient hat als erwartet. Sie sagt daraufhin: »Und warum muss ich dann mein Essen selbst bezahlen?«

Wenn der Freund diese Bemerkung nun aber ernst nimmt und nicht lustig, sondern impertinent findet, was würde dann passieren, wenn Tornieporth sich entschuldigen würde? Plötzlich bekäme diese flapsige Bemerkung ein Gewicht, das gar nicht angemessen wäre, und die Stimmung wäre sicher für eine Weile im Keller. Daher ist es in einem solchen Fall besser, ähnlich flapsig weiterzumachen und den Freund damit zu zwingen, die Angelegenheit als Scherz aufzufassen, also zum Beispiel durch eine Bemerkung wie: »Ach, bist du jetzt ein reicher Knicker geworden?«

Natürlich war der Freund von Tornieporth nicht beleidigt, sondern hat über diese Bemerkung gelacht – wie es die meisten in solchen Fällen auch täten.

Allerdings warnt Dietlind Tornieporth Frauen davor, männliche Anmachsprüche und männliches Flirtverhalten zu kopieren, also zum Beispiel einen Mann mit den Worten »ein Bier für den Süßen da drüben« auf einen Drink einzuladen, denn das ist platt und wirklich nicht sehr weiblich.

Im Folgenden zur Verdeutlichung einige überraschende oder freche Sprüche, die sich gut als Gesprächseröffnung eignen:

— »Ich bin Dirk. Heute wollte ich mich mal wieder umbringen.«
Dirk Heinrich, Musiker und DJ, zu einer Frau auf einer Party in Köln
— »Sie wirken, als würden Sie sich langweilen. Hier bin ich!«
Klara M., 53 Jahre, bei einer Matinee angesprochen von einem etwa gleichaltrigen Mann
— »Ach, könnten Sie Ihre letzten vier, fünf Sätze wiederholen, ich habe gar nicht zugehört.«
Caroline Labusch, Autorin
— »Hey du, küss mich!«
Unbekannter zu Farida S. in einem Hotel in Köln
— »Ich kenne schon 1000 Leute, auch hier habe ich wieder mehr als zehn Leute kennengelernt, zeig mit dem Finger auf jemanden, und ich nenne dir seinen Namen.«
Schauspielerin Judith Döker, angesprochen von Amelie, 6 Jahre
— »Wundern Sie sich bitte nicht, ich habe beschlossen, in Zukunft Gespräche unverzüglich zu beenden, sobald ich mich langweile.«
Margarethe S., Fernsehmoderatorin zu mir auf einer Party in der brasilianischen Botschaft

- »Hallo, ich bin Jürgen. Vorsicht, ich bin ein bisschen doof.«
  Ilona V., Politikerin aus Düsseldorf, angesprochen von Jürgen F.
- »Wieso trägst du denn diesen Karabinerhaken an deiner Hose, das sieht echt Scheiße aus.«
  Kirsten zu Henning (den sie damals noch nicht kannte) in einem Supermarkt in Berlin
- »Du hast mich die ganze Zeit angeschaut.«
  »Habe ich nicht!«
  »Warum nicht?«
  Gespräch, mitgehört auf einer Party in Hamburg
- »Ih, das Essen sieht aus wie Kotze, findest du nicht?«
  Stefanie, angesprochen von Fabian in der TU-Mensa in Berlin

Eher ungeeignet sind solche Bemerkungen:

- Was machen Sie beruflich?
- Woher kennst du den Gastgeber?
- Sind Sie schon lange hier auf der Party?
- Wie gefällt es Ihnen in Berlin, Hamburg, München usw.?
- Ein Glück, dass hier nicht geraucht wird.
- Wo kommt Ihr interessanter Nachname her?
- Ich interessiere mich ja sehr für Kultur.
- Ich finde es immer schön, interessante und nette Leute kennenzulernen.
- Wenn ich Fernsehen schaue, dann nur Arte und 3Sat.
- Ich komme gerade aus Thailand, dort sind die Menschen viel zufriedener als hier.
- Manchmal kann ich richtig verrückt sein.

♂ Zweifelhafte Komplimente

Zweifelhafte Komplimente sind der Geheimtipp für Männer von erfolgreichen Flirtmeistern wie Mystery aus den USA und Zan aus Canada. Es versteht sich von selbst, dass diese kleinen Herabsetzungen nur bei Frauen angewendet werden sollten, die einem gefallen.

Zweifelhafte Komplimente erzeugen intensivere Reaktionen als Komplimente, die eine Frau schon 100 Mal gehört hat und bei denen sie vor allen Dingen die Absicht sofort durchschaut. Bei der letzten Fußballweltmeisterschaft gewann zum Beispiel ein Mann meine Aufmerksamkeit, der mir zurief: »Das sah aber echt unelegant aus, wie du über die Absperrung gestiegen bist, das würde ich gerne noch mal sehen.« Ich ging also zurück und stieg so oft über die Absperrung, bis ich sein Okay für meine Absperrungsüberwindungstechnik bekam.

Ihre Wirkung verdanken die zweifelhaften Komplimente ihrer Widersprüchlichkeit – einerseits schenkt ein Fremder einer Frau seine Aufmerksamkeit, andererseits enthält diese aber auch eine kleine Kritik. Nun will die angesprochene Frau natürlich wissen, was wirklich dahintersteckt.

In dem Film *Die Geschichte der Nana S.* von Jean-Luc Godard testet der Zuhälter Raoul die Persönlichkeit ihm unbekannter Frauen stets mit einer Beleidigung. So kritisiert er etwa die Beine einer Frau – wenn sie empört reagiert und aufsteht, kann man sie seiner Meinung nach getrost vergessen, wenn sie die Beleidigung dagegen mit einem Lächeln quittiert, handelt es sich sicherlich um eine tolle Frau. Nana begegnet er zum ersten Mal in einem Café, und sie besteht den Test ohne Probleme. Raoul sagt: »Hallo, dein Haar sieht scheußlich aus.« Sie schaut ihn verwundert an, greift sich ins Haar und lacht. Hier einige weitere gute Beispiele, zusammengestellt von internationalen Pickup Artists:

- Du hast so schöne Augen – und du schielst ein bisschen.
- Ich mag die Art, wie du lachst, aber nicht, worüber du lachst.
- Du bist intelligent und gebildet, wie schaffst du es nur, deine Persönlichkeit so zu verbergen?
- Das Hemd steht dir gut, aber ist es nicht ein bisschen zu eng?

Zweifelhafte Komplimente können natürlich auch von Frauen angewendet werden, allerdings können Männer schon sehr viel einfacher aus der Fassung gebracht werden – nämlich mit echten Komplimenten.

Dietlind Tornieporth meint dazu: »Männer sind es nicht gewohnt, mit Komplimenten, was ihr Äußeres betrifft, bedacht zu werden. Also bringe ich ihn ganz bewusst in Verlegenheit, indem ich ihm beispielsweise sage, dass ich so schöne Hände bei einem Mann noch nie gesehen habe. So ein Kompliment treibt ihm die Schamesröte ins Gesicht. Scham und Verwirrung sind ganz hervorragend geeignet, um die Hormone in seinem Gehirn anzukurbeln.«

♂ *Scheinbare Disqualifikationen*

Scheinbare Disqualifikationen sind eher etwas für Männer, weil sie eine versteckte Anmache darstellen. Als Flirt-Opener sind sie sicher für die meisten Frauen etwas zu draufgängerisch. Allerdings eignen sie sich auch für Frauen gut als Verführungsmittel, wenn sie bereits mit dem Mann ihrer Wahl ins Gespräch gekommen sind.

Eine gute Freundin hat mich, als ich sie das erste Mal traf, durch ihre Rundumdisqualifikation fasziniert. Bei einem Abendessen bei Freunden stellte sie fest: »Ich habe keine gute Meinung von Menschen, bei mir bekommen erst einmal alle die Schulnote sechs. Dann müssen sie sich langsam hocharbeiten.« Natürlich wollten sämtliche anwesenden Männer sie daraufhin unbedingt kennenlernen und herausfinden, bis wohin sie es auf ihrer Notenskala schaffen könnten.

Nur wenige können solchen Herausforderungen widerstehen:

– Wenn ich nicht schwul wäre, würde ich dich anmachen.
– Du bist hübsch, aber leider nicht mein Typ.
– Schade, dass ich nur auf Prolls stehe.
– Du bist so schön blond. Zu blond für mich.

♀ ♂ Spannung erzeugen durch falsche Themenwahl

Warum eigentlich krampfhaft Gesprächsthemen suchen, die sowieso schon Dutzende Male behandelt worden sind? Viele Menschen halten es für eine gute Idee, mit einem Musiker über Musik, mit einem Anwalt über Rechtsfälle oder mit einer Mutter über Kinder zu sprechen. Das ist jedoch im besten Falle langweilig, manchmal sogar regelrecht enervierend. Eine Orchestermusikerin, die an einem meiner Seminare teilnahm, gestand mir, dass es sie richtiggehend quäle, in ihren Pausen mit Verehrern und Bewunderern ständig über klassische Musik sprechen zu müssen. Bei dem WM-Fußballspiel Deutschland gegen Ghana 2010 stand ich zufällig neben Frank-Walter Steinmeier, der in der Halbzeitpause von einer Professorin mit Profilneurose in ein Gespräch über Wirtschaftspolitik verwickelt wurde – was ihm offensichtlich missfiel. Muss ich auf einer Veranstaltung zugeben, dass ein Großteil meiner Familie in Israel lebt, kann ich sicher sein, gefragt zu werden, was ich denn von der Situation im Gazastreifen halte.

In all diesen Beispielen wird stets das Naheliegende, aber auch Altbekannte angesprochen. Meine hundertjährige Großmutter aus Israel antwortete mir einmal auf die Frage, ob sie mich zu einer Hochzeit begleiten wolle: »Was soll ich denn da? Die Leute reden doch schon seit 100 Jahren immer das Gleiche.«

Falsche, unpassende Themen sind da die richtige Alternative.

Ein Beispiel, das zwischen zweifelhaftem Kompliment und falschem Thema angesiedelt ist, ist der Anmachspruch: »Tanzt du gerade – oder musst du auf die Toilette?«

Das unpassende Thema »Toilette« erzeugt hier genau die innere Spannung, die für den erfolgreichen Flirt wichtig ist. Denn das limbische System registriert vor allen Dingen die Intensität eines Gefühls – und Spannung bedeutet Aufregung. Der erhöhte Adrenalinwert im Blut führt dabei unweigerlich zu der Annahme, dass irgendetwas an diesem Typ dransein muss, wenn es ihm gelingt, derart für Aufregung zu sorgen.

Wem jedoch auf die Schnelle kein falsches Thema einfällt, der kann auch einfach die Gesprächsdynamik erhöhen, indem er ständig widerspricht – denn wie Albert Einstein schon sagte: Ein Abend, an dem sich alle Anwesenden einig sind, ist ein verlorener Abend.

DRITTES RISIKO
Riskieren Sie es, das Falsche zu tun

♀ ♂ *Falsche Zeit, falscher Ort*

Stehlen, zerstören, auslachen, einbrechen, lügen – was immer Sie bei Ihrem ersten Date anstellen – falsch sollte es auf jeden Fall sein. So wird Ihr Partner zum Komplizen, und Komplize ist schon die Vorstufe zum leidenschaftlichen Liebhaber.

Laut allgemein vorherrschender Meinung ist ein feines Restaurant der ideale Treffpunkt für ein erstes Date, dabei fühlen sich die meisten Leute in einer vornehmen Atmosphäre schnell steif und unfrei. Außerdem wird den Gästen an einem solchen Ort ja alles abgenommen, sodass der Mann gar nichts mehr für seine Auserwählte tun kann. Besser eignet sich für ein romantisches Date da schon zum Beispiel das Privatrestaurant eines schwulen Paars in Berlin-Neukölln: Dort ist das Essen ausgezeichnet, nur leider ist es oft so voll, dass es schwierig ist, etwas serviert zu bekommen. Als ich einmal mit einem Mann dorthin ging, war die Stimmung zwar toll, aber sämtliche Gerichte waren ausverkauft. Das gab nun aber meinem Verehrer die Gelegenheit, ritterlich aufzuspringen, draußen etwas zu essen zu organisieren, und dies ins Restaurant zu schmuggeln. Gutes Essen, einen guten Service, höfliche Gäste in passender Kleidung können Sie jeden Tag überall erleben, unternehmen Sie daher bei Ihrer ersten Verabredung lieber etwas ganz Besonderes.

♀ ♂ *Den Ungebildeten spielen*

Oft verführt genau das, was die Intelligenz beleidigt. Nicht umsonst verhält sich sexueller Erfolg häufig umgekehrt proportional zum IQ – und zwar sowohl bei Frauen als auch bei Männern. Besonders aufreizend wirkt es jedoch, wenn intelligente Menschen sich dumm stellen.

Ein Beispiel hierfür liefert Dietlind Tornieporth mit ihrem Tequila-Exempel. Das richtige Konsumieren von Tequila eignet sich ihrer Meinung nach hervorragend zum Zurschaustellen von Begriffsstutzigkeit. Das korrekte Umgehen mit Zitrone und Salz muss ausführlich erklärt werden – wann genau das Salz abzulecken ist und wann in die Zitrone gebissen werden muss. Und das alles muss natürlich richtig verstanden werden, wobei es ein Leichtes ist, sich etwas begriffsstutzig zu zeigen. »Das Manöver darf durchsichtig sein, das erzeugt Souveränität«, meint Tornieporth.

Soll sich das Gegenüber ruhig überlegen fühlen, dadurch wird es angreifbar. Außerdem verführen Personen, die unterlegen erscheinen, eher als jemand, der sich überperfekt und hochgebildet gibt und dadurch Distanz erzeugt. Gerade Frauen neigen heutzutage dazu, überperfekt sein zu wollen, sie geben sich unabhängig, seriös und intellektuell. Aber eine solche Frau wirkt schnell ehrgeizig und verbissen. Beim Flirten kommt es jedoch vielmehr darauf an, seine Schwächen auszuspielen, denn das macht liebenswert und ist außerdem eine gute Tarnung: Wer sich selbst disqualifiziert, gerät sicher nicht in den Verdacht plumper Anmache.

Verweigern sollten Sie sich auf Partys allen ernst gemeinten Kulturgesprächen, dazu gehören Diskussionen über Literatur, Theater, Musik, Kunst, Wein oder Ähnliches. Wer bei der ersten Begegnung eine Äußerung tut wie: »Ich habe noch nie ein Buch gelesen und bin immer einer Meinung mit meiner Mutti«, kann sich der Aufmerksamkeit sicher sein. Denn wer so offensichtlich gegen das Gebot der Bildung verstößt, muss mehr zu bieten haben. So bleibt einem das unsubtile Angeben erspart, und die Wirkung ist doch ähnlich.

Wenn ein beflissener Bildungsbürger bei einer gesellschaftlichen Zusammenkunft den vermeintlich Ungebildeten zurechtweist, so empfiehlt sich ein Konter in dieser Art: »In der Badewanne und auf dem Sofa liegen und den ganzen Tag vögeln, ist auch eine Art von Bildung. Das kann nämlich nicht jeder.«

Mit Sicherheit werden viele die Nähe eines solcherart gebildeten Menschen suchen. Die Proleten, weil sie das Ganze falsch verstehen und auf Erzählungen von hemmungslosem Sex hoffen, und die Intellektuellen, weil sie auf Nachhilfeunterricht spekulieren.

♀ ♂ Respektlos sein

Je angesehener oder bekannter ein Mann oder eine Frau ist, desto unbeeindruckter sollten Sie sich zeigen. Dies gilt insbesondere für die Begegnung mit Prominenten. Treffen Sie beispielsweise Veronica Ferres auf einer Party, dürfen Sie keinesfalls sagen: »Sie sind wirklich eine tolle Schauspielerin«, sondern lieber: »Woher haben Sie denn das Glas Wein?«

Gut aussehende und/oder bekannte Menschen sind es gewohnt, hofiert und auf ihr Aussehen oder ihre Leistungen angesprochen zu werden. Daher reagieren sie am ehesten darauf, wenn Sie genau das ignorieren und stattdessen die Umgebung oder irgendein anderes von der Person unabhängiges Thema wählen. Dietlind Tornieporths Vorgehen, wenn sie mit einem Mann spricht, der besonders gut aussieht, ist ein Beispiel dafür. »Ich schenke meine ganze Aufmerksamkeit zum Beispiel seinem Feuerzeug. Sein schickes Feuerzeug, das interessiert mich, der Typ aber nicht, sein tolles Aussehen, seine Ausstrahlung fallen mir gar nicht auf.«

Den gleichen Trick wenden Flirtspezialisten an, wenn die Frau, für die sie sich interessieren, mit Freundinnen zusammen ist: Der Pickup Artist geht auf die Gruppe zu und beginnt eine Unterhaltung mit einer beliebigen Freundin, er redet mit allen Frauen aus dieser Gruppe, nur ihr, der Auserwählten, schenkt er keine Aufmerksamkeit – bis ihr nichts anderes mehr wichtig ist als die Frage, warum er das tut.

Die mangelnde Wertschätzung fordert Menschen heraus, und je berühmter jemand ist, desto ärgerlicher ist es für ihn, wenn er nicht die Anerkennung bekommt, die ihm zusteht.

VIERTES RISIKO
Riskieren Sie es, den anderen zu verlieren

Dass ein gutes Mittel, um interessant zu bleiben, ist, sich rar zu machen, ist eine alte Binsenweisheit. Doch die wenigsten befolgen diese wichtige Regel. Sich dem anderen von Zeit zu Zeit entziehen, bezieht sich aber nicht nur auf die Häufigkeit von Treffen, sondern sollte bereits die erste Begegnung bestimmen. Nur ein AFC (average frustrated chump), also ein Mann, der von Flirtmeistern als durchschnittlicher, frustrierter Typ charakterisiert wird, widmet der Person seines Begehrens seine volle Aufmerksamkeit. Er hängt den ganzen Abend an ihren Lippen, ist zuvorkommend, holt Getränke, lacht über ihre Witze und wundert sich dann, dass die Angebetete am Ende des Abends schließlich doch jemand anderem ihre Telefonnummer gibt.

Sympathien bewusst zu verspielen, ist eine Lebenseinstellung, die besagt, dass jemand es nicht nötig hat, bei anderen anzukommen – und diese Einstellung macht begehrenswert. Das Gegenstück dazu ist der Drang, sich stets von seiner besten Seite zu zeigen. Attraktiv macht das nicht.

♀ ♂ Risk of loosing you

Riskieren Sie es ruhig, die Person zu verlieren, um die Sie sich gerade bemühen. Wie zum Beispiel der Berliner Maler Dieter Mammel: Die Zusammenkünfte in seinem Atelier sind legendär, und jeder, der eingeladen wird, schätzt sich glücklich darüber. Als er einmal in einer großen Halle ein Essen für seine Sammler und Mäzene gab, zog Mammel während des Essens plötzlich sein T-Shirt aus, sprang auf die Tische, schrie und schimpfte. Doch keiner der Gäste nahm ihm dieses Verhalten übel, denn alle waren davon überzeugt, dass es irgendwie mit seiner Kunst zusammenhing. Noch während sie dort saßen, überlegten sie bereits, wen sie mit der Erzählung von diesem skandalösen Abend, der so viel interessanter war als andere Veranstaltungen, beeindrucken konnten.

Normalerweise sind Kunstsammler es gewohnt, dass Künstler sich bei ihnen einschleimen wollen, damit sie ihnen Bilder abkaufen – das ist nie angenehm. Das schrille Verhalten Mammels stellte dagegen eine willkommene Abwechslung dar. Er hat es also richtig gemacht und nach dem Gesetz des »risk of loosing you« gehandelt: Er hat die

Sammler zwar eingeladen, ihnen aber gleichzeitig deutlich gemacht, dass er von ihnen unabhängig ist.

Wer sich nicht traut, sich derart auffällig zu benehmen, kann wenigstens Stellvertreter ins Rennen schicken. Auf der Party eines Literaturagenten, die eigentlich für Verleger, Lektoren und Schriftsteller gegeben wurde, war auch einmal ein bekannter Berliner Zuhälter zugegen. Der Agent hatte ihn eingeladen, weil er dessen Autobiografie – natürlich von einem Ghostwriter geschrieben – betreut hatte. Das war nicht unriskant, denn wie zu befürchten gewesen war, beleidigte der Deutschtürke jeden Gast, der ihm in die Quere kam: Lektorinnen wurden in allzu deutlicher Art und Weise auf ihr unvorteilhaftes Styling hingewiesen, beleibten Verlegern und Schriftstellern wurde der Besuch eines Fitnessstudios empfohlen … Kurzum: Es war eine extrem amüsante Party, bei der überall aufgeregt über die Fehltritte des Zuhälters diskutiert wurde.

♂ Befehle

Irgendwann kommt jeder Flirt an den Punkt, an dem zumindest einer der Beteiligten zur Sache kommen muss – und zwar ohne zu wissen, ob das beim jeweiligen Gegenüber auch willkommen ist oder nicht. Ein deutliches »Du gefällst mir!« stellt natürlich ein gewisses Risiko dar, denn damit ist es unmöglich geworden, sich weiter hinter Andeutungen zu verstecken. Vielleicht fordert der Satz sogar ein »Du gefällst mir aber nicht« und damit möglicherweise das Ende des Flirts heraus. Genauso riskant ist die Frage »Kann ich dich nach Hause bringen?«, schließlich besteht die Gefahr, eine ablehnende Antwort zu erhalten. Noch riskanter und gerade auch deswegen besser ist es, dieses Angebot nicht als Frage oder Bitte zu formulieren, sondern in eine Befehlsform zu kleiden, also etwa zu einer Frau zu sagen: »Ich bringe dich jetzt nach Hause.« Ist ihre Antwort dann: »Nein, das tust du nicht«, kann der Mann hinzufügen: »Ich habe dich aber gar nicht gefragt.«

Befehle sind aufregend, sie beleidigen unseren Freiheitssinn, und aus diesem Grund reizen sie uns. Einige Beispiele dafür:

- Mach dich fertig, ich hole dich gleich ab. (Am Telefon vor einem Date)
- Lass das, dafür bin ich zuständig.
- Keine Diskussion, du hast am Donnerstag Zeit.
- Das gefällt mir nicht – zieh dir etwas anderes an.

♀ ♂ *Die Cat-String-Theorie*

Die Cat-String-Theorie erfolgreicher Flirtmeister leitet sich von dem Phänomen ab, dass eine Katze niemals mit einem Faden spielt, der gut erreichbar und ruhig vor ihrer Nase baumelt. Wenn der Faden jedoch bewegt wird, ist das Interesse der Katze geweckt. Was das auf einen Flirt übertragen bedeuten soll, beschreibt Dietlind Tornieporth so: »Wenn ich mich in einem Club mit Mann A unterhalte, dann gehe ich nach einer Weile an die Bar, um mir ein Getränk zu holen. An der Bar spreche ich kurz mit einem anderen Mann. Anschließend setze ich mich wieder zurück zu Mann A, bin aber nicht mehr so aufmerksam wie vorher. Eben habe ich noch mit großen Augen seinen Erzählungen gelauscht, jetzt bin ich auf einmal abwesend oder lächle selbstvergessen in mich hinein. Kein Abwenden, eher ein versehentliches Abdriften. Das ist ein Spiel, aber ein sehr amüsantes. Es gibt Leute, die sagen, sie wollen kein Spiel spielen müssen, um jemanden kennenzulernen, aber ohne so ein Spiel macht es doch keinen Spaß.«

Die gleiche Empfehlung gibt der deutschtürkische Komiker Tiger in seinen legendären *Mädchen-Tipps*. Dort erklärt er, dass jemand ein Mädchen, das er beim Ausgehen am Samstagabend kennengelernt hat, niemals schon am darauf folgenden Tag, sondern frühestens am Dienstag anrufen darf. Und das auch nur, um erst für Freitagabend ein Treffen zu vereinbaren, das er dann wiederum zwei Stunden vorher absagt. Zeit hat er für sie erst wieder am Dienstag. Und je mehr sich das Mädchen über die Absage geärgert hat, so Tigers Prognose, desto eher ist mit einem Kuss von ihr beim nächsten Treffen am Dienstag zu rechnen.

Das ist angewandte Cat-String-Theorie – der Faden wird mit einem Ruck weggezogen, und nun erscheint er der Katze begehrenswerter denn je.

♀ ♂ Give her the gift of missing you

Der Satz »give her the gift of missing you« stammt vom Flirtmeister Mystery. Seine jahrelange Erfahrung hat ihm gezeigt: Nichts löst bei einer Frau so sicher ein tiefes Gefühl der Verbundenheit aus wie die Tatsache, dass sie den Mann plötzlich vermisst. Deswegen sollte jeder erfolgreiche Verführer sich von Zeit zu Zeit ohne Vorwarnung und Angabe von Gründen zurückziehen, damit die Auserwählte spürt, wie der Abend, der Tag, die nächste Woche oder der Rest ihres Leben ohne ihn aussähe.

Hat eine Frau eine Nacht mit jemandem verbracht, der wohl nur diesen einen One-Night-Stand wollte, ist die Situation zu retten, indem sie ihn verlässt – und zwar bevor er aufwacht. Dann muss er ohne sie frühstücken und wird bestimmt noch einmal anrufen, und sei es auch nur wegen seines Bedürfnisses, die Frau seinerseits bei einem nächsten Treffen als Erster zu verlassen.

♀ Fordern statt leichtmachen

Frauen machen jeden erfolgreichen Flirt damit zunichte, dass sie alles richtig machen wollen. Sie wollen dem Mann zeigen, dass sie unabhängig sind. Sie geben sich unkompliziert und umgänglich statt geheimnisvoll und begehrenswert. Tornieporth beschreibt diese Einstellung so: »Ich mache alles selbst und viel besser, ich trage meine Einkaufstüten die Treppen alleine hoch, ich repariere den Abfluss und baue das Ikea-Regal auf. Bin ich mit ihm verabredet, organisiere ich den Abend, reserviere Theaterkarten und den Platz im richtigen Restaurant. Und natürlich erspare ich ihm als selbstständige Frau die Mühe, mich abzuholen.«

Solche Frauen sind stolz auf ihren guten Charakter und ihre Bescheidenheit und vergessen dabei die schlichte Tatsache, dass etwas erst wirklich wertvoll wird, wenn man sich darum bemühen muss. Um den Aufwand und die Anstrengung zu rechtfertigen, die eine Frau einem Mann abverlangt, muss er sie idealisieren.

Falsche Bescheidenheit ist da nicht der richtige Weg. »Das einzig wirkliche Erfolgsrezept einer gelungenen Verabredung ist: Fordern Sie viel«, empfiehlt daher Dietlind Tornieporth.

Emanzipiert zu sein, ist nur eine faule Ausrede von Frauen, die sich nicht trauen, kapriziös und launisch zu sein. Allerdings ärgern sie sich dann darüber, dass andere Frauen sich wie verwöhnte Prinzessinnen benehmen und trotzdem besser ankommen.

5
OHNE BENIMM AUF
DIE KARRIERELEITER
WARUM ES UNWÜRDIG IST,
EINEN GUTEN EINDRUCK ZU MACHEN.

»Je deteste qui me teste.«
DJ MC Solar

Eine 33-jährige Frau trifft sich mit einem Mann im Café. Die beiden unterhalten sich, er fragt, sie antwortet und lächelt viel. Als der Mann vom Tisch aufsteht, gibt er der Frau zum Abschied seine Karte. Die Frau geht nach Hause. Hat sie dem Mann gefallen? Oder hat sie wieder zu viel geredet? Denn das macht sie immer, wenn sie nervös ist, aber das tun ja viele in einer solchen Situation, der Mann wird das kennen und ihr sicher nicht übelnehmen.

Am nächsten Tag ertappt sie sich dabei, auf seinen Anruf zu warten. Dabei weiß sie eigentlich, dass der Mann nicht 24 Stunden nach dem ersten Treffen anrufen wird, denn das machen solche Typen wie er nie. Als drei Tage verstrichen sind, greift sie nach reiflicher Überlegung selbst zum Telefonhörer. Der Mann hatte ihr zwar gesagt, dass er sich melden würde, aber warum sollte sie nicht auch einmal die Initiative ergreifen. Natürlich darf sie dabei nicht wie eine Bittstellerin wirken, das Telefonat muss kurz sein, und ihre Stimme sollte unbeschwert und heiter klingen.

Leider springt nach zwei Freizeichen sein Anrufbeantworter an. »Hallo«, spricht die Frau auf Band, »erinnern Sie sich an mich? Ich würde mich freuen, von Ihnen zu hören, hier ist noch mal meine Nummer.«

Doch der Mann ruft nicht zurück. Komisch, denkt sich die Frau, vielleicht ist sein Anrufbeantworter ja kaputt, oder er hat ihre Nachricht beim Abhören aus Versehen gelöscht.

Wahrscheinlich hat er einfach kein Interesse an ihr, jedenfalls nicht so, wie er es beim Treffen im Café behauptet hat.

Die Frau beschließt, das Desinteresse des Mannes nicht persönlich zu nehmen – schließlich kennt er ihre Qualitäten ja noch nicht. Sie braucht nur eine Chance, um ihm zu zeigen, wie wundervoll sie ist. Also ruft sie ein weiteres Mal an. Bevor sie die Nummer wählt, hat sie die Sätze, die sie sagen will, laut vor sich hingesprochen und dazu gelächelt: Sie möchte einen fröhlichen, energievollen Eindruck auf den Mann machen, sonst braucht sie erst gar nicht anzurufen. Nur kein Vorwurf, schließlich schuldet er ihr nichts. Auch dieses Mal nur der Anrufbeantworter – und die Frau wiederholt ihre Bitte um Rückruf.

Wieder ruft der Mann nicht zurück. Vielleicht hat er ja zu viel zu tun, entschuldigt ihn die Frau. Ihr mangelndes Selbstbewusstsein flüstert ihr ein, dass sie wohl sowieso keine Chance bei ihm hätte. Doch die Frau schluckt ihren Frust herunter, denn wer nicht wagt, der nicht gewinnt. Sie wählt erneut die Nummer, und diesmal hebt der Mann mit einem knappen »Hallo« ab.

»Hallo, freut mich, dass ich Sie erwische, wir haben uns vor zwei Wochen im Café getroffen.«

»Ach ja. Tut mir leid, ich kann gerade schlecht telefonieren, ich bin in einer Besprechung, aber ich melde mich bei Ihnen.«

Doch der Mann ruft wieder nicht zurück. Die Frau wird wütend und traurig, sie versucht sich jedoch zu beruhigen – theoretisch ist noch alles möglich. Sie beschließt also, es ein letztes Mal zu versuchen. Als Vorwand dient ihr eine Sache, die sie ihm unbedingt noch sagen wollte, da sie es im Café damals nicht erwähnt hat.

Als sie den Mann auf seinem Mobiltelefon anruft, antwortet zu ihrer Überraschung eine weibliche Stimme: Der Mann sei gerade nicht da, doch sie werde selbstverständlich ausrichten, dass sie angerufen habe ...

Diese Geschichte könnte noch endlos weitergehen, sie beschreibt nämlich das übliche Verhalten – nein, nicht bei einem Date, sondern bei der Jobsuche. »Frau« ist hier durch Bewerber oder Bewerberin zu ersetzen und »Mann« durch Firma oder Agentur. Der demütigende Vorgang heißt Akquise. Dass es ganz normal ist, dass potenzielle Arbeitgeber nicht zurückrufen, dass eingesandte Bewerbungsunterlagen weder angeschaut noch zurückgesandt werden und die wenigsten Personaler ihren Vorstellungskandidaten bei Nichtinteresse absagen, macht das Ganze nicht besser.

Verlagern Sie als Test dafür, ob Ihr Bewerbungsprozedere bereits demütigend ist, Ihre Jobsuche auf die Beziehungsebene. Und beantworten Sie sich die Frage, wie oft Sie anrufen würden, wenn der Job ein Mann oder eine Frau wäre. Wie interessant und attraktiv muss der Job sein, damit Sie für ihn eine Ausnahme machen und ihm ein ganz kleines bisschen hinterherlaufen?

Hier daher ein kleiner Test, mit dem Sie prüfen können, ob Sie dazu neigen, bei Bewerbungsgesprächen einen verzweifelten Eindruck zu machen:

DER GROSSE BEWERBUNGSTEST

Beantworten Sie folgende Fragen, und stellen Sie sich dabei vor, es ginge darum, wie weit Sie für richtig guten Sex gehen würden...

Verändern Sie Ihren Kleidungsstil, wenn Sie sich mit ihm oder ihr treffen? Orientieren Sie sich dabei an dem, was Ihnen gefällt oder was ihm oder ihr gefallen könnte?

Wie sehr würden Sie sich vor Ihrem potenziellen Sexpartner verstellen? Würden Sie zum Beispiel verschweigen, dass Sie gerade keinen Partner haben, vielleicht gar schon länger als ein halbes Jahr Single sind?

Wann rufen Sie nach dem ersten Treffen wieder an? Gleich am nächsten Tag, zwei oder drei Tage später? Und wie oft würden Sie versuchen, jemanden telefonisch zu erreichen, der nicht zurückruft? Höchstens zweimal? Fünfmal oder gar noch öfter?

Wie würden Sie sich und Ihre Qualitäten in einem ersten Gespräch anpreisen? Würden Sie alles aufzählen, was Sie schon gemacht und erreicht haben, oder davon ausgehen, dass Sie auch ohne das wirken?

Würden Sie auf jede Frage antworten, die Ihnen Ihr potenzieller Sexpartner stellt, auch wenn sie übergriffig oder unpassend ist?

Bemühen Sie sich um einen Menschen, auch wenn Sie ihn gar nicht so attraktiv finden, nur weil Sie lange keine Beziehung und/oder Sex hatten?

Wie reagieren Sie, wenn Freunde Ihnen Partner vorschlagen, die weit unter Ihrem Niveau liegen, aber mit dem Argument »besser als nichts« angepriesen werden?

Wie umfangreich und teuer fallen Ihre Mitbringsel wie Blumensträuße, Schokolade oder Ähnliches aus? Was tun Sie, wenn auf diese Geschenke nicht reagiert wird?

Sie haben im Internet auf eine Kontaktanzeige geantwortet, und Ihr Mailpartner fordert immer mehr Angaben und Fotos, bevor er sich dazu entschließen kann, sich mit Ihnen zu treffen – wie viel geben Sie quasi als Vorleistung von sich preis?

... und jetzt übertragen Sie Ihre Antworten mal auf eine Bewerbungssituation!

Wer glaubt, Jobsuche und Sex wären nicht vergleichbar, der irrt. Diese beiden Dinge haben sogar sehr viel miteinander gemeinsam. Eine glückliche Beziehung und tollen Sex wünschen sich die meisten Menschen. Für viele ist Liebe sogar das Wichtigste in ihrem Leben – noch viel wichtiger als ein Job. Trotzdem bewahren sie sich bei der Partnersuche ihren Stolz und ihre Würde. Und genau dasselbe sollten Sie auch bei der Arbeitssuche tun.

> Sie wollen viel –
> aber Sie bitten nicht darum!

Es ist zum Beispiel völlig unangemessen und daher unzumutbar, sich für einen Aushilfsjob stundenlang prüfen zu lassen oder wegen einer einfachen Bürotätigkeit mit einem Dutzend Mitbewerber eine ganztägige Testrunde zu absolvieren. Sie sollten sich weigern, Fragebögen auszufüllen, wieder und wieder Zeugnisse und Unterlagen nachzureichen und sich Lippenbekenntnisse abnötigen zu lassen, dass man aus Freude an der Arbeit hier sei und sich schon seit Kindesbeinen an für das betreffende Unternehmen interessiert habe.

Wenn uns keiner will,
dann beziehen wir eben Hartz IV
(= bleiben wir eben Single).

Leider wird in Bewerbungsratgebern und -seminaren meist dazu geraten, sich für das begehrte Objekt Arbeit zum Bittsteller zu machen, forscher oder auch weniger forsch aufzutreten, als jemand es üblicherweise täte, Begeisterung zu heucheln, wo er keine empfindet, und vor allen Dingen sich von Menschen beurteilen zu lassen, die einen nicht beurteilen können, weil sie einen nicht kennen. Begründet wird das mit dem Mangel an Arbeitsplätzen. Soft Skills wie Flexibilität und Teamgeist erscheinen plötzlich selbst für Berufe wichtig, in denen diese Eigenschaften niemals nötig sind und auch niemals nötig sein werden, wie etwa Busfahrer oder Eisverkäufer. Das wäre ebenso, wie wenn man einer Frau in den 1950er-Jahren geraten hätte, sich mit einem völligen Idioten zusammenzutun und sich für ihn auch noch besonders hübsch zu machen und sich Mühe zu geben – denn schließlich herrsche ja Männermangel.

Jeder muss selbst definieren, wo für ihn das Bemühen um

einen Job endet und die Erniedrigung anfängt. Als Hilfestellung empfiehlt es sich, sich bewusst zu machen, wie weit man für die Eroberung seiner Traumfrau oder seines Traummanns gehen würde. Und genauso weit geht man auch für einen Job. Nicht weiter.

Gutes Benehmen wird umso mehr gefordert, je unattraktiver der angebotene Job ist.

Wie sieht Ihr Traumjob überhaupt aus, und was bedeutet Erfolg für Sie? Wollen Sie möglichst viel Geld verdienen und nehmen dafür auch Drangsalierungen à la Mc Kinsey in Kauf, lassen also zum Beispiel den Sitz von Haaren und Socken militärisch genau kontrollieren und sich Vorschriften darüber machen, welche Unterhose Sie tragen sollen? Sind Sie bereit, auf Freizeit – und damit auch Freiheit – zu verzichten, nur um irgendwann einmal ganz oben zu stehen?

Oder träumen Sie eher von einem Halbtagsjob mit viel Zeit zur freien Verfügung. Ist Ihnen Zufriedenheit wichtiger oder Prestige, die Sicherheit eines Beamten oder die Anerkennung als Künstler? Was muss der Job Ihnen bieten, damit Sie ihn nehmen?

Eines dürfen Sie jedoch wirklich niemals tun: eine Arbeit annehmen, die Ihnen gar nichts zu bieten hat.

Wenn schon schlechtes Arbeitsklima, dann wenigstens auf hohem Niveau.

Absolut inakzeptabel ist eine Arbeit, bei der die Kriterien für das eigene Auftreten sehr streng sind, der Arbeitnehmer aber behandelt wird wie ein Leibeigener und unbezahlte Überstunden machen muss, und die Löhne nur knapp über dem Hartz-IV-Satz liegen.

Leider stellen sich immer noch viel zu viele Menschen in Deutschland aus der Not heraus für solche Stellen zur Verfügung und zementieren damit Arbeitsverhältnisse, die sich von denen in der Anfangszeit der Industrialisierung kaum unterscheiden.

Günter Wallraff erlebte in seiner letzten Undercoveraktion als Niedriglöhner in einer Backfabrik, wie Menschen wie Sklaven behandelt werden – und das für sechs Euro die Stunde. In Wirklichkeit werden diese Arbeitnehmer von ihrer eigenen Existenzangst versklavt: Aus Sorge darüber, Essen, Miete und die Telefonrechnung nicht mehr bezahlen zu können, ruinieren sie ihre Gesundheit, ihre Lebensfreude, ihre Beziehungen und kosten den Staat am Ende mehr Geld, als wenn sie gleich Sozialhilfe kassiert und dabei neue Kraft geschöpft hätten.

Aus der Presse ist bekannt, wie mit Schlecker-Mitarbeitern und Lidl-Kassiererinnen umgegangen wird. Das Unbegreifliche an solchen Arbeitsverhältnissen ist: Je unattraktiver der Job, desto strenger sind oftmals die Verhaltensvorschriften. In vielen Fällen werden gerade in Jobs, in denen sehr gutes Benehmen gefordert wird, die Arbeitnehmer nicht wirklich geachtet.

Wenn Sie aber schon nicht geachtet werden und sich dabei sehr gut benehmen müssen, dann sollten Sie sich diese Zwänge wenigstens wenn möglich mit einem hohen Gehalt und einem eigenen Firmenwagen vergüten lassen.

Warum suchen Sie einen Job?
Können Sie sich sonst nicht beschäftigen?

Wir wünschen uns einen Job, bei dem unsere Fähigkeiten zum Tragen kommen und für den wir angemessen bezahlt werden – ganz gleich, wie die Chancen statistisch für uns stehen.

Dietlind Tornieporth beschreibt in ihrem Buch *Die perfekte Verführerin* die richtige Haltung von Frauen auf Männersuche. Eine Frau wirft sich einem Mann niemals an den Hals, sie will keinen Mann, der sie nicht will. Tornieporths Meinung nach ist es äußerst unattraktiv, wenn eine Frau verbissen jedem Date hinterherrennt. Je mehr eine Frau unternimmt, um ihr Ziel zu erreichen, desto schmerzhafter spürt sie den Mangel – und das strahlt sie dann auch aus. Und genau das lässt sich meiner Ansicht nach auch auf die Arbeitssuche übertragen.

Bei vielen Personalern werden Sie mit einer selbstbewussten Einstellung keinen Erfolg haben, bei einigen wenigen vielleicht schon, aber auf die kommt es an.

ERSTE REGEL
Besuchen Sie kein Bewerbungscoaching

Mittlerweile ist ein ganzer Berufszweig entstanden, der es sich zum Ziel gesetzt hat, die Bedürfnisse von Arbeitgebern zu befriedigen. Was einem von Coaches und Karriereplanern als erster Schritt in eine bessere berufliche Zukunft verkauft wird, ist jedoch in Wirklichkeit der Anfang einer Kapitulation. In fast allen Büchern zu diesem Thema wird das Abhängigkeitsverhältnis von Arbeitssuchenden und Arbeitgebern betont, von Angestellten und Chefs, von Freiberuflern und Auftraggebern.

Im Ratgeber eines bekannten Karrieretrainers fand ich die Empfehlung, dass man seinem Vorgesetzten, wenn man ihm am Wochenende auf dem Markt begegnet, am besten einen hilfreichen Hinweis für seinen Einkauf geben sollte, zum Beispiel, an welchem Stand die Tomaten am günstigsten sind. Und genauso sollte man sich bei zufälligen Treffen im Fahrstuhl oder in der Kaffeeküche verhalten: immer ein Bonmot auf den Lippen, eine sinnvolle Bemerkung, fröhlich, en passant und kompetent geäußert. Anstatt einfach einmal gar nichts zu sagen. Solche Ratschläge sind furchtbar. Wer sie befolgt, wirkt sicher nicht sympathisch, sondern grotesk.

Nichts ist deprimierender, als Menschen dabei zuzusehen, wie sie versuchen, ihre Performance zu verbessern.

In dem Haus, in dem ich wohne, hat auch eine Berufsberatungsagentur ihre Räume, und mindestens einmal am Tag gehe ich an einer Gruppe von Menschen vorbei, die beieinanderstehen, Kaffee trinken, rauchen und sich darüber unterhalten, dass sie ihre Situation jetzt viel optimistischer einschätzen. Am liebsten würde ich mich jedes Mal sofort umdrehen und sagen: »Dazu besteht aber bei Ihnen gar kein Anlass.«

Denn die Mühe, die jemand sich bei der Jobsuche macht, steht ja umgekehrt proportional zur Attraktivität, die er ausstrahlt. Je mehr jemand sich mithilfe von Experten selbst in Frage stellt und »optimiert«, desto weiter weg rückt die ersehnte Arbeit.

ZWEITE REGEL
*Machen Sie in der Agentur für Arbeit
einen möglichst schlechten Eindruck*

Zu solchen Bewerbungscoachings wird geschickt, wer sich bereits in der Arbeitsagentur zu bemüht gezeigt hat. Auch ich habe diesen Fehler gemacht, als ich mich nach dem Abschluss meines Studiums arbeitslos gemeldet habe, weil ich dachte, es wäre wichtig, meinen Arbeitswillen zu signalisieren. Völlig falsch, wie ich dann allerdings feststellte. Die gut gekleideten, höflichen Menschen saßen immer am längsten in den Zimmern ihrer Berater, mussten am meisten Unterlagen bringen und bekamen die strengeren Auflagen. Als ich nach drei Wochen keine Anstellung als Journalistin vorweisen konnte, wurde ich aufgefordert, mir einen Job als Putzfrau oder Kellnerin zu suchen. Am schnellsten bekamen ihre Bescheinigungen und Auszahlungsscheine immer diejenigen, die in schmutzigen Trainingshosen und zerschlissenen T-Shirts auf dem Gang saßen, nach Alkohol rochen oder Vorbeigehende anpöbelten. Erst nach einigen Terminen begriff ich, dass ich umso mehr drangsaliert wurde, je braver und beflissener ich auftrat – bei den anderen war anscheinend sowieso Hopfen und Malz verloren, also wollte man gerne mit mir die Statistik aufbessern.

Das mit dem Drangsalieren hörte erst auf, als ich ungekämmt und in ungewaschener Kleidung erschien und jedes Mal einen Weinkrampf vortäuschte, sobald ich an der Reihe war. Von dem Zeitpunkt an wurde ich in Ruhe gelassen und konnte mich um meine Bewerbungsmappe kümmern.

Wer sich gut benimmt, wird gedemütigt.

STRAFEN DER ARBEITSAGENTUR FÜR
EIFRIGES UND STREBSAMES AUFTRETEN

In Mecklenburg-Vorpommern wurden vor einigen Jahren arbeitslose Akademiker mithilfe von Kieselsteinen, die sie aufheben sollten, für die bevorstehende Erdbeerernte geschult. Der Bund der Steuerzahler erwähnt in einem seiner Schwarzbücher ein Bewerbungstraining, bei dem die Teilnehmer zur Stärkung ihres Selbstbewusstseins Blechdosen an Schnüren hinter sich herziehen und damit über den Berliner Alexanderplatz laufen sollten. Außerdem mussten sie Passanten ansprechen und deren Nase anfassen. Kosten der Maßnahme pro Teilnehmer: 10 000 Euro. Der Zusammenhang zwischen der Übung und dem heißersehnten Arbeitsplatz ist schwer erkennbar. Wer aber bezweifelt, dass sich durch solche Aktionen seine Chancen auf dem Arbeitsmarkt erhöhen, dessen Motivation wird ungünstig beurteilt, was zur Kürzung des Arbeitslosengeldes führen kann. Wer unverschuldet arbeitslos wird, sollte sich am besten unverzüglich eine Krankschreibung besorgen, um solchen Maßnahmen zu entgehen. Denn zum einen ist es für einen erwachsenen Menschen unwürdig, so behandelt zu werden, zum anderen kommt dies den Steuerzahler billiger.

DRITTE REGEL
Beantworten Sie keine komischen Testfragen

Durch die Unternehmenswelt geistern immer neue Methoden, um potenzielle Bewerber auf ihre Güte zu testen. Letztes Jahr waren Fragen wie diese in Mode: Wie viele Smarties passen in einen Smart? Oder: Wie schwer ist Manhattan?

Zunächst wollte ich nicht glauben, dass sich irgendein Bewerber dazu bereiterklären könnte, diese Rechenaufgaben lösen zu wollen. Dann entdeckte ich einen Artikel dazu in der *Süddeutschen Zeitung.* Meine Erwartung, dass endlich einmal jemand einen kritischen Artikel über diese Art von Bewerbungsgesprächen schreiben würde, wurde bald enttäuscht, denn der Autor machte sich tatsächlich Gedanken darüber, wie solche Fragen korrekt beantwortet werden könnten.

Jedem, dem ich begreiflich zu machen versuchte, dass bei der Frage, wie viele Smarties in einen Smart passen, für mich die Demütigung anfängt, belehrte mich dahingehend, dass dies nur ein Test sei, um die Fähigkeit des Bewerbers einzuschätzen, quantitative Abschätzungen vorzunehmen. Natürlich war mir das auch klar, und selbstverständlich hätte ich irgendwie auch ausrechnen können, wie viel Schokolade in das doofe Auto passt, aber ich konnte einfach nicht begreifen, warum jemand sich von einem anderen Menschen derart vorführen lassen sollte.

Ich lasse mich nicht vorführen – auch wenn es zum gängigen Benimmkanon eines Bewerbers gehört. Auch Fragen, deren erwartete Antwort ich schon kenne, wie zum Beispiel, ob ich teamfähig bin, halte ich für überflüssig und beantworte ich daher nicht.

»Brainteaser sind ein beliebtes
Testverfahren im Bewerbungsgespräch.
Die herausfordernden Gedankenspiele
sind ein gutes Training und machen
außerdem Spaß. Jog your mind!«
Zitat von einer Internetseite eines
Coachinganbieters

Als ich mich bei einer bekannten PR-Agentur in Hamburg
als Redakteurin bewarb, hatte der Chef leider keine Zeit
für mich. Wir sprachen kurz fünf Minuten im Gang miteinander, dann bat er mich, in der nächsten Woche wie-
derzukommen. Eine Woche später fuhr ich also wieder
von Berlin nach Hamburg und wurde von seinem Assistenten mit den Worten empfangen: »Hannes lässt Sie grü-
ßen, er musste leider zu einem Shooting.« Der Assistent
wirkte unsicher, offenbar führte er selten Einstellungsge-
spräche, schon gar nicht mit Redakteuren. Als Erstes verließ er das Büro, um Kaffee zu holen, ließ dabei aber seine
Unterlagen auf dem Tisch liegen. Dann setzte er sich mit
einem langen Seufzer mir gegenüber hin und begann,
seine Fragen zu stellen: Warum ich einen neuen Job suchte
und ob ich gerne im Team arbeitete. Ich antwortete ihm,
dass ich andere Menschen nicht besonders mochte, am
liebsten allein arbeitete und auch gern ein eigenes Büro
hätte. Erstaunt sah er mich an, machte sich eine Notiz und
stellte dann seine nächste Frage: Wie ich mir meine Position und meine Aufgaben in der Agentur vorstellen würde.
Ich erwiderte: »Ich komme jeden Morgen um neun Uhr,
schreibe und telefoniere, gehe um 18 Uhr wieder und be-
komme dafür von euch Geld.«
Ich hatte in dieser Art geantwortet, weil mir klar war, dass
es mein Gegenüber langweilte, mir diese Fragen zu stellen.
Und das sagte ich ihm dann auch. Die nächsten zwei Stun-

den verbrachten wir damit, uns Fragen zu überlegen, die besser geeignet waren, um jemanden wirklich kennenzulernen. Es wurde ein lustiger Nachmittag.

Als wir uns verabschiedeten, meinte ich noch, dass ich ja zum Glück nicht auf seinen Anruf bezüglich des Jobs warten musste, denn in seinen Unterlagen hatte ich, als er den Raum verlassen hatte, einen Vermerk seines Chefs entdeckt, den dieser letzte Woche neben meinem Namen gemacht hatte: Journalistin aus Berlin, sofort einstellen.

Dominique Le Parc, deutsch-französischer Managertrainer, hat schon viele Vorstandsmitglieder großer Unternehmen, Programmredakteure, Fernsehmoderatoren und Schauspieler beraten und weiß, wie solche Bewerbungsgespräche, in denen Quizfragen wie »Wie schwer ist Manhattan?« oder »Wie viele Smarties passen in einen Smart« gestellt werden, zustande kommen: »Entweder sitzt vor einem ein Chef eines Mittelstandsunternehmens, der überhaupt keine Ahnung hat, was er will und wen er braucht, und der einem in seiner Hilflosigkeit solche Fragen stellt, oder in dem Unternehmen gibt es gar keine Arbeit. Viele Unternehmen inszenieren nämlich solche Bewerbungsrunden, um im Gespräch zu bleiben und den Eindruck zu vermitteln, es ginge ihnen gut. Deswegen veranstalten sie so alberne Spielereien nur um hinterher ihren Bewerbern mitzuteilen, sie hätten den »hohen« Kriterien nicht entsprochen.« Er empfiehlt jedem Menschen, solch eine Behandlung abzulehnen.

> Wer Sie will, will Sie -
> und keinen anderen.

Sie müssen Ihre eigene Methode entwickeln, um sich solchen Spielchen zu entziehen. Ralf Schmerberg, 45 Jahre, Fotograf, Filmemacher und einer der gefragtesten Werbefilmer Deutschlands, gibt folgenden Bewerbungstipp: »Ich würde mich nie in eine Situation begeben, in der ich einer von vielen Möglichen bin. Denn das bedeutet immer, dass man ja auch einen anderen nehmen kann als mich. Und das will ich nicht. Ganz gleich, ob es um einen Job geht, um eine Wohnung oder eine Frau. Ich mag nicht von der Person abhängig sein, die auswählt. Statt mich darzustellen, entwickle ich lieber Ideen. Wenn die dann auf Zustimmung stoßen, ist es okay, wenn nicht – es gibt noch mehr auf der Welt.«

»Weil sich die strukturelle Situation auf dem Arbeitsmarkt ändert, sind in den Betrieben beziehungsweise großen Unternehmen ganz andere Leute gefragt«, meint auch Dominique Le Parc, »nämlich solche, die neue Geschäftsfelder und neue Gewinnmöglichkeiten erschließen. Mit anderen Worten, die Braven, die sich geschickt anpassen wollen und ihre Pflicht erledigen, werden immer weniger gebraucht und die, die Strukturen einreißen, immer mehr. Sie können sich dem Bewerbungszinnober entziehen und trotzdem Erfolg haben.«

Ralf Schmerberg bewirbt sich nicht und hat auch für die Bewerbung anderer bei ihm eigene Vorstellungen: »Ich will nicht, dass ein anderer Mensch mir was vortanzt, ich möchte jemanden kennenlernen. Viele Leute, die zu mir kommen, sagen: Ich bin so beeindruckt von deiner Arbeit, deinem letzten Projekt, deinem letzten Film, und ich habe mir alle deine Fotos auf deiner Website angesehen.

Dann beteuern sie, dass sie unbedingt mit mir arbeiten wollen. Das Übliche eben. Ich stelle in einem solchen Fall nur eine Frage: Willst du mit mir arbeiten? Dann bleib gleich hier. Die meisten verwickeln sich in Ausreden, warum das nicht geht, sie müssen hier und da absagen und noch mal überlegen. Es gibt aber ein paar, die sagen: Ich muss nur einen Anruf erledigen, dann kann ich anfangen – was soll ich tun? Mit dieser einfachen Frage prüfe ich, ob jemand wirklich will, was er vorgibt. Jeden, der bleibt, nehme ich auch.«

Vor zehn Jahren musste Schmerberg ein Casting für einen seiner Werbefilme abhalten. Von der Castingfirma wurden ihm für eine weibliche Hauptrolle mehr als 30 junge Frauen vorgeschlagen, die er sich im Laufe eines Tages ansehen sollte. Schon bei der Ersten hatte er das Gefühl, die Richtige für die Rolle gefunden zu haben, doch die restlichen 29 Frauen musste er sich natürlich auch noch anschauen. Schließlich hatten ihm einige für die Rolle gut gefallen, er hatte sich am Ende des Tages bestimmt ein Dutzend Mal verliebt und musste anschließend überlegen, welchen 29 Frauen sein Sekretär absagen sollte.

Nach so einem Casting war Ralf Schmerberg jedes Mal emotional total erschöpft.

»Und nicht nur ich habe damit anderthalb Tage vertan, sondern auch die Frauen. Schließlich haben sie sich vorbereitet, Fotos geschickt, Sprechen geübt, einen Termin mit mir gemacht. Das ist doch Zeitverschwendung und bringt niemandem etwas. Heute mache ich das anders. Wenn ich für eine bestimmte Aufgabe jemanden brauche, überlege ich mir, wer aus meinem Umfeld dafür geeignet ist, anstatt so eine unnötige Menschenschlacht zu veranstalten.«

VIERTE REGEL
Bewerben Sie sich um Jobs,
die Sie gar nicht haben wollen

In der Theorie lässt es sich natürlich leicht empfehlen, frech und unkonventionell bei der Arbeitssuche aufzutreten. Wie verhält es sich aber, wenn ich keinen Job habe, die Miete zahlen muss und mir finanziell gesehen das Wasser bis zum Hals steht? In so einer Situation ist jeder sicherlich eher ängstlich und angespannt statt locker und mutig.

Doch keine Angst zu haben, lässt sich üben. Bewerben Sie sich neben Ihrer wirklichen Jobsuche auf Stellen, die Sie gar nicht haben wollen. Lassen Sie, wenn Sie zum Vorstellungsgespräch eingeladen werden, alles raus, was Sie in den anderen Gesprächen unterdrücken, und achten Sie darauf, wie Ihr Gegenüber reagiert. Werden die Leute wirklich so schnell wütend, wie Sie befürchtet haben? Geht es wirklich so schnell, jemanden in Erstaunen zu versetzen oder abgelehnt zu werden? Und wenn ja – ist das tatsächlich eine so schlimme Erfahrung? Es kann Ihnen durchaus weiterhelfen, in einem Vorstellungsgespräch für einen Job zu sitzen, den Sie gar nicht haben wollen, und auszuprobieren, wie es sich anfühlt, genau das zu sagen, was Sie denken. Bei der Bewerbung um einen Job als Servicekraft am Flughafen fragte ich beispielsweise den Personaler, was das seiner Meinung nach für Leute sein sollten, die einen Job annehmen, bei dem man jeden Morgen um vier Uhr aufstehen muss und von dem man trotz einer 40-Stunden-Woche nicht leben kann. Obwohl ich das ganz freundlich gefragt hatte, rastete der Mann sofort aus. Bei einem Gespräch mit dem Inhaber einer bekannten Werbeagentur machte ich es ähnlich. Der Inhaber fand es problematisch, dass ich einerseits Werbetexte verfasse und andererseits Bücher schreibe. Er hielt mir einen Vortrag über meine Unentschlossenheit und prophezeite mir, dass ich auf beiden Gebieten keinen Erfolg haben würde. Ich sagte ihm, dass ich das für eine Projektion seinerseits hielt. Dieses Mal bekam ich die Stelle nicht.

> »Sich anpassen, macht unsicher.
> Sich ausprobieren, macht sicher.«
> Ralf Schmerberg

Allerdings gehen ähnliche Experimente in den meisten Fällen gut. Doch ich habe es auch gelernt, mich darüber zu amüsieren, wenn es schiefgeht. Und das ist letztlich der Sinn dieser Übung: Denn wer einmal erlebt hat, dass nach einem Fehltritt nicht er selbst, sondern sein Gegenüber die Ruhe verliert, der spürt keine Angst mehr. Das ist ähnlich wie beim Sportrudern: Entspannt losrudern können nur diejenigen, die mindestens schon einmal mit ihrem Boot gekentert sind.

Inzwischen kann ich auch viel besser einschätzen, ob meine Bemerkungen jemanden nur reizen oder gleich aus der Fassung bringen werden. Aus der Fassung bringen möchte ich eigentlich niemanden, aber reizen sollten wir unsere Gesprächspartner schon, denn sie haben ein Recht darauf, nicht von uns gelangweilt zu werden.

> Überwinden Sie Ihre Angst – dann ist selbst ein aussichtsloses Bewerbungs-gespräch zu etwas nutze!

Wem es zu anstrengend ist, sich zusätzlich zu seiner echten Jobsuche auch noch auf andere Stellen zu bewerben, der sollte wenigstens die Situation nutzen, wenn er während eines Bewerbungsgesprächs merkt, dass er den Job sowieso nicht bekommt. Viele Menschen ärgern sich im Nachhinein, dass sie trotz deutlicher Ablehnung bis zum Schluss höflich geblieben sind. Insbesondere, wenn das Gespräch nicht auf Augenhöhe geführt wurde und ein deutliches Wort dabei geholfen hätte, das Gleichgewicht wiederherzustellen.

SO NUTZEN SIE IHRE CHANCEN, WENN SIE KEINE MEHR HABEN

Fähige Menschen erkennen sofort, wer kompetent und zuverlässig ist, sie müssen das nicht erst prüfen. Die Herausforderung beim Bewerben ist also, sich den Prüfungen zu verweigern und das Kennenlernen zu ermöglichen. Doch das gegenseitige Kennenlernen gestaltet sich mit jedem potenziellen Arbeitgeber anders und lässt sich daher auch nicht üben. Dennoch finden Sie im Folgenden fünf Tipps für eine erfolgreiche und vor allen Dingen amüsantere Bewerbung.

ERSTER BEWERBUNGSTIPP
Seien Sie direkt

Viele Menschen halten es für unhöflich, die eigenen Wünsche direkt zu thematisieren. Deshalb besuchen zum Beispiel Selbstständige Kurse, um Tipps für die Akquise zu erhalten, also für das Ansprechen von potenziellen Auftraggebern bei Partys, Messen und Premieren. So wollte eine Maskenbildnerin von mir wissen, wie sie bei einer Premierenfeier mit einem Regisseur ins Gespräch kommen könnte, für den sie gerne arbeiten würde. Welche Themen, welche Bemerkungen über seinen Film, welches Lob und welche Schmeichelei wären geeignet, um seine Sympathie zu gewinnen? Meiner Ansicht nach kann der Regisseur auf das zehnte Lob an diesem Abend sicherlich verzichten, außerdem ist es kontraproduktiv, einen Menschen in ein Gespräch zu verwickeln, um dann erst über Umwege auf sein eigentliches Anliegen zu sprechen zu kommen. Zumal ein Regisseur sich bestimmt denken kann, was eine Maskenbildnerin, die ihn bei einer Premierenfeier anspricht, von ihm möchte.

Es ist für alle Beteiligten angenehmer, direkt und schnörkellos auf sein Ziel loszugehen. Wäre ich die Maskenbildnerin, würde ich dem Regisseur Folgendes sagen: »Hallo, ich heiße … Ich bin Maskenbildnerin und würde sehr gerne für Sie arbeiten.«

Jetzt kann der Regisseur sich überlegen, ob er mehr über die Person erfahren möchte oder nicht.

Direktheit hinterlässt Eindruck und ist vor allen Dingen nicht aufdringlich!

Wenn jemand bereit ist, direkt auszusprechen, was er möchte, braucht er auch nicht lange zu überlegen, wie er sein Anliegen am besten verpacken könnte, sondern kann einfach loslegen. So hat etwa ein Illustrator und Grafiker auf der Frankfurter Buchmesse einen bekannten Verleger folgendermaßen angesprochen: »Ich finde Ihre Zeitschrift und Ihre Bücher toll, und ich würde wirklich sehr gerne für Sie illustrieren.« Unangenehm wird ein Gespräch meist erst dann, wenn jemand versucht, seinen Wunsch irgendwie zu verschleiern, es aber womöglich gar nicht schafft, zum eigentlichen Thema vorzudringen.

In dem Film *Kramer gegen Kramer*, einem Scheidungs-drama (USA, 1979), spielt Dustin Hoffmann Ted Kramer, einen Vater, der um das Sorgerecht für seinen Sohn Billy kämpft. Als die Verhandlungen darüber anstehen, verliert er seinen Job – eine Katastrophe, denn die damalige Gesetzgebung in den USA besagte, dass ein Mann ohne geregelte Arbeit keine Chance auf das Sorgerecht für sein Kind hatte. Ted Kramer bewirbt sich also, aber jeder spürt seine Nervosität, und niemand will ihn. Der Gerichtster-min rückt näher. Eines Nachmittags sitzt er wieder einem Chef gegenüber, und der will ihn loswerden: »Wir melden uns, wenn wir eine Entscheidung getroffen haben.« Da verliert Ted Kramer die Nerven und ruft: »Geben Sie mir den Job! Ich brauche ihn.« Und er bekommt ihn.

Das funktioniert nicht nur im Film. 2002 war ein sehr schlechtes Jahr für freie Werbetexter. In sämtlichen Berli-ner Agenturen lag meine Textermappe, und immer ver-sprach man mir, mich anzurufen, wenn man einen Job für mich hätte. Natürlich erhielt ich nie einen Anruf. Etliche Male am Tag stellte ich die Frage »Braucht Ihr Unterstüt-zung, ich habe gerade Kapazitäten frei«. Eines Tages war mir schließlich alles egal. Ich rief bei einer großen Agentur an und fragte nach dem Chef. »Was willst du von ihm?«, meinte die Sekretärin. »Das kann ich ihm nur selbst sagen«, antwortete ich. Als sich der Agenturchef meldete, sparte ich mir jede Vorrede: »Ich brauche dringend Geld. Gib mir Arbeit. Ich muss nicht einmal unbedingt texten, ich putze auch.«

Prompt wurde ich für mehrere Wochen gebucht. Doch selbst wenn mich der Agenturchef abgewiesen hätte, hätte ich mitnichten meine Würde verloren. Denn nur eine Schwäche, die man zu verbergen versucht, ist eine Schwäche. Eine offen angesprochene Not verdient immer Respekt. Weil ich zugegeben hatte, wie es wirklich um mich stand, war ich auch nicht mehr angreifbar.

Der Berliner Logistikunternehmer und Millionär Klaus Zapf erzählte in einem Interview, wie er seine jetzige Frau kennengelernt hat: Eines Tages stolperte er in einer Zeitung über eine Anzeige: »Suche Millionär zwecks Heirat«. Diese Anzeige habe ihn sehr beeindruckt, erklärte er, die Frau, die so unverblümt und direkt äußerte, was sie sich wünschte, wollte er unbedingt treffen. Also schrieb er ihr: »Ich glaube, ich bin der Richtige für Sie«, dazu Name und Telefonnummer. Nach dem dritten Treffen rief sie ihn an und fragte, ob er sie heiraten wolle. Auch Klaus Zapf war direkt. »Gut, wenn du mich nicht nervst und die Verantwortung für deine Freizeitgestaltung selbst übernimmst.«

Kann ein Geschäftsführer, Manager, Produzent, Abteilungsleiter oder Millionär nicht mit Ihrer Direktheit umgehen? Sein Problem!

ZWEITER BEWERBUNGSTIPP
Geben Sie sich, wie Sie sind

Der Ausspruch Goethes »Man spürt die Absicht und ist verstimmt« beschreibt das Gefühl, das sich meist einstellt, wenn jemand bei einem anderen erkennt, dass dieser auf eine bestimmte Art und Weise auf ihn wirken will: locker, kompetent, souverän, seriös, geschäftstüchtig oder geistreich. Das Absichtsvolle ist schwerer zu ertragen als jede noch so schlechte Laune, wenn sie dem wirklichen Wesen eines Menschen entspricht. Aus der ehrlichen Selbstdarstellung ergibt sich wenigstens ein echter Kontakt, und darum sollte es ja zwischen den Menschen gehen, auch bei Bewerbungen.

Authentisches Benehmen kann kein Marketingtool sein.

Aus diesem Grund sind auch die geschulten Telefonkräfte mancher Unternehmen so unangenehm. Jeder ahnt hinter dem überfreundlichen und korrekten »Hier ist Susanne Müller, vielen Dank für Ihren Anruf, was kann ich für Sie tun« die Knute des Marketingleiters, der jeden sofort feuert, der beim Telefonieren nicht positiv genug klingt.

Wer sich bewirbt, sollte sich bewusst sein, dass der gezielten Manipulation des eigenen Auftretens Grenzen gesetzt sind und einem oftmals genau dann, wenn man die Kontrolle über sich verliert, Wohlwollen entgegenschlägt.

Wie zum Beispiel dem Schriftsteller Peter Wawerzinek. Bei der Verleihung des Ingeborg-Bachmann-Preises 2010 in Klagenfurt war er sicher nicht auf kontroverse Diskussionen aus. Aber als die Jury seinen Roman *Rabenliebe* über seine Kindheit in der DDR kritisierte, hat er jede – normalerweise bei so einem Anlass gebotene – Zurückhaltung fallen gelassen und der Jury widersprochen. Als Begründung dafür, dass er sich nach seiner Lesung in die Jurydebatte eingeschaltet hat, meinte Peter Wawerzinek: »Ich bin nicht das Lamm auf der Schlachtbank.« Wenn er attackiert werde, müsse er sich doch wehren dürfen, fügte er hinzu. Dabei weiß jeder, dass der Autor, der sich mit der Jury anlegt, seine Chancen auf den Preis verspielt, auch Peter Wawerzinek wird das gewusst haben. Dennoch hat er den Ingeborg-Bachmann-Preis bekommen.

Wer sich einmal hat gehen lassen, dem kann nur noch wenig passieren.

Verhalten, das ganz ohne Berechnung an den Tag gelegt wird, kann sicherlich irritieren oder stören, aber wirklich kritisiert werden kann es nicht. Sogar wenn die Person selbst mit ihrer unfreiwilligen Entgleisung nicht zufrieden ist. Ein gutes Beispiel hierfür ist ein Treffen von Ralf Schmerberg mit einer Marketingchefin einer afrikanischen Telefonfirma. Wie immer, wenn er sein Talent für kommerzielle Zwecke einsetzen muss, war er auch diesmal nervös, denn er befürchtete vorab bereits, sich in seine Ideen reinreden lassen zu müssen und nicht verstanden zu werden. Da er sich keinesfalls verbiegen wollte, wäre er eher bereit, den Job nicht anzunehmen, als irgendetwas zu produzieren, das ihm nicht entspricht. Das Gespräch mit der afrikanischen Geschäftsfrau hatte kaum begonnen, da ging Schmerberg aufgrund seiner Befürchtungen bereits auf Konfrontation. Sein Agent zerrte ihn schnell nach draußen und ermahnte ihn: »Spinnst du, die Frau ist ein echter Fan von dir und hat sich gefreut, dich zu treffen. Sie will dir für deinen Film vollkommen freie Hand lassen, und du bist so unhöflich zu ihr.« Ralf war sein Verhalten daraufhin so unangenehm, dass er sich, als er wieder im Konferenzraum saß, geschlagene zwei Minuten bei ihr entschuldigte.

Seine zukünftige Auftraggeberin hatte damit viel von seinem Wesen kennengelernt, seine Befürchtungen, seine aufbrausende Art, seine Zerknirschtheit, sein schlechtes Gewissen, seine Empfindsamkeit. Und sie nahm seine Entschuldigung an.

Sind Sie jähzornig, ungeduldig und wehleidig?
Geben Sie sich keine Mühe, das zu verbergen.

In einem Coachinggespräch wurde Dr. Jürgen Stepien von einem Professor gefragt, wie er sich in Bewerbungsgesprächen besser verkaufen könne. Denn er wollte an eine renommiertere Universität wechseln und hatte gehört, dass an dieser Uni Lehrende mit einer gewissen Autorität bevorzugt würden. Daher wollte er von dem Psychologen wissen, wie er sich eine gewisse Härte antrainieren könne. Jürgen Stepien aber riet ihm, sich besser nicht zu verstellen: »Das ist Quatsch und funktioniert sowieso nicht. Irgendwann fliegt es auf, wie Sie wirklich sind, dann können Sie es auch von Anfang an zeigen.«

Sich beim Bewerben so zu benehmen,
wie es einem entspricht,
macht mehr Spaß, als zu gefallen.

Es ist kein glücklicher Zufall, dass Ralf Schmerberg der afrikanischen Geschäftsfrau sympathisch war. Schmerberg hat für viele große Unternehmen in Deutschland und Europa Werbefilme gedreht, und die meisten Vorstandsmitglieder schätzen seine Gesellschaft. Denn er verstellt sich nicht für sie, und das ist ungewöhnlich, viele vermissen es sogar. Gerade wer sich in hierarchischen Strukturen ganz oben bewegt, erlebt in seiner Umgebung in puncto zwischenmenschlichem Kontakt wenig Aufrichtigkeit. Die Mächtigen dieser Welt sind umringt von Menschen, die sich von ihnen abhängig fühlen und auch dementsprechend benehmen. Aber nur wer frei agiert, schenkt auch dem anderen die Freiheit, sich so zu geben wie er wirklich ist.

DRITTER BEWERBUNGSTIPP
Gehen Sie einen Schritt zu weit

Je schlimmer der Job, desto mehr Wert wird auf die Einhaltung bestimmter Regeln gelegt: Wenn die Arbeitsbedingungen schon fast Sklaverei zu nennen sind, werden winzige Vergehen, wie Zuspätkommen, Kundenkeksenaschen, Telefonieren auf Firmenkosten oder Ähnliches oftmals besonders schwer geahndet.

> *Strenge Regeln sind oft ein Indiz für wenig Respekt.*

Oberstes Gebot in jedem Bewerbungsgespräch ist daher, auszutesten, wie hoch die Toleranzgrenze des Arbeitgebers ist. Ist sie zu niedrig, spricht das gegen den Job.

Das Austesten der Toleranzgrenzen lässt sich jedoch nur in der Praxis trainieren. Aus diesem Grund ist es wichtig, sich oft zu bewerben – auch in Branchen und Unternehmen, die als Arbeitgeber gar nicht wirklich in Frage kommen. Wenn Sie zu einem Bewerbungsgespräch eingeladen werden, sollten Sie austesten, wie weit Sie gehen können, bevor Sie rausgeworfen werden. An dem Punkt, an dem Sie kurz vor einem Rausschmiss stehen, ist Ihre Performance am besten, das ist ein Naturgesetz.

So habe ich zum Beispiel den Chef einer Werbeagentur damit schockiert, dass ich zugab, dass ich schon acht Stunden Arbeit am Tag zu viel finde. Und die Marketingleiterin einer Modefirma reagierte irritiert, als ich gestand, dass ich mich nicht für Mode und Make-up interessiere. Beide Gespräche endeten dennoch damit, dass ich interessante Projekte angeboten bekam.

Lautet die Antwort einer Lektorin bei einem Bewerbungsgespräch mit dem Verleger auf die Frage nach ihrer Lieblingslektüre: »Ich freue mich jeden Monat auf die neue Ausgabe des *Lustigen Taschenbuchs*«, überrascht das. Erwarten würde jeder sicherlich Autoren wie Hermann Hesse oder Franz Kafka, aber genau diese Antworten hat der Verlagschef sicherlich schon Dutzende Male gehört.

In den 1960er-Jahren beeindruckte der Maler Friedensreich Hundertwasser sein Publikum in Wien und in München dadurch, dass er zu seinen Vorträgen zum Thema Umweltschutz nackt erschien. Es war der Anfang seiner Karriere.

VIERTER BEWERBUNGSTIPP
Forderungen machen attraktiv

Wer viel fordert, wirkt automatisch so, als habe er auch ein Recht auf seine Forderungen. Geben Sie sich in einem Bewerbungsgespräch daher lieber anspruchsvoll, statt Ihre Fähigkeiten anzupreisen. Denn für Ihren zukünftigen Arbeitgeber wird die logische Schlussfolgerung aus diesen Ansprüchen sein, dass Sie über außergewöhnliche Fähigkeiten verfügen müssen. Das funktioniert besser, als wenn Sie ihn durch Eigenlob überzeugen wollen.

Dominique Le Parc riet einer Managerin mit Karriereabsichten: »Zeigen Sie deutlich, was Sie wollen. Sie möchten ein eigenes Büro, flexible Arbeitszeiten, einen Chauffeur? Dann sagen Sie es. Ohne Begründung, aber auch ohne Anspannung. Wenn Sie es gesagt haben, müssen Sie gehen, denn dann ist der andere am Zug. Sie müssen keine Angst haben, dass Ihre Forderungen überzogen sind, denn darum geht es im Geschäftsleben nicht.«

Weiter meint Le Parc: »Es ist doch alles ein Spiel, ein mehr oder weniger subtiles Messen von Kräften und Bedürfnissen, aber viele verstehen nicht, dass es so ist, und können daher auch nicht alles aus diesem Austausch herausholen. Wer etwas fordert, stellt seine eigenen Spielregeln auf und verlässt die Rolle des Bittstellers. Er wird dadurch zum potenziellen Partner.«

Die Spannungen, die mit dem Fordern einhergehen, muss man natürlich aushalten können – eine wichtige Eigenschaft für das Berufsleben.

Selbstverständlich gibt es auch Personaler und Chefs, die Gespräche auf Augenhöhe nicht wünschen, sich gar von geäußerten Ansprüchen provoziert fühlen, aber in der Regel haben die auch keine Traumjobs zu vergeben.

FÜNFTER BEWERBUNGSTIPP
Gehen Sie lieber ein Bier trinken,
als Bewerbungen zu schreiben

Zahlreiche Untersuchungen in England und Deutschland haben es ans Licht gebracht: Wer in Studienzeiten viel auf Partys geht und mit Freunden Bier trinkt, hat später die besseren Jobchancen. Das ist eigentlich auch logisch, denn vieles ergibt sich aus Beziehungen. Die eigene Firma wird mit dem besten Kumpel gegründet, einen großen Auftrag bekommt man durch die Empfehlung einer guten Freundin, ins Team hole ich mir als Abteilungsleiter lieber jemanden, den ich schon kenne, als jemanden, von dem ich nur die Bewerbungsunterlagen vor mir liegen habe.

Der Juniorchef einer alteingesessenen Berliner Unternehmensberatung scheiterte genau an diesem Phänomen. Er hatte von seinem Vater, dem Gründer des Büros, erstmals die ganze Verantwortung für ein Projekt übertragen bekommen, und tatsächlich war es ihm gelungen, im Kampf um den Auftrag einer Berliner Tageszeitung alle Mitbewerber auszustechen – bis auf einen. Zwei Unternehmensberater warteten also gespannt darauf, dass der Chefredakteur der Zeitung sich zwischen ihnen entscheiden würde. Doch er tat es nicht. Der Vater setzte den Sohn in der Folge unter Druck, riet ihm, sich noch mehr zu bemühen, neue Vorschläge zu unterbreiten, nachzufragen … Der Sohn tat alles, was der Vater empfohlen hatte, doch nach quälenden drei Wochen bekam der Konkurrent den Auftrag. Und wieso? Der Chef der anderen Unternehmensberatung hatte offenbar geahnt, dass die ausbleibende Entscheidung gar nichts mit der Qualität der Vorschläge zu tun hatte, sondern dass sich der Chefredakteur schlicht und einfach nicht entscheiden konnte. Also passte er diesen eines Abends vor dem Redaktionsgebäude ab und ging mit ihm ein Bier trinken.

Diese Art von Netzwerkpflege betreiben Männer häufiger als Frauen. Frauen setzen oft zu viel auf Fleiß und Können, was in der Regel aber bei Entscheidungen zweitrangig ist. So fand Claudia Laubstein in ihrer Studie über soziale Netzwerke von Männern und Frauen heraus, dass Frauen, welche sich um Führungspositionen bewerben, immer dann besonders im Nachteil sind, wenn die Vergabeverfahren intransparent und nicht formal sind. Mit anderen Worten, wenn Posten unter der Hand verteilt werden, gehen sie an Männer, die sich kennen, Frauen haben da keine Chance. Werden die Vergabeverfahren streng formalisiert, wird dieser Nachteil der fehlenden Beziehungen ausgeglichen. Dies ist jedoch selten der Fall.

In der bekannten und von vielen Sozialforschern aufgegriffenen Studie *Getting a job* konnte der Verfasser *Mark Granovetter* aufzeigen, dass nicht die nahen, engen Beziehungen bei der Jobsuche nützlich sind, sondern eher die unverbindlicheren. Das heißt also, dass nicht die Menschen, die mit Verwandten, Nachbarn und guten Freunden regen sozialen Austausch pflegen – also Frauen –, sondern die, welche die lockeren Kontakte – Bier trinken mit Kollegen und Bekannten aus der Branche – nicht vernachlässigen, irgendwann die besser bezahlten Jobs haben.

SCHLECHTES BENEHMEN ALS ANGESTELLTER

>»Machen Sie sich erst einmal unbeliebt, dann werden Sie auch ernst genommen.«
>Konrad Adenauer

In seinem Buch *Outliers* (2008) analysiert der Autor Malcolm Gladwell unter anderem Flugzeugabstürze mit Todesfolge. Als Outliers werden in Statistiken die Ausreißer aus der Normalverteilung aller jeweilig erhobenen Daten bezeichnet. Von der Untersuchung dieser Ausreißer erhofft man sich Erkenntnisse über die Gesetzmäßigkeiten des Gesamtphänomens wie zum Beispiel Geburtenverteilung, Schuhgrößen und eben Flugzeugabstürze.

Der Outlier, wenn es um die Anzahl von Flugzeugabstürzen geht, ist die südkoreanische Fluggesellschaft Korean Air. Flugzeuge dieser Airline haben besonders viele Unfälle mit besonders vielen Toten. Die Erforschung dieser Unfälle brachte die wichtigste Ursache von Flugzeugabstürzen überhaupt zutage: Kommunikationsschwierigkeiten. In Krisensituationen ist es nämlich von entscheidender Bedeutung, sich deutlich und unmissverständlich ausdrücken zu können. Und genau das fällt Koreanern offenbar besonders schwer. Denn in der koreanischen Kultur hat der Respekt vor dem Vorgesetzten oberste Priorität. Den Chef oder eine andere Autoritätsperson zu kritisieren, kommt einer Beleidigung gleich. So kann ein Kopilot während des Landeanfluges beispielsweise niemals zum Piloten sagen: »Du hast vergessen die Landeklappen auszufahren.« Er muss vielmehr versuchen, ihn indirekt auf sein Versäumnis aufmerksam zu machen: »Es ist ganz schön windig, nicht? Seltsam, so kam mir das gerade eben aber noch nicht vor. Wo kommt der plötzliche Wind wohl her?« Bis der Pilot aber bei dieser Taktik endlich schnallt, worauf sein Kopilot hinauswill, ist das Flugzeug schon auf die Landebahn gekracht.

Seien Sie respektlos - Ihrem Chef zuliebe!

Zu viel Respekt kann also das Leben kosten, und in den Fällen, wo er nicht das Leben kostet, nervt er. Jeder kennt das Phänomen: Mitarbeiter, die sich zu sehr anpassen, reizen ihre Vorgesetzten geradezu zu einer ungerechten oder sogar grausamen Behandlung. Respektlose Angestellte sind für einen Chef da viel angenehmer. Schließlich sieht ein Vorgesetzter seine Untergebenen jeden Tag viele Stunden lang und kann sich nicht ständig über sein Verhalten Gedanken machen. Das ist genauso wie zu Hause, wo man auch nicht darüber nachdenken möchte, was man tut oder sagt. Schließlich kann man sich ja darauf verlassen, dass die anderen Familienmitglieder protestieren, wenn man zu unverschämt wird.

Setzen die Angestellten ihrem Chef keine Grenzen, wird er unweigerlich zu weit gehen – und sich anschließend vielleicht sogar deswegen schämen. Um sich von seinen Schuldgefühlen zu befreien, wird der Chef sich einreden, dass die Angestellten es nicht anders verdient haben. So funktioniert eben die menschliche Psyche. Es ist also eigentlich die Pflicht jedes Angestellten, seinem Chef diese Gewissenspein zu ersparen!

In den 1990er-Jahren hatte ich in Berlin einen Studentenjob in einem indischen Imbiss. Als einzige deutsche Mitarbeiterin wurde ich vom Chef gesiezt und ausgesprochen höflich behandelt. Die Köche aus Sri Lanka allerdings litten unter seiner aufbrausenden Art, aber sie wagten es nicht, zu widersprechen oder sich zu wehren, denn dazu waren sie zu abhängig von ihm: durch ihn hatten sie Arbeit und durch die Arbeit eine Aufenthaltserlaubnis. Außerdem war der Chef noch ihr Vermieter und zahlte die Versicherungen für ihre Autos.

Es gab nur einen Mann, der dem Chef Kontra gab, er war intelligent und stolz. Niemand hätte sich getraut, ihm im Kommandoton einen Befehl zu erteilen. Er versteckte auch seine schlechte Laune nicht, wenn er welche hatte, oder seine Abneigung gegen manche Gäste des Restaurants. Dafür wurde er von den anderen Mitarbeitern bewundert und von seinem Chef respektiert, mir schien sogar, dass der Chef am liebsten gerade mit diesem Mann zusammenarbeitete.

Sich anzupassen führt dazu, dass man sich klein fühlt.

Ich habe den tamilischen Koch damals gefragt, ob er denn keine Angst habe, seinen Arbeitsplatz zu verlieren. Und er meinte: »Darauf kommt es nicht an. Man darf sich nicht von der eigenen Angst unterkriegen lassen. Wie schlimm die Folgen auch sein können, denk nicht daran und handle so, wie du es für richtig hältst.«

Von ihm habe ich gelernt, dass man sich immer so verhalten sollte, als bestünde die Abhängigkeit zwischen Arbeitgeber und Arbeitnehmer nicht. Irgendwann wird auch der Arbeitgeber diesen Umstand vergessen und davon ausgehen, dass sein Angestellter sich so selbstbewusst benimmt, weil ihm auch andere Optionen offenstehen.

Selbstbewusstes Auftreten als Angestellter signalisiert Freiheit und Unabhängigkeit.

Als ich bei einer großen Berliner Werbeagentur vom Kreativchef für einen umfangreichen Auftrag gebucht wurde, hatte dieser schon drei Texter rausgeworfen. Mir war also klar, dass dies kein leichter Job sein würde. Die Arbeit war dann auch sehr anstrengend, jedes Wort wurde vom Kunden gedreht und gewendet, teilweise musste bis spät in die Nacht an einem einzigen Absatz gefeilt werden. Nach einer solchen Nacht fand eines Tages morgens ein Kundenmeeting statt. Als ich nach der zweieinhalbstündigen Sitzung den Kreativchef aus dem Konferenzraum kommen sah, fragte ich ihn: »Und, was sagt der Kunde?«

»Alles Scheiße, du musst alles noch mal neu texten.«

»Wie? Was genau hat ihm denn nicht gefallen?«

»Ist jetzt egal. Ich muss weg. Heute Abend habe ich deine neuen Texte auf dem Tisch.«

Ich ging zurück an meinen Schreibtisch, ich war entnervt und müde. Was genau sollte ich ändern, welche Texte waren schlecht gewesen? Offenbar hatte ich wie die drei anderen Texter vor mir versagt. Doch musste ich mich deswegen so behandeln lassen? Immerhin hatten der Kreativchef und ich mehrere Nächte zusammen vor einem Rechner gesessen. Kurzerhand schrieb ich ihm einen Zettel, legte ihn für alle sichtbar auf meinen Schreibtisch und ging nach Hause. Am nächsten Morgen rief der Kreativchef an und entschuldigte sich. Danach war ich die einzige Texterin in der ganzen Abteilung, die er nicht ständig kritisierte und der er nicht mit Rauschmiss drohte. Und beim nächsten Auftrag wurde ich wieder gebucht. Das alles aber nur wegen des Zettels. Darauf hatte ich geschrieben. »Lieber Daniel, wenn du kein Arschloch mehr bist, kannst du mich ja anrufen. Rebecca.«

Wieder einmal empfiehlt sich der Vergleich zwischen einer Liebes- und einer Arbeitsbeziehung: Eine Beziehung mit einem Mann oder einer Frau muss von Anfang an gestaltet werden, es dürfen sich auf keinen Fall eigentlich inakzeptable Verhaltensweisen etablieren. Viele verliebte Menschen vertrösten sich aber dummerweise damit, dass sie den Partner erst besser kennen müssen, um den Mut und die Sicherheit zu haben, ihm zu sagen, was ihnen nicht gefällt. Doch dann ist es leider meist schon zu spät: Wer sich einmal hat beschimpfen oder schlagen lassen, wird auch in Zukunft beschimpft beziehungsweise geschlagen werden. Genauso ist es auch im Bereich Arbeit: Wer glaubt, dass er sich gegen eine unliebsame Behandlung wehren wird, wenn er nur erst einmal die Probezeit überstanden hat, der macht sich etwas vor.

Denn auch wenn der Chef nicht mit Ihrer Offenheit umgehen kann, müssen Sie sich keine Sorgen machen. In ihrem Blog machte sich die 32-jährige Angestellte Heather Armstrong aus Salt Lake City nach Feierabend über ihren Chef lustig, bis sie von einem ihrer Kollegen an den Chef verraten wurde – sie flog natürlich sofort raus. Heather wurde depressiv und begann zu trinken, schrieb aber weiter. Über ihre Depressionen, ihren Alkoholkonsum, über die unerfreulichen Seiten des Mutter-Daseins. Die Klicks stiegen auf über 500 000 pro Monat. Bald ließ sie Werbung auf ihrer Website schalten, und ein Jahr später kündigte ihr Mann seinen Job, um sich ausschließlich um die Verwaltung der Werbeeinnahmen kümmern zu können.

Wer am freundlichsten ist,
hat am meisten Angst.

Dominique Le Parc sprach im Rahmen einer Analyse für eine weltweit tätige Reederei mit Hafenarbeitern. Ein Vorarbeiter erklärte ihm: »Schauen Sie genau hin, wer hier am freundlichsten und fröhlichsten ist. Es sind die Afrikaner, die hier arbeiten, ohne Versicherung und ohne Garantie. Wer bei uns am meisten lacht, hat am meisten Angst.«
»Die größte Aufgabe scheint es heute zu sein, die Angst, seinen Arbeitsplatz zu verlieren, zu überspielen, dabei wird diese Angst immer größer«, stellt Le Parc fest. »Deswegen gibt man sich nicht nur manierlich, nein – und das ist das

Schlimmste daran –, man gibt vor, es wäre die eigene Entscheidung, so übermanierlich zu sein. Schlechtes Benehmen wäre also heute, diese Konvention zu brechen und seine Angst zu benennen, denn das ist der einzige Weg, sie loszuwerden.«

Wir sind keine Afrikaner ohne Arbeitserlaubnis, die abgeschoben werden, wenn sie nicht lachen oder fröhlich sind. Wir können es uns zum Glück leisten, am Arbeitsplatz schlecht gelaunt, kapriziös, schwierig und anstrengend zu sein. Ruppigkeit ist nämlich in vielen Fällen die einzige Möglichkeit, die Gleichberechtigung wiederherzustellen. Nicht zuletzt macht schlechtes Benehmen beliebt bei Kollegen – denn nichts ist so unterhaltsam wie ein Mitarbeiter, der genau das tut und sagt, was man sich selbst den lieben langen Tag verkneift.

Vier Regeln, die Sie im Joballtag unbedingt befolgen sollten:

ERSTE REGEL
Seien Sie niemals zu fleißig

>*Fremder Arbeitseifer ist immer ärgerlich:*
>*Er ist uns entweder Konkurrenz*
>*oder Vorwurf.«*
>Gabriel Laub, Journalist und Schriftsteller

Viele Menschen sind davon überzeugt, dass sie sich Einkommen und Wohlwollen ihres Chefs und ihrer Kollegen sichern können, wenn sie sich anstrengen. Das ist falsch! In ihrem Bestseller *Die Entdeckung der Faulheit* beschreibt die französische Volkswirtin und Journalistin Corinne

Maier, dass nicht derjenige seinen Job behält, der sich am meisten engagiert, sondern derjenige, der es versteht, sich den Büroalltag so angenehm wie möglich zu gestalten. Dieses Paradoxon ist in vielen Branchen und in vielen Unternehmen zur Wahrheit geworden. Und je abstrakter die Stellenbeschreibung, umso weniger ist der Beitrag zum Unternehmensgewinn messbar – das heißt, wer einen Posten innehat, unter dem sich die meisten Menschen nichts vorstellen können (Key Account Manager oder Ähnliches), sollte sich bewusst sein, dass in diesem Fall nicht nur fachliches Können, sondern auch die Kunst, sich zu verkaufen beziehungsweise mit den richtigen Leuten mittagessen zu gehen, gefragt ist.

Eigentlich eine Banalität, über die nur Berufsanfänger stolpern: Bei ihrer ersten Festanstellung war die Büroangestellte Ute Laub noch erstaunt darüber, dass so viele Mitarbeiter private Dinge im Büro erledigten. Einer ihrer Kollegen plauderte den ganzen Tag mit anderen, brannte Musik-CDs, führte private Telefongespräche … Irgendwann gab es auch für den Kunden, für den sie zuständig war, nichts mehr zu tun, also fragte sie ihren Chef nach einer neuen Aufgabe. Das rächte sich jedoch, denn er beschloss, dass sie, da offenbar unterbeschäftigt, überflüssig sei. Ihr wurde also gekündigt, ihrem faulen Kollegen nicht.

Dieser Fehler passierte ihr jedoch kein zweites Mal. Als sie in einem Münchner Unternehmen als Freelancerin die Korrespondenz eines Pharmakonzerns betreuen sollte, hatte sie bereits nach zwei Tagen den ersten Stapel abgearbeitet. Ihr Kollege, der mit ihr im selben Büro saß, behauptete erstaunt, der Chef habe dafür einen Monat gebraucht. Anstatt nun aber weiterhin besser zu sein als der Chef, arbeitete sie langsamer. Die Folge: sie wurde sechs Wochen lang für eine Arbeit bezahlt, die sie leicht in einer Woche hätte erledigen können.

Fleißige Menschen bringen alles durcheinander.

Gerade in großen Unternehmen ist es zwecklos, das System aus Faulheit und Gleichgültigkeit ändern zu wollen, das sich dort eingeschlichen hat. Das wäre eine aussichtslose Anstrengung und macht außerdem unbeliebt.

ZWEITE REGEL
Seien Sie genauso schlimm wie der Chef oder die Kollegen

Es gibt viele psychologische Tricks, die sich im Umgang mit mobbenden Vorgesetzten, groben Kollegen oder schwierigen Jugendlichen bewährt haben, leider fallen einem diese meist in der Hitze des Gefechts nicht ein. Ein einfaches, leicht zu merkendes Mittel ist es, in solchen Fällen einfach den anderen zu spiegeln, also Gleiches mit Gleichem zu vergelten.

Reagieren Sie auf Beleidigung mit Beleidigung, auf ordinäre Bemerkungen mit ordinären Bemerkungen, setzt jemand Sie herab oder macht Sie lächerlich, dann setzen Sie ihn ebenfalls herab und machen ihn lächerlich. Damit begeben Sie sich auf das Niveau Ihres Angreifers, was bedeutet, dass er sich nicht schlecht fühlen muss und Ihre Beziehung nach dem Schlagabtausch wieder neu aufgebaut werden kann.

Korrektes Verhalten ist
kompliziertes Verhalten.

Eine Seminarteilnehmerin hatte einen neuen Job in einer Unternehmungsberatung. Weil sie sich um ihre zum Großteil männlichen Kollegen bemühen wollte, ging sie mit ihnen regelmäßig mittagessen, doch musste sie dabei feststellen, dass alle ihre Gesprächsbeiträge lächerlich gemacht wurden. Gesellschaftliche und kulturelle Themen wurden abgelehnt, lieber ergingen sich die Kollegen in sexistischen Bemerkungen. Die Frau vermied daraufhin das gemeinsame Mittagessen, fürchtete aber, dass sie sich damit auf Dauer vom Kollegenkreis ausschloss. Andere Seminarteilnehmer schlugen diverse Lösungen vor: sie solle sich beim Vorgesetzten beschweren oder wenigstens einem Kollegen in der Büroküche gestehen, dass das Verhalten der anderen sie verletzte und so weiter. Alles gut gemeinte, aber wenig hilfreiche Vorschläge. Denn damit würde sie sich nur einen Ruf als schwierige und humorlose Kollegin schaffen. Ich riet ihr daher, die Männer in ihrer Unverschämtheit zu übertreffen und scharf zurückzuschießen, selbstverständlich sollte sie dabei lachen und so tun, als würde sie gar nicht begreifen, was sie sagt. So würde bei ihren Kollegen der Eindruck geweckt, dass sie jeder Beleidigung gewachsen sei und sich sogar schon auf die nächste freue.

Leider entschied sich meine Seminarteilnehmerin dafür, sich einem Kollegen in der Büroküche anzuvertrauen. Das Ergebnis war genau so, wie ich es vorausgesagt hatte: Daraufhin wollte keiner der Kollegen mehr mit ihr die Mittagspause verbringen.

DRITTE REGEL
*Besser, es wird schlecht über
einen geredet als gar nicht*

Über Menschen, die wir heimlich bewundern, regen wir uns auf. Über Leute, die uns gleichgültig sind, verlieren wir normalerweise kein Wort. Mitarbeiter sprechen über einen Kollegen, wenn er ihnen zu offen, zu laut, zu selbstbewusst, zu sehr von sich eingenommen, zu kontrollierend, zu rechthaberisch ist – und wie dergleichen Vorwürfe noch lauten können, wenn jemand etwas Besonderes kann oder tut. Marcel Reich-Ranicki riet einmal Elke Heidenreich auf dem Kölner Literaturfestival lit.cologne: »Wenn Sie keine Feinde wollen, dann hätten Sie etwas Normales werden müssen wie Steuerberater oder Hebamme.«
Daher: Wenn Sie mitbekommen, dass über Sie gesprochen wird, sollten Sie sich nicht schämen, sondern stolz sein. Dieser souveräne Umgang mit dem Tratsch der Kollegen wird sicher den einen oder anderen noch mehr reizen, aber die allermeisten werden Sie dafür schätzen.

VIERTE REGEL
Niemals entschuldigen!

Man kann Fehltritte noch schlimmer machen, indem man sich für sie entschuldigt. In Auseinandersetzungen geht es seltener um den angeblichen Stein des Anstoßes. Vielmehr steht eine Neujustierung von Machtverhältnissen im Vordergrund, bei der eine voreilige Entschuldigung einer Kapitulation gleichkäme.
Entschuldigt sich Kate Moss, wenn sie fünf Minuten zu spät

zum Interview kommt? Oder Helmut Schmidt, wenn er sich in der Zeit-Redaktion eine Zigarette anzündet? Oder der Fußballspieler Youssef Mohamad, nachdem er seinen Gegner »notgebremst« hat und dafür den schnellsten Platzverweis in der Geschichte der Bundesliga kassiert hat?

FÜNFTE REGEL
Sich selber loben

Natürlich haben wir gelernt, dass wir bescheiden warten sollen, bis wir nach unseren Leistungen gefragt werden. Doch wie sollen die anderen von unseren Qualitäten erfahren, wenn wir sie nicht darauf aufmerksam machen? Manche versuchen, ihren Ruf als bescheidene Menschen zu retten, indem sie krampfhaft Situationen herstellen, in denen die Leute wohl oder übel nach ihren Leistungen fragen *müssen*. Das ist erstens umständlich und zweitens verlogen. Sympathischer ist es, Sie erzählen frank und frei, worauf Sie stolz sind. Loben Sie sich also bei jeder sich bietenden Gelegenheit selbst, beziehen Sie bei Ihren Lobeshymnen allerdings mindestens einen Ihrer Kollegen mit ein – auf den können Sie dann bauen, falls Sie bei dem Rest der Belegschaft in Kritik geraten.

Auch Martin Wehrle, der Autor des »Lexikon der Karriere-Irrtümer« empfiehlt: »Ich bin nicht gegen Teamarbeit, aber Ihre Einzelleistung darf nicht wie Gemüse im Gruppeneintopf verschwinden; sie sollte sichtbar bleiben. Machen Sie publik, was Ihr Anteil an einem Erfolg ist, sprechen Sie über Ihre Ideen, Ihre Lösungen, Ihre Glanztaten. Diese Einzelleistung – und nur sie – ist der Maßstab, wenn es um Ihr Gehalt und Ihre Karriere geht.«

SECHSTE REGEL
Politische Korrektheit ist nichts für Sie!

Ängstliche Toleranz bringt niemandem etwas und kommt weder bei Türken, Schwulen, Kindern, Schwarzen, Chinesen noch Rollstuhlfahrern oder Frauen gut an. Auch nicht am Arbeitsplatz. Sich den gängigen »erlaubten« Meinungen zu verweigern, ist hingegen ein Zeichen von Autarkie: Ich sage, was ich über bestimmte Dinge denke und fühle, ganz gleich, ob meine Ansichten gesellschaftlich anerkannt sind oder nicht. Damit machen nicht nur Diskussionen mehr Spaß, es werden auch Tabus gebrochen. Wie das geht, zeigte 2008 das Magazin für Menschen mit Behinderung *Reha Treff*, das in der Heftmitte mit dem Spiel »Schlag den Behindi« auf falsche Rücksichtnahme mit Menschen mit Behinderung aufmerksam machte.

Wer einen weiteren Beweis für diese These braucht, muss nur in den türkischen Supermarkt in Berlin-Neukölln am Hermannplatz gehen. Dort gibt es einen einzigen deutschen Mitarbeiter, der bei seinen türkischen Kollegen sehr beliebt ist, obwohl er sich ständig und für alle Kunden hörbar über die Türken beschwert. Die Stimmung im Laden ist super – Herbert schimpft, seine türkischen Kollegen lachen. Natürlich wird er umgekehrt auch von ihnen aufgezogen wegen seiner typisch deutschen, oftmals penetranten Art.

> Nehmen Sie sich vor Leuten in Acht, die auf Ausdrücke wie Schlitzaugen, Negermusik oder Tunte empfindlich reagieren, denn die schleppen oft die meisten Ressentiments mit sich herum.

Nebenbei sind politisch unkorrekte Kollegen auch viel unterhaltsamer. Mit wem gehen Sie lieber mittagessen – mit der Chefsekretärin, die jede ihrer Äußerungen genau abwägt, oder mit dem Assistenten, der den Chef so gut nachmachen kann?

KARRIERE MACHEN MIT SCHLECHTEM BENEHMEN

»Schlecht zu sein, ist gut.
Gut zu sein, ist langweilig.«
Großmutter von Malcolm McLaren,
dem Erfinder und Manager der Sex Pistols

Es gibt eigentlich nur zwei Wege, um Karriere zu machen: Entweder man ist ein Meister in Anpassung und Disziplin – oder man verweigert sich sämtlichen Regeln. Etwas dazwischen gibt es nicht.

Als Malcolm McLaren John Lydon Mitte der 1970er-Jahre zum ersten Mal sah, waren er und seine Frau Vivienne Westwood fasziniert von dessen magischer Aura. Ein schmaler Junge in zerrissenen Klamotten, die von Sicherheitsnadeln zusammengehalten wurden, auf sein T-Shirt hatte er die Worte »I hate« gekritzelt. McLaren machte aus John Lydon dann die Kunstfigur Johnny Rotten, stellte ihm drei untalentierte Jungs zur Seite und revolutionierte so die Popkultur.
McLaren war der Erfinder der Sex Pistols, der bekanntesten englischen Punk-Band, schon ihre Debütsingle »Anarchy In The U.K.«, in denen die Songzeilen »I am an anti-

christ, I am an anarchist« vorkommen, löste einen Skandal von kulturhistorischer Bedeutung aus: Der britische Punk war geboren.

»Anarchisch, schrill, ekelerregend«, so beschrieb McLaren das, was die Sex Pistols produzierten, »der richtige Soundtrack zu meiner Mission.«

Nicht nur die Musik war schrecklich, auch die abgerissene Kleidung der Band, ihr respektloser Ton, ihr schockierendes Auftreten: Die legendären Publikumsbeschimpfungen von beispielloser Obszönität machten die Sex Pistols erst richtig berühmt. Außerdem verweigerten sie auf Konzerten jede Zugabe, jedes Autogramm, überhaupt alles, was die Fans von ihnen erwarteten. Es gab gar keine wirkliche Mission, nur die radikale Verachtung der Gesellschaft. 1977 erschien der Hit »God save the Queen, a fascist regime« rechtzeitig zum 25-jährigen Thronjubiläum der englischen Königin – ein Tabubruch. Heute ist die dazugehörige Cover-Collage der Königin mit überklebter Mund- und Augenpartie ein Klassiker. Angeblich soll der Song die Nummer eins der englischen Charts gewesen sein, aber auf den offiziellen Listen aus Loyalität zum englischen Königshaus nur auf Platz zwei geführt worden sein.

Auftrittsverbote, in letzter Minute eingestampfte Platten, Prügel von Royalisten nach Sprengung der Geburtstagsfeier der Königin durch ein illegales Konzert: Die Sex Pistols machten sich zu einem Gesamtkunstwerk, welches auf alle Kunstgattungen ausstrahlte. Punk ist eine Haltung, eine sich den Konventionen verweigernde Lebenseinstellung. Ohne Punk wäre kein britischer Künstler der 1980er- und 90er-Jahre vorstellbar, wie etwa die englische Kultband The Cure oder die Künstler Damien Hirst und die Chapman-Brüder.

Am 13. März 2006 wurden die Sex Pistols, die sich immer gegen das Etikett »Punk« gewehrt hatten, gegen ihren Willen in die Rock and Roll Hall of Fame aufgenommen. Selbstverständlich nahm keines der Bandmitglieder an der Zeremonie teil, denn sie waren immer noch das, was sie von Anfang an gewesen waren: Idealisten.

Heute ist Verweigerung und ironische Distanz à la Sex Pistols fast schon zum Mainstream geworden, besonders gut abzulesen beispielsweise in der Ästhetik des Fußballclubs St. Pauli. Scheitern ist Kult geworden, ironisch verwendete Hasssymbole wie Totenkopf und germanische Runen sind Modeaccessoires. Punk wird in Astra- und Nike-Werbung zitiert, und zerrissene Jeans gibt es schon lange für teures Geld in Designer-Läden zu kaufen.

Die Karriere der Sex Pistols ist also beispielhaft, denn an ihr lassen sich alle Komponenten ablesen, die zu einer Mythenbildung – auch wichtig im Bereich Karriere – beitragen.

EIN ERNEUERER SEIN

Wer wirklich aus der Masse herausragen und berühmt werden will, muss ein Erneuerer sein. Wie die Sex Pistols oder Steve Jobs, der Erfinder von Apple. Und selbst eine Entertainerin wie Lady Gaga tut etwas, was niemand sonst vor ihr in dieser Art getan hat. Ein Erneuerer entwirft ein Gegenmodell, ganz gleich, wie unsinnig, lächerlich oder größenwahnsinnig es auch sein mag. Daher könnte man auch die Großmutter von McLaren als Erneuerin bezeichnen, denn ihr Motto »Schlecht zu sein, ist gut. Gut zu sein, ist langweilig« ist neu und anders gewesen und hat ihren Enkel mehr inspiriert als ein Dutzend erfolglos an Kunstuniversitäten verbrachte Jahre.

Nicht jeder Mensch, der dies möchte oder in irgendeiner Castingshow mitmischt, wird auch berühmt werden. Denn ein erfolgreiches Gegenmodell entsteht immer aus der Respektlosigkeit gegenüber bestehenden Regeln. Wer sich aber daranmacht, sein Gegenmodell zu leben, wird die ersten Schritte allein tun müssen. Gesellschaft bekommt er erst, wenn die Protesthaltung zum Mainstream geworden ist, von der Mehrheit bestätigt wird und so zur anerkannten Regel mutiert. Erst dann tauchen die Bewunderer, Fans und Trittbrettfahrer in Massen auf, doch bis dahin muss er durchhalten.

RESPEKTLOS SEIN

Wie respektlos jemand auftreten möchte, muss jeder für sich selbst entscheiden. Interessante und erfolgreiche Menschen sind jedenfalls selten dafür bekannt, dass sie sich gegenüber der Familie, den Freunden und Bekannten besonders zurücknehmen. Steve Jobs etwa betrog 1974 seinen Freund und Partner Steve Wozniak bei ihrem ersten gemeinsamen Auftrag um mehrere tausend Dollar. Er behauptete, nur 1000 Dollar als Honorar erhalten zu haben, stattdessen waren es 5000 gewesen, von denen Jobs ihm die Hälfte hätte abgeben müssen. Kurze Zeit später entdeckte sein Freund, der Hacker John Draper, dass mit einer Spielzeugpfeife, die amerikanischen Frühstücksflocken beilag, ein 2600-Hertz-Ton erzeugt werden konnte, also genau der Ton, den die Telefongesellschaft AT&T verwendete, um die Abrechnung der Gesprächsgebühren zu steuern. Wozniak baute daraufhin ein Gerät, das diesen Ton erzeugte, und Steve Jobs verkaufte diese Kästen, mit deren Hilfe Ferngespräche kostenlos geführt werden konnten.

1976 gründeten Steve Jobs und Steve Wozniak dann zusammen mit Ronald Wayne die Apple Computer Company. Gründungsort war Jobs Garage in Kalifornien, ihr erstes Produkt mit dem angebissenen Macintosh-Apfel war der Apple I, der 666,66 Dollar kostete.

Steve Jobs wusste immer genau, was er tat. In einer Rede zur Markteinführung des Apple Macintosh 1984 behauptete er, dass sein Erfolg darauf beruhe, dass er niemals Hemmungen gehabt habe, großartige Ideen zu stehlen. Genauso hemmungslos ignorierte er auch den strikten Dresscode der amerikanischen Geschäftswelt: Zu seinen ersten Geschäftsterminen erschien er barfuß, langhaarig, mit Zottelbart und in zerschlissenen Jeans. Berühmt ist auch seine Hartnäckigkeit: Hatte er sich etwas in den Kopf gesetzt, konnte er denjenigen, dessen Unterstützung er brauchte, schon mal erpressen. Er drohte zum Beispiel, dessen Büro nicht zu verlassen, bis er seinem Vorschlag zugestimmt hatte.

Steve Jobs weiß, wie man Regeln bricht, und hat dies auch in seinem Unternehmen zum Prinzip erkoren. Er stellt Musiker, Dichter, Zoologen, Historiker oder Künstler als Computerspezialisten ein, fördert abwegig erscheinende Ideen, und wenn er von etwas begeistert ist, dann kümmert es ihn nicht, wie viele Gegenargumente seine Mitmenschen vorbringen.

Auch die wenig aggressiv wirkende Angela Merkel kann

Regeln brechen: Sie wurde die erste weibliche Bundeskanzlerin in Deutschland, weil sie es fertiggebracht hat, sich im entscheidenden Moment gegen ihren Ziehvater, den ehemaligen Bundeskanzler und CDU-Chef Helmut Kohl, zu stellen.

> Beim Kampf für eine Idee sind Vorwürfe wie Diebstahl oder Unhöflichkeit nebensächlich.

Dominique Le Parc kommentiert Karrieren wie die von Steve Jobs oder anderen herausragenden Persönlichkeiten folgendermaßen: »Ohne Regelbruch geht es nicht. Schau dir die Karrieren von Menschen in verschiedenen Branchen und Ländern an: Jeder, der einen entscheidenden Schritt weitergekommen ist, hat etwas getan, was man nicht macht. Ganz nach oben kommt man nur mit schlechtem Benehmen. Und in den Führungsetagen geht es sowieso nicht mehr freundlich zu. Den rauen oder gar aggressiven Umgangston, der dort herrscht, muss man auch erst einmal abkönnen.«

Der Regelbruch ist daher eines seiner wichtigsten Trainingsziele. Einem Geschäftsführer eines großen deutschen Versicherers hat er zum Beispiel geraten, für seine Korrespondenz und den Internetauftritt Plagiate von berühmten Schriftstellern zu verfassen (und dies noch vor Helene Hegemann und dem Buch *Axolotl Roadkill*). Das verstieß eindeutig gegen die bürgerlichen Moralvorstellungen seines Schützlings, doch davon sollte sich dieser befreien und lieber die geistige Gleichberechtigung mit den Meistern, den Göttern der Literatur, anstreben. »Holen Sie aus zum Befreiungsschlag gegenüber unseren neuen Götzen, fahren

Sie nach Italien, verschicken Sie Briefe mit den Reiseeindrücken im Stile Thomas Manns, aber geben Sie diese als die Ihren aus. Danach wissen Sie, dass Sie auch anderes geistiges Eigentum für sich in Anspruch nehmen dürfen – und die Lorbeeren, die sie dafür ernten, genießen dürfen.« Lob einheimsen für etwas, das man gar nicht geleistet hat, wird jedem normalerweise von Kindheit an aberzogen. Daher sind die Menschen im Vorteil, denen dieses Vergehen leicht fällt. Übrigens: Wer geistigen Diebstahl übt, lernt schlicht und einfach, sich inspirieren zu lassen.

SICH JEDER BEURTEILUNG ENTZIEHEN

2001 wurde in Deutschland der Musiksender MTV durch Viva vom ersten auf den zweiten Platz der Einschaltquoten verdrängt. Die Geschäftsführerin berief daraufhin eine Mitarbeiterversammlung ein und hielt eine flammende Rede, in der sie jeden Einzelnen aufforderte, sich anzustrengen, damit MTV wieder zur Nummer eins werden würde. Plötzlich unterbrach sie der Kreativchef: »Reg dich ab. Nummer eins werden zu wollen, ist total uncool.« Kurze Zeit später stand MTV wieder auf Platz eins.

Die Erkenntnis, dass man uncool wirkt, wenn man sich von anderen in Bezug auf seine Leistung oder Erscheinung beurteilen lässt, hat sich leider bei der Bevölkerung noch nicht genug herumgesprochen. In Scharen bewerben sich Teenager bei Fernsehshows wie *Deutschland sucht den Superstar* oder *Germany's Next Topmodel*, lassen sich demütigen, vorführen und lächerlich machen. Doch sie empfinden das nicht so, glauben vielmehr, ihrem Traumziel ganz nahe zu sein – und genau diese Diskrepanz macht diese Sendungen so unerträglich.

Die Kandidaten wären gerne etwas Besonderes, wollen um jeden Preis cool sein, unterwerfen sich dafür aber der Beurteilung anderer. Sie lassen sich an den Kriterien von etablierten und alternden Akteuren der Unterhaltungsbranche messen, die sie eigentlich ablösen sollten.

Dieter Bohlen ätzte über Lady Gaga, dass die mit ihrer Figur sicher keine Traumfrau sei, doch hat sie allein in den letzten Jahren mehr Auszeichnungen abgeräumt als er in seinem ganzen Leben. Von einem solchen Mann sollte sich kein ernsthaft ambitionierter Musiker oder Sänger beeinflussen oder gar vom Weg abbringen lassen.

Wer selbst künstlerische oder andere Maßstäbe setzen will, muss sich emanzipieren. Sollte jemals einer der Teilnehmer der erwähnten Castingshows ein ernst zu nehmender Star werden, wird er sich später sicherlich dafür schämen, dass er sich einmal hat vorschreiben lassen, wie er zu gehen, zu lächeln, zu singen oder zu tanzen hat.

Die Losung für Leute, die Neues schaffen wollen, lautet: Befolgen Sie keine Regeln, stellen Sie welche auf. Sie lassen sich von anderen nicht sagen, was und vor allen Dingen, wie Sie etwas tun sollen. Ob und wann Sie sich anstrengen, entscheiden Sie selbst.

ETWAS BESONDERES SEIN WOLLEN

»Erfolg ist so ziemlich das Letzte,
was einem vergeben wird.«
Truman Capote

Etwas Besonderes zu tun wie die Schriftstellerin Hegemann oder die Sängerin Lady Gaga bedeutet immer, sich mehr zu nehmen, als einem zusteht, und zwar vom kostbarsten Gut, das es für Menschen gibt: Aufmerksamkeit.

Im Mittelpunkt stehen zu wollen, wird in Deutschland eindeutig als schlechtes Benehmen gewertet, in anderen Ländern ist das anders. »Du willst nur im Mittelpunkt stehen«, ist ein oft ausgesprochener Vorwurf von Kindergärtnerinnen, Lehrern oder Eltern – aber so werden nicht die Talente gefördert, die jemand braucht, um später einmal ein Star zu sein und Glamour zu verbreiten.

Wer in der Öffentlichkeit steht, hat somit schon den ersten Fehler gemacht, nun darf er sich keinen zweiten oder dritten mehr leisten. Denn dann wird er demontiert. Besonders Schauspieler bekommen das oft zu spüren, wenn jeder berufliche oder persönliche Misserfolg mit Häme kommentiert wird.

Ein Star sein zu wollen, ist frech.

Joachim Gauck wurde während seiner Kandidatur zum Bundespräsidenten 2010 wiederholt gefragt, ob er für dieses Amt nicht zu eitel sei. »Nicht eitler als andere in öffentlichen Ämtern auch«, antwortete er darauf und weist damit auf etwas hin, das eigentlich jedem klar sein sollte: Wer in der Öffentlichkeit steht, kommt da nicht zufällig hin, denn so ein Amt fliegt einem ja nicht zu. Von einem Menschen zu verlangen, er möge Karriere machen, aber bitte ohne Geltungsbedürfnis oder Eitelkeit, ist absurd. Niemand steht zufällig auf einer Bühne, und wohl kaum jemand wird gegen seinen Willen berühmt – alle diese Menschen gieren nach Zuneigung, Bewunderung und Anerkennung und haben entweder durch Talent oder durch Dreistigkeit – oder durch eine Kombination aus beidem – einen Weg gefunden, sich genau dies zu verschaffen.

Je eher Sie Ihre Eitelkeit an sich selbst erkennen und sich auch zugestehen, desto größer ist die Chance, dass Sie einen Weg finden, ins Rampenlicht zu gelangen.

Sie wollen etwas Besonderes sein? Dann sollten Sie folgende Eigenschaften aufweisen:

- sehr ichbezogen
- sehr eitel
- sehr besessen
- sehr provokant
- sehr egoistisch
- sehr stur
- sehr arrogant
- sehr gemein
- sehr plump

Wenn Sie Karriere machen, werden Sie immer wieder solche oder ähnliche Vorwürfe hören, doch versuchen Sie niemals, das Gegenteil zu beweisen. Ignorieren Sie diese Vorwürfe – warum sollten Sie sich auch für Ihr Verhalten rechtfertigen?

NICHT AUF EINE ERLAUBNIS WARTEN

Menschen, die etwas Großes vorhaben, warten nicht, bis irgendjemand es ihnen erlaubt. Die Sex Pistols starteten mit einem gestohlenen Equipment. Der Musiker Sid Viscious ist aufgetreten, bevor er Bass spielen konnte. Steve Jobs stahl das Geld, welches er für seine neue Geschäftsidee brauchte, von Freunden und der Telefongesellschaft AT&T. Und Helene Hegemann hat nicht gewartet, bis ihr selbst etwas eingefallen ist, mit dem sie Aufsehen erregen konnte. Ralf Schmerberg hat einfach angefangen zu fotografieren, anstatt Fotografie zu studieren.

Der Schauspieler und Regisseur Otto Osthoff ließ nicht die fehlenden Spenden der Hamburger für das Altona Theater darüber entscheiden, ob er weitermachen durfte oder nicht. Als sein Theater die staatlich geforderte Garantiesumme an Spenden nicht erreichte, ergänzte er kurzerhand den fehlenden Betrag mit gefälschten Quittungen. Als die Sache aufflog, war der Skandal perfekt – aber immerhin hatte er es versucht.

Ein konventionelles Vorgehen kostet oftmals viel Zeit, die auch anders genutzt werden kann. Überlegen Sie also stets, wie Sie den Weg zu Ihrem Traumziel abkürzen können.

Die Brüder Maurice Saatchi und Charles Saatchi, Begründer der gleichnamigen Werbeagentur in New York, empfehlen unter anderem allen, die erfolgreich sein wollen, dass sie sich alles zutrauen sollen, auch Dinge, von denen sie eigentlich keine Ahnung haben. Erfahrung bekäme man dann schon von allein.

Aufschneiderei und Anmaßung gehören zum Karrieremachen dazu. Wer abwartet, bis er alles verstanden, gelernt und durchdrungen hat, wird immer zu spät kommen.

DIE BEGABUNG LEBEN STATT VORSCHRIFTEN BEFOLGEN

Setzen Sie auf das, was Sie am besten können. Machen Sie dieses Talent zum wichtigsten Punkt in Ihrer Karriere: Reden Sie viel oder wenig, sind Sie ungeduldig oder geduldig, eher fleißig oder faul, sind Sie ein Besserwisser oder besonders stur, organisiert oder unstrukturiert? Treten Sie grundsätzlich Menschen zu nahe, oder können Sie andere Menschen kaum ertragen? Alle Ihre Eigenschaften können Sie weit bringen, wenn Sie nicht Ihre Energie darauf verschwenden, diese zu ändern.

Das erkannte auch die New Yorker Verlegerin der Magazine *Leg Show*, *Buster* und *Big Butt*, Dian Hanson. Bevor sie Verlegerin wurde, war sie Sekretärin, hatte aber mit diesem Beruf wenig Erfolg: Ständig verlor sie ihren Job, weil sie alle ihre Arbeitsverhältnisse sexualisierte. »Ich weiß nicht, wie oft ich gefeuert wurde, bis ich verstand, dass Pornografie das ist, wofür ich bestimmt bin«, gesteht sie in dem Dokumentarfilm von Terry Zwigoff über den Zeichner Robert Crumb.

»Lebt man seine Begabung, kann das Wertesystem ganz schön schwanken«, erklärt Dominique Le Parc. »Es kommt der Moment, an dem ich entscheiden muss, ob ich mich zu meinem Lebensthema bekenne oder ein unglücklicher Buchhalter bleiben will. Wer seine Triebe kennt und nicht verleugnet, kann sie erfolgreicher leben – und wenn es der Trieb ist, eine Menge Geld verdienen zu wollen.«

Ihre Besserwisserei und ihre Sucht, andere auf Fehler aufmerksam zu machen, führte eine meiner Freundinnen nach Los Angeles, wo sie heute erfolgreich als Continuity im Spielfilmbereich arbeitet und darauf achtet, dass es bei den Dreharbeiten nicht zu Anschlussfehlern im Film kommt. Eine Schriftstellerkollegin erkannte ihr Talent als Autorin in der Psychiatrie: Sie war mit einer schweren Depression eingeliefert worden und musste sich der niederschmetternden Tatsache stellen, dass sie eigentlich nichts interessierte – außer über sich selbst zu sprechen. Allerdings tat sie dies so unterhaltsam, dass sie damit alle anderen Patienten erfreute. Bis ihr ein Mitinsasse mit einer schizoiden Persönlichkeitsstörung die entscheidende Frage stellte: »Warum schreibst du das eigentlich nicht auf?«

Quentin Tarantino gestand einmal, dass er sich in der Schule nicht nur für nichts interessiert habe, sondern ihm auch die Gabe fehlte, Interesse vorzutäuschen. Irgendwann stieß er dann auf das, was ihm besonders lag: Geschichten erzählen.

Die Berliner Künstlerin Helga Goetze, geboren 1922, gestorben 2008, stieß mit fast 50 Jahren und nach sieben Kindern auf ihr Lebensthema: Ficken. Sie stickte und malte Bilder von Genitalien, schrieb Gedichte über das Ficken, verließ ihren Mann, lebte in Schwulen-WGs und stand vor allen Dingen bis zur Wende an der Berliner Gedächtniskirche und hielt ihre Botschaft auf einer Tafel in die Luft: »Ficken für den Frieden«. Dutzende Male wurde sie verhaftet und anschließend in die Nervenheilanstalt gebracht. Ein Polizist fragte sie bei einer ihrer ersten Verhaftungen: »Merken Sie denn nicht, Frau Goetze, dass Sie stören?« Das freute sie, denn damit fühlte sie sich verstanden.

Ein Verlag interessierte sich sogar für ihre Gedichte, musste aber von einer Veröffentlichung Abstand nehmen, weil Helga Verlegern und Lektoren eindeutige Bedingungen stellte: mit ihr zu schlafen. Rosa von Praunheim porträtierte sie in seinem Film *Rote Liebe*, sie hatte Fans in der ganzen Welt und bis zu ihrem Tod junge Liebhaber. Als sie im wiedervereinigten Berlin täglich vor dem Reichstag stand und den Abgeordneten zurief »Heute schon gefickt?«, holten einige die Polizei. Doch die Polizisten meinten nur: »Das ist die Helga, die verhaften wir nicht.« Denn Helga war Kult in Berlin. Ihre Stickereien sind sogar in die Collection de L'Art Brut in Lausanne aufgenommen worden.

NICHT ZU FREUNDLICH SEIN

Wer zu nett ist, kann nicht der Chef im Laden sein. Unfreundlichkeit wird meist mit Autorität assoziiert und Freundlichkeit mit Dummheit. So einfach das vielleicht klingen mag, so wahr ist es. Ernst genommen wird nur derjenige, der von Zeit zu Zeit unter Beweis stellt, dass er mit der Ablehnung von anderen gut umgehen kann. Dies erreicht am besten, wer sich möglichst ungerecht verhält, denn den gerechten Zorn der Mitarbeiter und Kollegen auf sich zu ziehen, halten nicht viele Leute aus.

Leider bestätigt sich dieser Zusammenhang umso mehr, je höher jemand in einem Unternehmen aufsteigt, verrät Dominique Le Parc: »Im Management ist es eine Schwäche, sich an Konventionen zu halten. Man muss Persönlichkeit haben. Und übrigens: Lieber hat man eine schreckliche Persönlichkeit als gar keine.«

DOMINIQUE LE PARC – ANWEISUNGEN FÜR MANAGER

»Manager und andere Führungskräfte müssen heute wendiger und flexibler sein denn je, aber wer sich in Konventionen bewegt, kann nicht schnell genug reagieren«, lautet Le Parcs wichtigste These. »Um das Spiel mit den Konventionen besser zu durchschauen, ist es nötig, eine Art Außenseiterrolle zu übernehmen, nach dem Motto: ›Ich muss nicht alles mitmachen!‹

Deswegen bin ich bei einigen meiner Übungen immer so weit gegangen, bis meine Mitspieler sagten: ›Nein, das lasse ich nicht mehr mit mir machen, das mache ich nicht mit!‹ Dann habe ich gedacht: Wunderbar! Sie haben verstanden, sie haben sich wieder, denn sie rebellieren und finden so zu ihrer Kreativität.«

Dominique Le Parc reizt also Manager, bis sie rebellieren. Direkt auffordern zur Rebellion kann er sie schließlich nicht, denn das wäre ein Widerspruch in sich. Daher ist es im Grunde genommen unsinnig, seine Anweisung, in den entsprechenden Kreisen gegen die Konventionen und das Protokoll zu verstoßen, hier weiterzugeben. Dennoch habe ich ihn gebeten, die Dinge aufzulisten, die jemand normalerweise nicht machen sollte und daher seiner Meinung nach gerade unbedingt tun sollte.

Mit dem Bruch von Konventionen, so seine These, erlangt der Mensch geistige Freiheit. Natürlich steht Ihnen auch die geistige Freiheit zu, einige seiner Feldübungen zu ignorieren.

In Gesellschaft:

Gehen Sie als Letzter zum Büfett.
Halten Sie sich nicht an Sitzordnungen, setzen Sie sich dorthin, wo Sie wollen.
Essen Sie ausschließlich grüne Lebensmittel (oder legen sich einen anderen Spleen zu).
Trinken Sie keinen Weißwein zum Fisch, und bestellen Sie lieber eine Cola zum Homard à l'américaine.
Verzichten Sie auf die vorgeschriebene Krawatte.
Verlangen Sie, dass Ihnen grundsätzlich keine Sauce auf dem Teller, sondern nur in einer Saucière serviert wird.
Sie lachen, wenn Ihnen danach ist – vor allem wenn Sie glauben, es sei unpassend.
Auf Ihrer Visitenkarte stehen nur Ihr Name und Ihr Geburtsdatum.

Beim Smalltalk:

Sprechen Sie nicht über Kultur.
Geben Sie ganz klar zu, dass Sie von bestimmten Themen keine Ahnung haben.
Erklären Sie deutlich, dass Sie den Film, den jeder gesehen haben sollte, nicht gesehen haben.
Erfinden Sie den Namen eines Buches oder Filmes und sprechen Sie darüber.
Gestehen Sie, dass Sie keine Meinung haben.
Benutzen Sie ausschließlich Klischees.
Unterlassen Sie alle üblichen Komplimente und Floskeln.
Wenn Sie jemand stört, dann sagen Sie es ihm unverblümt und direkt.

*Lassen Sie sich bewusst viel Zeit, bevor Sie auf eine Frage
antworten.
Stellen Sie nur Fragen.
Prahlen Sie den ganzen Abend lang.
Schimpfen Sie und benutzen Sie grobe Wörter.
Gehen Sie ausschließlich auf die Menschen zu, die Sie inte-
ressieren. Wenn Sie niemand interessiert, dann verlassen Sie
den Raum.*

6
SCHLECHTES BENEHMEN
ALS HEILUNG
WUT UND ÄRGER SIND DER
SCHNELLSTE WEG ZUR ERLEUCHTUNG.

»*Nutze dein Leben, um Erfahrungen zu machen.
Solange du dich aber gut benimmst
und nur das tust, was anerkannt ist,
machst du keine Erfahrungen.*«
Thich Bo Hoang, Zen-Meister

In dem Film Reine Nervensache *spielt Billy Crystal den Psychiater Ben Sobel, der unversehens in eine absurde Situation gerät. Eines Tages stehen nämlich ziemlich hart aussehende Typen in seiner New Yorker Praxis, die ihm unmissverständlich klar machen, dass er sich unverzüglich einem neuen Patienten zu widmen hat: dem von Angststörungen und Erektionsproblemen geplagten Mafiaboss Paul Vitti, gespielt von Robert de Niro, der naturgemäß von Psychotherapie wenig hält. Als Ben Sobel es einmal wagt, ihn zu fragen, warum er sich von einer Prostituierten einen blasen lässt, nicht aber von seiner Frau, riskiert er fast sein Leben. Mehr als einmal zieht Paul Vitti während der Sitzungen die Waffe oder zeigt auf andere Art und Weise, dass er mit den Anregungen seines intellektuellen Gesprächspartners nichts anfangen kann. Die Angstzustände des Patienten werden zwar nicht besser, dafür ändert sich aber das Leben des harmlosen und eigentlich ziemlich frustrierten Psychiaters: Es beginnt die Therapie des Langweilers Ben Sobel. Sein Terminkalender wird durcheinandergeworfen, weil der Mafiaboss erscheint, wann er will, und dann sofortigen psychologischen Beistand fordert. Bevor sich der Psychiater bei seinen Patienten dafür entschuldigen kann, erledigt Paul Vitti das für ihn, je nach Laune mit einer Drohung oder einem Geldschein. Einmal platzt er in eine Sitzung Ben Sobels mit einer depressiven Frau und fragt dann erstaunt: »Und so einen langweiligen Scheiß hörst du dir an?«*

Ben Sobel lernt, jemanden zu versetzen, zu beschimpfen, zu drohen und zu bestechen. Er wird durch seinen neuen Patienten unpünktlich, ungeduldig und unzuverlässig. Anders gesagt: Er blüht auf. Und natürlich hilft das neue Auftreten Ben Sobels auch dem ein oder anderen Klienten aus einer jahrelang gepflegten Neurose.

Doch den Höhepunkt seiner Befreiung erreicht Ben Sobel, als er von Paul Vitti gezwungen wird, ihn bei einer Zusammenkunft von Mafiamitgliedern zu vertreten. Vom Chauffeur Vittis wird er in eine Gegend in New York gefahren, die alles andere als einladend wirkt. Ben Sobel hat Angst. Am Ziel angekommen, sieht er mit Entsetzen aus Dutzenden von Autos brutal wirkende Männer aussteigen und in einem Lagerschuppen verschwinden. Mit solchen Menschen hat Ben Sobel noch nie zu tun gehabt, aber er ahnt, dass bei solchen Gesprächspartnern jedes falsche Wort scheußliche Konsequenzen haben kann. Es gibt für ihn nur eine Lösung, und die erfordert Mut: Ben Sobel wird in der Mafiarunde all das tun, was man in seinen Kreisen normalerweise nicht macht. Also grüßt er nicht, als er den Schuppen betritt, lächelt nicht, reißt die Klappe weit auf und lässt niemand anderen zu Wort kommen. Sich selbst bezeichnet er als »verschissenen Doktor«, die anderen noch als weit Schlimmeres. Als ihn ein Handlanger Vittis, ein impulsiver und nicht sehr intelligenter Killer, unterbricht, schlägt er diesem sogar mehrmals ins Gesicht. Die Mafiosi sind entsetzt, aber nun darf Sobel nicht einknicken – denn wer sich entschuldigt, hat verloren, wer höflich ist, strahlt keine Macht aus. Und sein Plan geht auf: Am Ende der Sitzung hat er den Respekt der Anwesenden gewonnen.

Nach diesem Erlebnis ist der New Yorker Psychiater ein freierer und glücklicherer Mann. Er hat Klarheit über seine Wün-

sche und Gefühle erlangt, bei seinen Patienten ist er beliebter als zuvor, und von seiner Mutter lässt er sich nicht mehr terrorisieren. Doch das Wichtigste: Endlich gelingt es ihm, die Frau seiner Träume zu erobern. Ein Happy End! Leider kann der Mann, dem er das alles zu verdanken hat, nicht zu seiner Hochzeit kommen, denn Paul Vitti wird kurz zuvor verhaftet und kommt ins Gefängnis.

Die Botschaft dieses Films ist klar: Lieber verhaftet werden als kein Mann sein. Und ein Mann, der stets das tut, was er tun sollte, ist kein Mann. Ein Mann verrät nicht, wohin er geht, und kommt dann zur vereinbarten Zeit wieder. Er wischt nicht die Kacheln im Badezimmer ab, nachdem er geduscht hat, er entschuldigt sich nicht dafür, dass er gerülpst hat oder vergessen hat, den Müll runterzubringen. Ein Mann isst, trinkt, vögelt, soviel er will (oder kann), und geht nicht am Wochenende mit den Kindern auf den Spielplatz und setzt sich zu ihnen in den Sandkasten. Denn das macht einem richtigen Mann keinen Spaß. Einer richtigen Frau natürlich auch nicht. Paul Vitti ist ein Mann, weil er seinen Impulsen folgt und es nicht nötig hat, seine Wünsche und Abneigungen gegenüber anderen zu rechtfertigen. Seine Waffe ist Rechtfertigung genug. Vitti ist kein Warmduscher, Frauenversteher und Bittemelde-dich-Opfer, und er käme auch nie auf die Idee, so etwas sein zu wollen.

> Ein Mann, der sich anpasst,
> statt seinen Impulsen zu folgen,
> ist ein Kastrat.
> Thich Bo Hoang

»Die meisten Männer in Frankreich wirken auf mich eng-
stirnig, distanziert und kastriert«, ist das Erste, was Thich
Bo Hoang, genannt Bo, zu mir sagt, als ich ihn am Vormittag auf einer Fahrt von Bordeaux nach Clermont Ferrand im Auto begleite und mit ihm darüber spreche, wie
er das Verhalten der Franzosen einschätzt. »Und die meisten Frauen, die ich kennenlerne, sind spröde und prüde.
Kein Mann darf ihnen ›Ciao Bella‹ nachrufen wie in Italien. Das macht man hier nicht, es gilt als frauenfeindlich,
als politisch nicht korrekt. Und keiner will frauenfeindlich, anzüglich, provozierend oder aufreizend wirken. Aber
was ist daran so schlimm, politisch nicht korrekt zu sein?
Und übrigens: Unsere Wünsche sind niemals politisch
korrekt. Deswegen unterdrücken wir sie.«

Thich Bo Hoang ist der Abt eines buddhistischen Klosters
in Clermont-Ferrand. Das Kloster liegt mitten in einem
Gewerbegebiet in der Nähe einer Autobahn im Süden von
Clermont Ferrand, es ist Kloster, Seminar- und Tagungs-
ort, Gesundheitszentrum sowie Gemeindehaus. Die Mönche und Nonnen kommen aus Frankreich, Vietnam, Taiwan, USA, Italien und aus Deutschland.
Der Abt ist Mitte sechzig, klein und ein wenig dick-
lich. Er ist ein Experte für schlechtes Benehmen, mit diesem Thema beschäftigt er sich als Meister der Lin-Chi-
Tradition jeden Tag. Er wurde 1947 in Saigon geboren und
bereits im Alter von acht Jahren im Lin-Chi-Orden als
Mönch ordiniert und erhielt dort eine traditionelle
buddhistische Schulung. Ob er sie abgeschlossen hat oder
nicht, darüber herrscht in seiner Gemeinde Uneinigkeit.
Nach dem Abitur setzte er seine Studien in Sri Lanka,
Taiwan und China fort und ließ sich in Chinesischer

Medizin ausbilden, bevor er sich in Frankreich niederließ.

Die Lehre des chinesischen Zen-Meisters Lin-Chi († 867) hat zum Ziel, die durch Erziehung und soziales Umfeld erworbenen Denkkonzepte des Schülers aufzulösen. Durch nicht-konformes Verhalten des Meisters werden Gewohnheiten und Vorurteile des Schülers aufgebrochen. Es sind nämlich diese Denkkonzepte – unablässig produziert durch Erziehung und Prägung – welche der buddhistischen Lehre nach verhindern, das Leben in seiner ganzen Fülle zu erfassen. Oder anders ausgedrückt: Ein Lin-Chi-Meister trachtet danach, diese innere Stimme zum Schweigen zu bringen. Er tut das mit bizarren, absurden und manchmal auch brutalen Methoden. Nur eines dabei zählt: Die Aktion des Meisters muss so unerwartet und überraschend kommen, dass mit einem Schlag alle Moral, alle Normen, alle Vorstellungen des Schülers darüber, was richtig und was falsch ist, zerbrechen. Dann kann hinter diesen Bildern das wahre Selbst erscheinen.

Wie so eine Aktion aussehen kann, illustriert folgende Geschichte:

Ein Meister schlägt seinen Schüler mit dem Stock, weil er bei einer Konzentrationsübung immer wieder denselben Fehler macht. Der Schüler wiederholt die Übung, macht erneut den gleichen Fehler und bekommt den verdienten Schlag mit dem Stock. Plötzlich gelingt ihm die Übung. Stolz dreht er sich zu seinem Meister um – und wird von ihm mit dem Stock geschlagen. »Warum schlägst du mich?«, fragt er erstaunt. »Die ersten Male habe ich dich geschlagen, weil du es falsch gemacht hast, eben gerade, weil du es richtig gemacht hast«, antwortet der Meister.

Was bedeutet der unverdiente Schlag des Meisters? Vielleicht, dass der Schüler darüber nachdenken soll, warum er eigentlich übt und Perfektion erlangen möchte. Will er nur seinem Meister gefallen? Strebt er eigenen oder fremden Idealen nach? Warum trainiert er überhaupt? Ist sein Ziel wirklich so wichtig, könnte er nicht genauso gut in einem Café sitzen und Zeitung lesen?

Das irritierende Benehmen des Meisters entsteht immer aus der persönlichen Beziehung zu seinem Schüler, es ist also genau auf dessen Charakter und Entwicklungsstand zugeschnitten und kann daher eigentlich auch nur von ihm selbst richtig verstanden werden.

Oft wird kritisiert, dass Zen nichts biete: keine Lehre, kein Geheimnis, keine Antworten. Vor 600 Jahren sagte der japanische Zen-Meister Ikkyû Sôjun zu einem Verzweifelten: »Ich würde dir gerne irgendetwas anbieten, um dir zu helfen, aber im Zen haben wir überhaupt nichts.« Zen ist nichts Besonderes. Es bedeutet, dass man isst, wenn man hungrig ist, und schläft, wenn man müde ist, es hat kein Ziel. Es widersetzt sich grundsätzlich jeder begrifflichen Bestimmung. Das scheinbar Mysteriöse des Zen rührt allein aus den Paradoxa, die der Versuch des Sprechens über Zen hervorbringt, denn Zen zielt immer ab auf die Erfahrung und das Handeln im gegenwärtigen Augenblick – eine Sache, über die sich schwer theoretisieren lässt.

»Meine Arbeit ist es, Menschen ständig in Konfrontation und damit in die Gegenwart zu bringen, und dafür muss ich aus dem Rahmen fallen. Das ist meine Rolle«, erklärt mir Thich Bo Hoang, der viel und gern spricht. »Natürlich verhalte ich mich in den Zen-Kursen anders als gegenüber meiner vietnamesischen Gemeinde. Meiner Überzeugung nach ist schlechtes Benehmen ein effektives Mittel, um mit Menschen in eine echte Beziehung zu treten. Aber was ist schlechtes Benehmen? Schlechtes Benehmen und schlechte Manieren werden uns immer dann vorgeworfen, wenn wir von dem abweichen, was andere von uns erwarten. Doch nur wenn ich die Erwartungen anderer enttäusche, also ihre Konzepte aufbreche, kommen sie in Kontakt mit sich selbst: Sie wachen auf.«

Der Schüler kann sich bei seinem Lin-Chi-Lehrer nur auf eines verlassen: dass er am Ende alle Annahmen eingebüßt haben wird, was seiner Meinung nach Buddhismus und Zen sein soll. Lin-Chi bedeutet auch, dass die Vorstellungen, die der Schüler von seinem Meister hat, zerbrechen werden – dass sein Meister angeblich fürsorglich ist, höflich und rücksichtsvoll zum Beispiel. Dass er es gut mit dem Schüler meint, ihm hilft und ihn auf seinem Weg begleitet und fördert. Viele hassen ihren Meister dafür.

Auch Bo Hoang geht es so. Er wird in seinem Kloster geliebt und gehasst – je nachdem, in welchem Stadium das jeweilige Schüler-Meister-Verhältnis sich gerade befindet: »Viele sehen einen Zen-Meister als einen allumfassend liebenden Menschen, der jeden so annimmt, wie er ist. Sie erwarten zum Beispiel, dass ich sage: So wie du bist, ist es in Ordnung. Aber ich habe keine Lust, das zu tun und zu sagen, was man von mir erwartet. Die Menschen lieben die Heuchelei. Weil ich sie aber nicht liebe und alles ausspreche, was ich denke, sagt mir mindestens einmal am Tag jemand: ›Ich hasse dich!‹«

Ich verstehe nicht wirklich, warum die Leute so zahlreich zu ihm kommen, aber sie kommen. Zu den Meditationsabenden, zu den Seminaren, ins Gesundheitszentrum oder einfach so zum Mittagessen im großen Esssaal im Erdgeschoss, das von der Banque Alimentaire gespendet wird. Sie alle suchen die Nähe Thich Bo Hoangs. Wie zum Beispiel eine ehemalige Grundschullehrerin, namens Brigitte, der ich im Esssaal begegne. Sie ist Ende 50, sieht aber älter aus, weil sie spindeldürr ist und ihre grauen Haare nicht färbt.

Im Buddhismus habe sie sich selbst gefunden, erzählt sie mir, während wir darauf warten, dass das Teewasser kocht. Und dann weist sie mich zurecht: »Warum trinkst du eigentlich Tee mit künstlichem Aroma, das ist doch nicht gut für deinen Körper.« Seit zwei Jahren putzt sie ehrenamtlich im Kloster, um Kontakt zum Meister zu bekommen, und seit zwei Jahren würdigt Bo sie keines Blickes. Manchmal bekommt sie Hausverbot – und sie weiß nicht, warum.

»Gehasst zu werden, macht auch Spaß.«
Thich Bo Hoang

Ist das eine dieser bizarren Aktionen, oder mag Bo Brigitte einfach nicht. Hat ein Zen-Meister überhaupt Vorlieben? Theoretisch müssten ihm doch alle Menschen gleich lieb sein, nur ein unerleuchtetes Geschöpf wie ich findet jemanden unsympathisch. Und welche Aktion wartet auf mich in dieser Woche? Höchstwahrscheinlich konfrontiert einen ein Lin-Chi-Meister immer genau mit dem, was einem am unangenehmsten wäre – eine ganz billige Methode im Grunde genommen. Ich versuche mich also innerlich dagegen zu wappnen, dass Bo mir vorwerfen

könnte, ich wolle ihn und seine Nonnen und Mönche für
mein Buch benutzen und dass ich Lin-Chi niemals verstehen werde, und mich auffordern könnte, deshalb das Kloster am besten gleich heute noch zu verlassen.

Am Nachmittag besichtige ich das Haus. Vor dem dreistö-
ckigen, ehemaligen Verwaltungsgebäude von Michelin
stehen zwei große Steinlöwen, gekauft in China, ein Zeichen von Bos kindlichem Geschmack, aber so erkennt
man das Kloster wenigstens gleich von außen.
Im obersten Stock sind die Büros und die Schlafzimmer
der Mönche, Nonnen und der Mönch-Anwärter untergebracht. In jedem der circa 12 Quadratmeter großen Zimmer schlafen bis zu vier Personen. Ich habe für die Woche
meines Aufenthaltes ein Gästezimmer für mich allein, ein
Luxus, den sonst niemand im Kloster hat.
Im ersten Stock ist die Praxis für chinesische Medizin
untergebracht, hier ist alles hell und sauber. Im Erdgeschoss hat Bo den Raum, in dem früher eine Werkskantine
war, zu einer Buddhahalle umbauen lassen, der einzig
wirklich schöne Ort in diesem Haus. Die Halle ist mit
braunem Teppich ausgelegt, am hinteren Ende thronen
große, goldene Buddhastatuen, zu ihren Füßen stehen Teller mit Obst und Süßigkeiten. Der Altar ist mit Girlanden
und Kerzen geschmückt. Die Rückfront des Hauses ist
komplett verglast, der Blick fällt in einen winzigen Garten.
Das kleine Stück Erde ist mit weißem Kies zugeschüttet
worden, in einem unfachmännisch angelegten Goldfisch-
teich schimmelt das Brackwasser vor sich hin. Gleich
nebenan stehen schwarze Mülltonnen und ein Dutzend
Kisten mit leeren Glasflaschen, hinter hohen, ungepfleg-
ten Hecken sieht man den Bahndamm.

Im Speisesaal sind die hinteren Tische mit Blumen und Obst dekoriert, die sind für die Meister und die Mönche. Für die Mitarbeiter und Besucher gibt es Bierbänke mit Plastiktischdecken. Gemeinschaftskühlschränke und gleich daneben vier Nähmaschinen stehen vor den Fenstern und schirmen das wenige Licht ab, das von draußen hereinfällt. Inmitten großer Plastiktüten voller Garne und Stoffe nähen die Vietnamesinnen nach Feierabend Kissen und Decken zum Verkauf. Die Einnahmen werden für Waisenkinder in Vietnam gespendet. An den Wänden hängen vietnamesische Schnitzereien, Fotos von sozialen Projekten, Bilder von anderen buddhistischen Meistern samt ihrer Lebensweisheiten, wie etwa »Zwinge niemanden etwas zu tun, was er nicht tun will«, gleich daneben ist die große Pinnwand mit den Küchendienst- und Putzplänen angebracht.

Die Küche liegt zur Hälfte in der ehemaligen Garage und zur Hälfte im Freien im Hof. Auf dem sandigen Boden stehen Zwiebel- und Reissäcke, Wannen mit Chinakohl und die Spendenkisten der Banque Alimentaire – mit Feng Shui hat das alles nichts zu tun.

Im Treppenaufgang zu meinem Zimmer im zweiten Stock stinkt es nach altem Fett, Zigarettenrauch und muffigen Turnschuhen, durch die geöffneten Fenster hört man die Autobahn: Dies hier ist definitiv keine Wellness-Erleuchtung, in diesem Kloster gibt es keinen japanischen Designer-Stil, keine Ayurveda-Küche, keine beschauliche Ruhe.

Um 19 Uhr beginnt der öffentliche Meditationsabend, die Teilnahme kostet fünf Euro. Auf dem Weg zur Buddhahalle begegne ich Ngo, dem Akupunkturmeister in seiner braunen Kutte. Da Ngo nur vietnamesisch spricht, kann sich kaum jemand mit ihm verständigen. Als er an einigen Nonnen und Mönchen im Flur vorbeigeht, faltet er die Hände und murmelt etwas vor sich hin. Alle verneigen sich und nehmen seinen vermeintlichen Segen dankbar entgegen, auch ich senke den Kopf. Eine Vietnamesin, die gerade den Flur fegt, lacht. Auf meine Frage, was Ngo denn gesagt habe, antwortet sie: »Er sagte, verneigt euch, ihr Penner!«

In der Buddhahalle sitzen bereits circa 30 Leute jeden Alters im Kreis zusammen, mehr Frauen als Männer. Jeder Neuankömmling begrüßt die Anwesenden, holt sich vom Stapel neben der Tür eine Decke und ein Meditationskissen. In der Mitte des Raumes steht eine große Vase mit vier Dutzend langstieliger Rosen. Eine junge Nonne leitet die halbstündige Meditation an. Alle schließen die Augen und versenken sich – nur ich nicht, ich beobachte in Ruhe die Meditierenden: Was suchen sie hier? Sind sie schon erleuchtet? Wirken sie interessanter und freier als die Leute, die ich sonst so kenne? Dann schweifen meine Gedanken zum Büroleiter von Bo ab, Jean-Pierre heißt er und ist zehn Jahre jünger als ich. Seine provokante Art hat mir gefallen und der interessante Kontrast zwischen seinem Äußeren und dem gebildeten und feinsinnigen Eindruck, den er auf mich gemacht hat. Von diesen tätowierten Armen würde ich gerne einmal umarmt werden, es muss sich doch ein Vorwand finden lassen, um mit ihm in den nächsten Tagen noch einmal zu sprechen. Die Nonne schlägt den Gong, die Meditation ist zu Ende, nun betritt Bo die Halle, alle stehen auf und verneigen sich. Bo verkündet das Thema des Abends: schlechtes Benehmen. Jeder soll berichten, wann er sich einmal schlecht benommen und was er dabei empfunden hat. Eine ältere Frau meldet sich: Sie wolle vorher noch etwas beitragen zu der Aufgabe von letzter Woche, nämlich glückliche Momente zu sammeln: »Mir hat die letzte Aufgabe so viel gegeben, dass ich beschlossen habe, das Glück, das ich für mich gesammelt habe, mit euch zu teilen«, erklärt sie. Die Rosen in der Mitte seien von ihr, jeder der Anwesenden möge doch am Ende des Abends eine davon mitnehmen. Ein untersetzter Mittvierziger in Motorradkleidung meldet sich: »Amélie, ich finde das einfach toll von dir! Ich fühle mich dadurch wirklich bereichert, dass du deine Gefühle mit uns teilst.« Amélie antwortet: »Ach, Gabriel, das freut mich, dass du das sagst.«

Nach diesem Gefühlsaustausch widmet sich die Runde dem Thema des heutigen Abends. Reihum erzählen nun alle von ihren Erfahrungen. Die Geschichten sind harmlos – ein mutiger Moment des Aufbegehrens gegen den Chef oder andere Autoritäten, das Eintreten gegen Unterdrückung und Ungerechtigkeit. Dafür werden die Erzähler, wie erwartet, von den anderen Teilnehmern gelobt. Aber kein Mann und keine Frau berichtet von Momenten, in denen er andere grundlos gequält, terrorisiert oder erniedrigt hat. Hier ist nichts zu holen für mich, also stecke ich meinen Stift und mein Notizbuch wieder ein.

Dann beginnt der dritte Teil des Abends, die Beratung. Eine dicke Frau im mittleren Alter meldet sich schüchtern: »Ich finde mich zu dick und habe deswegen kein Selbstbewusstsein.« Die 40 Anwesenden nicken mitfühlend, dann blicken sie erwartungsvoll zu Bo – er, der Zen-Meister, wird ihr sicher helfen, sich so anzunehmen, wie sie ist. Doch Bo sagt: »Schau dich im Spiegel an, du musst weniger essen und Sport treiben. Wer hat sonst noch eine Frage?«

Am Ende des Meditationsabends, als alle aufstehen und

die Kissen zurücklegen, geht Amélie herum und verteilt ihre Rosen. Auch mir will sie eine geben, aber ich lehne ab. Verwundert meint sie: »Nimm doch, ich schenke sie dir.«

»Ich habe aber keine Vase«, erwidere ich, etwas Besseres ist mir gerade nicht eingefallen. Wieso, weiß ich nicht, aber ich möchte auf keinen Fall Amélies Freude teilen.

Einem Lin-Chi-Meister ist es übrigens ziemlich gleichgültig, wie oft ein Mann oder eine Frau in das Kloster kommt, meditiert, an den Zen-Kursen teilnimmt oder sich an Gruppenabenden öffnet. Es ist ihm auch nicht wichtig, ob jemand Fortschritte macht oder nicht. Was wäre überhaupt ein Fortschritt? Wenn die Menschen erkennen würden, wie tief in ihnen die Vorstellungen davon, was richtig ist und was nicht, verankert sind. Stattdessen übertragen diejenigen, die in das Kloster kommen, lediglich ihre Vorstellungen auf einen anderen Rahmen – den Buddhismus. Sie sind der festen Überzeugung, dass sie etwas Entscheidendes für ihre Entwicklung und die Befreiung ihres Selbst tun, wenn sie sämtliche buddhistischen Methoden und Empfehlungen befolgen. Doch das ist ein Irrtum.

Während sie meditieren, fasten, über sich und ihre Gefühle sprechen, schaut ihnen der Meister zu und bereitet sich auf den Moment vor, in dem er das alles beherrschende Konzept seines Gegenübers zerstören kann.

»Ein Schüler könnte auch jede Woche in die Buddhahalle kommen und in der Nase bohren, das ist mir ganz gleich. Ich lerne ihn auf jeden Fall kennen, ob er meditiert oder Wurstbrote isst. Und wenn ich spüre, dass er so weit ist, gebe ich ihm den entscheidenden Impuls. Eigentlich kann ich nur helfen, wenn ich meinen Schüler in Wut bringe, denn Wut ist ein sehr schöner Mechanismus, der, einmal ausgelöst, sehr effektiv Veränderungen bewirkt.

Vor dem geplanten Seminar ›Umarme deine Wut‹ habe ich zum Beispiel eine Woche lang jeden wütend gemacht, dem ich begegnet bin. Die Stimmung im Kloster war furchtbar. Aber so konnten die Leute gleich prüfen, ob es ihnen tatsächlich gelingt, ihre Wut zu umarmen.«

Je mehr der Abt Thich Bo Hoang provoziert, desto mehr zieht es die Leute zu ihm hin.

Im Kloster treffen die Leute auf all das, was sie in ihrem sonstigen Leben zu vermeiden suchen. Warum aber macht es denen, die hierherkommen, Spaß, irritiert, gereizt, verärgert und provoziert zu werden? Offenbar sehnen sich die Leute danach, mit einem Menschen Kontakt zu haben, der sich weder aus Höflichkeit noch aus Mitleid, Rücksichtnahme oder gar Angst vor Liebesentzug zurückhält.

Einige begleiten Bo sogar wie Groupies auf seinen Reisen, andere arbeiten für ihn und leben in den ungemütlichen Zimmern des Klosters. Bei ihren Partnern, Kindern, Eltern, Freunden, Vorgesetzten oder Kollegen würden sie ein solches Verhalten niemals dulden, es höchstenfalls leidend ertragen, den Zen-Meister aber bewundern sie dafür.

Ein buddhistischer Abt, der sich amüsiert und seine eigene Persönlichkeit auslebt, erfüllt nicht seine eigentliche Aufgabe.

Was Bo sagt und tut, passt vielen Menschen nicht, vor allen Dingen zahlreichen Buddhisten. Denn er ist eigenwillig, ungewöhnlich, sehr ehrlich und direkt, er provoziert, er fällt aus dem Rahmen, manchmal auch nur aus Spaß, und er hat Charisma.

Viele Buddhisten kritisieren das, weil ihrer Meinung nach das Ego dadurch zu groß wird, es aber im Buddhismus ja gerade darum geht, sein Ego zu überwinden und zu lernen, Gedanken und Gefühle gleichmütig an sich vorüberziehen zu lassen. Anlässlich des Vesak-Festes, des Festes zu Buddhas Geburtstag, kündigten daher mehrere buddhistische Oberhäupter an, sie würden nicht zu den Feierlichkeiten in Paris erscheinen. Der Grund dafür: Die geplante Ansprache von Thich Bo Hoang.

Stimmt das überhaupt, dass ein buddhistischer Abt nur auf der Welt ist, um sich an die Regeln zu halten und den anderen stets ein Vorbild zu sein? Oder ist das auch nur eine falsche Vorstellung? Thich Bo Hoang erläutert seine Ansicht darüber folgendermaßen: »Ich stelle mir manchmal vor, was passiert, wenn ich so weiterlebe wie bisher, also als Mönch lebe, immer brav bete und meditiere, mich vegetarisch ernähre und keinen Alkohol trinke. Wenn ich dann sterbe und vor einen Gott oder Schöpfer hintrete und gefragt werde: ›Und? Was hast du da unten gemacht?‹, werde ich antworten müssen: ›Ich war Mönch, habe immer meditiert und war Vegetarier.‹ Ich bin mir sicher, dass der Schöpfer empört reagieren würde: ›Was? Das war alles? Ich habe dir das Leben geschenkt, und du hast nichts daraus gemacht!‹
Wir sind fühlende Wesen, und es ist Unsinn, seinen Gefühlen zu entsagen. Meine Gefühle und Wünsche machen mich lebendig. Ich will sie wahrnehmen, ich habe ein gesundes Ego. Etwas anderes zu behaupten, wäre Heuchelei. Man kann daher mit Recht behaupten, dass ich mich im Kloster verwirkliche. Auf jeden Fall tue ich nichts, was mir keinen Spaß macht.«

Ich habe Bo eine Woche lang bei seinen Gesprächen mit Besuchern und Patienten begleitet und war überrascht, wie erleichternd es ist, einfach alles auszusprechen, was sowieso auf der Hand liegt. Einer Frau sagte er zum Beispiel, sie sei zu angepasst, einer anderen, sie sei unsportlich, einem Mann, der seit 38 Jahren verheiratet ist, gestand er, dass es für ihn eine furchtbare Vorstellung sei, einen anderen Menschen so lange ertragen zu müssen. Alles sehr freundlich und ohne lange Einleitung vorgetragen. Bo reizt oder brüskiert niemanden in seiner Praxis wirklich.

»Ich gebe Impulse, aber wenn diese nicht aufgegriffen werden, lasse ich das Thema wieder fallen«, erklärt er mir. »Bei diesen Impulsen geht es stets darum, was ein Mensch denkt, was man nicht sagen, fühlen, wünschen oder tun sollte. Ob er die Manieren, seine Lebensumstände oder den Buddhismus hinzuzieht, um sein Verhalten zu begründen, ist nebensächlich. Ich ermutige die Leute dazu, lebendiger zu sein, denn der Preis dafür, nicht zu seinen unerwünschten Gefühlen zu stehen, ist immer hoch: Wir haben viele Seiten in uns, und nur wenn wir anerkennen, dass wir auch anmaßend, unverschämt, lieblos und rücksichtslos sein dürfen, können wir glücklich sein. Schau dir genau an, wer hierherkommt: Es sind Frauen und Männer, die sich von ihrer Lebendigkeit abgeschnitten fühlen. Wer sich nämlich lebendig fühlt, hat anderes zu tun, als hier zu uns zu fahren. Der geht aus, trifft sich mit Freunden, der verschwendet nicht seine Abende im Kloster.«

Das Vesak-Fest sollte in diesem Jahr auch mit internationalen Gästen im Kloster gefeiert werden. Darum hatte sich die Nonne mit dem bürgerlichen Namen Nicole angeboten, die englischen Vorträge der Gäste ins Französische zu übersetzen –

schließlich hatte sie ein abgeschlossenes Anglistikstudium. Doch Bo lehnte ab: »Das muss jemand anders machen – du hast eine zu negative Ausstrahlung, du wirfst ein schlechtes Bild auf uns.«

Manche seiner Anhänger reagieren auf seine Bemerkungen empört, andere sind beleidigt. Viele lassen sich nicht anmerken, dass sie sie überhaupt gehört haben. »Aber nächste Woche sind sie wieder da«, erzählt Bo, »und erklären mir, dass sie darüber nachgedacht haben, was ich ihnen gesagt habe.«

> Zu tun, was man will, und zu sagen, was man denkt, gilt überall als frech und unverschämt.

Viele Menschen, die die Meditationsabende im Kloster oder das Gesundheitszentrum besuchen, werden abhängig von Bo, von seinen Ratschlägen, seiner Meinung, seiner Aufmerksamkeit: »Manche gehen sogar so weit, dass sie mich fragen, ob sie auf die Toilette gehen dürfen. Mein Eindruck ist, dass die Menschen immer wissen wollen, was sie tun sollen. Dass sie viel Angst haben, etwas falsch zu machen. Dass sie eine Anleitung, eine Autorität brauchen, auf die sie sich berufen können.«

Die Abhängigkeit seiner Schüler macht Bo anfänglich meist Spaß: »Ich finde es lustig, Menschen zu beeinflussen, allerdings ist das nur lustig, wenn man selbst der Akteur ist, das heißt der Kontrolleur – als Mitläufer macht dieses Spiel gar keinen Spaß.« Eine sehr unbuddhistische Einstellung, könnte man meinen. Denn zuzugeben, dass man Macht über andere hat und diese zu seinem Vergnügen benutzt, ist eine eindeutige Provokation gegenüber allen, die solche Machtverhältnisse gerne leugnen.

»Jedenfalls bleibt diese Abhängigkeit nicht lange amüsant, es wird schnell nervig, wenn man den anderen manipulieren kann. Außerdem geht es darum, diese Abhängigkeit von mir aufzulösen. Dafür provoziere ich die Leute so lange, bis sie mich hassen. Denn wer mich liebt und verehrt, ist unfrei.«

Nach meinem dritten Vormittag in der Praxis gehe ich hinauf in das Büro, in dem zwei Frauen in meinem Alter an ihren Schreibtischen sitzen. Die eine telefoniert, die andere starrt aus dem Fenster. Ich mache mir Kaffee und setzte mich an den großen Tisch in der Mitte. Plötzlich geht die Tür auf, und Nadine, die Projektleiterin, kommt herein und knallt wütend einen Stapel Papiere auf den Tisch. Aus dem Gespräch mit den beiden Frauen erfahre ich den Grund für ihre Verärgerung: Da sie die Buchhaltung macht, braucht sie für eine wichtige Entscheidung das Einverständnis von Bo. Und heute hat er sie zum fünften Mal versetzt, obwohl sie einen Termin vereinbart hatten. Als Jean-Pierre, der Büroleiter, auf ihr Drängen in Bos Zimmer gegangen war und gefragt hatte, warum er nicht zum vereinbarten Termin erschienen sei, war seine Antwort gewesen: »Keine Lust.«

Eines ist sicher: Immer wenn sich jemand über dich ärgert, bewundert er dich gleichzeitig für deine Frechheit.

»Warum macht er das?«, schreit sie, »ich habe es satt. Ich kündige!«
»Du weißt doch, wie es hier zugeht«, sagt die Frau daraufhin, die bis eben telefoniert hat. »Du musst das Problem alleine lösen.«

»Du hast ja keine Ahnung«, ruft Nadine, dann setzt sie sich an den Rechner, hackt auf die Tastatur ein und schimpft vor sich hin. Die Frau kommt nun zu mir an den Tisch: »Ich heiße Julie«, stellt sie sich vor. Julie ist 32 Jahre alt und eine Assistentin von Bo. Ich frage sie, wie lange sie schon im Kloster arbeitet und wie sie dazugekommen ist. Sicher nicht, weil sie Geld braucht, denn Julie ist elegant gekleidet und perfekt frisiert, ihre Schuhe und ihre Handtasche sehen teuer aus. Sie erzählt mir ihre Geschichte. »Vor einem Monat hätte ich mit dir noch nicht darüber sprechen können«, gesteht sie.

Vor zwei Jahren war Julie mit ihrem Mann, ihrer dreijährigen Tochter und ihrem neugeborenen Sohn nach Amman gegangen. Er arbeitete dort in einem französischen Unternehmen. Für die Hausarbeit hatte sie auf einmal Personal, daher brauchte sie sich nur um die beiden Kinder zu kümmern. Doch sie bekam Depressionen, nichts machte ihr mehr Freude, und für die wenige Arbeit, die sie zu tun hatte, fehlte ihr jede Kraft. Schließlich kam sie in eine Klinik und bekam Antidepressiva. Eines Tages setzte sie sich dann in ein Flugzeug und flog zurück nach Frankreich, ohne sich von ihrem Mann oder ihren Kindern zu verabschieden. Während er in der Arbeit gewesen war, hatte sie ihre Koffer gepackt, sich ein Taxi bestellt und sich zum Flughafen fahren lassen. Dabei quälten sie wahnsinnige Schuldgefühle, was für eine schreckliche Mutter sie doch war, weil sie ihre beiden Kinder zurückließ. Dennoch: Als sie im Flugzeug saß, war sie unendlich erleichtert. Seitdem hat sie weder ihren Mann noch ihre Kinder wiedergesehen. Bo war der erste Mensch, dem sie sich anvertraut hatte, weil sie gehofft hatte, dass er ihr helfen könnte. Er lud sie daraufhin ein, im Kloster zu leben, und half ihr, die

Medikamente abzusetzen. Seitdem arbeitet sie für ihn, organisiert seine Termine oder assistiert bei seinen Akupunktur-Behandlungen.

Eines Morgens waren sie und Bo zu einer Patientin mit starken Rückenschmerzen gefahren. Dort angekommen, erzählte die Frau von ihrem Stress als Selbstständige und alleinerziehende Mutter und mutmaßte, dass auch ihre Rückenschmerzen wohl von diesen Belastungen kämen. Julies Hände begannen zu zittern, und ihre nur mühsam unterdrückten Schuldgefühle überfielen sie: Diese Frau hatte keinen Mann, der für sie sorgte, kein Personal, das ihr die Hausarbeit abnahm, und um ihr Kind musste sie sich auch noch alleine kümmern. Ihr dagegen war es schon zu viel gewesen, ihrer Tochter am Abend vorzulesen.

Plötzlich fing Bo an, die Frau zu loben. Während er die Akupunkturnadeln setzte, schwärmte er, was für eine gute und aufopferungsvolle Mutter sie doch sei. Die Frau fühlte sich dadurch geschmeichelt und fuhr fort zu erzählen, wie sehr sie ihre Tochter liebe und was sie alles für sie tue. Die Situation wurde für Julie immer unerträglicher, das Gerede der Frau schmerzte sie geradezu körperlich, sie reichte Bo die Nadeln und sehnte den Moment herbei, an dem sie endlich gehen könnten.

Da meinte Bo: »Sie würden doch niemals zwei kleine Kinder in Amman zurücklassen wie meine Assistentin?« Die Frau starrte sie an mit einem Blick, in dem Julie erst Unglauben, dann Verachtung lesen konnte.

Julie war schockiert, fassungslos, gerade Bo, dem sie so sehr vertraut hatte, hatte sie verraten, einer fremden Frau ausgeliefert. Niemals hätte sie gedacht, dass er so etwas tun könnte. Die Frau sagte: »So etwas Herzloses könnte ich niemals tun, da würde ich mir lieber das Leben nehmen.«

Wie in Trance legte Julie die Akupunkturnadeln zur Seite und verließ die Wohnung. Ziellos lief sie durch die Straßen, gequält von dem einen Gedanken: Ich bin keine gute Mutter, ich bin ein schlechter Mensch. Niemand kann mich mehr lieben, nicht einmal Bo. Der Schmerz über seinen Verrat war die größte Enttäuschung, die sie in ihrem Leben bisher gefühlt hatte. Doch dann geschah das Unglaubliche: Sie wurde ruhig und wusste mit einem Mal genau, dass ihr nichts mehr passieren konnte, dass die Verachtung anderer ihr nichts mehr anhaben würde. Dass sie mit den Konsequenzen ihrer Entscheidung allein fertigwerden musste und dass niemand sie davon befreien konnte, wie sie selbst über sich dachte. Seitdem Bo sie verraten hat, fühlt sie sich erstaunlicherweise freier und glücklicher.

Einen anderen Menschen bloßzustellen, ist schlecht – das sieht Thich Bo Hoang anders.

Die Geschichte hat mich sehr beeindruckt, das ist also Lin-Chi. Wie viele Menschen wohl in einem Leben stecken, das sie gar nicht leben wollen, und hoffen, dass jemand sie daraus befreit – mit einem Wort, mit einer Geste. Es muss ein wunderbares Gefühl sein, ein Zen-Meister zu sein, denn als normaler Mensch ist es unmöglich, all das zu tun und zu sagen, was zum Beispiel Bo sagt und tut. Wenn ich jedem so unverblümt meine Meinung auf den Kopf zusagen würde, hätte das sicher unangenehme Konsequenzen.

Am späten Nachmittag habe ich einen Termin mit Bo in seinem Büro, bis jetzt habe ich nur auf der Autofahrt mit ihm gesprochen und ihn mit seinen Patienten und am

Meditationsabend erlebt. Von 16 bis 17 Uhr hat er eine Stunde Zeit für mich, und ich darf ihm meine Fragen stellen. Also klopfe ich an seine Zimmertür. Falls er es sich anders überlegt haben sollte und mich doch nicht empfangen will, werde ich auf jeden Fall nicht so unsouverän reagieren wie Nadine, das ist schon mal klar. Aber Bo ruft mich herein.

Natürlich will ich als Erstes wissen, wann er weiß, dass bei einem Menschen dieser eine Moment gekommen ist, an dem er »zuschlagen« muss, um dessen Konzept zu zerbrechen. Was ist, wenn Bo sich irrt und sein Schüler nicht befreit wird von seiner Last, sondern in eine ernsthafte Krise stürzt.

»Das passiert nicht«, antwortet Bo. »Ich weiß, wie weit ich gehen kann und wann mein Gegenüber so weit ist, dass er mit meiner Konfrontation etwas anfangen kann – und auch wenn sich jemand empört von mir abwendet, bin ich mir sicher, dass das, was ich in ihm angestoßen habe, weiterwirken wird. So wie bei einem meiner Lieblingsschüler, Karim. Karim war sehr ehrgeizig, hielt mich für sein Vorbild und tat alles, um sich dorthin zu entwickeln. Irgendwann schlüpfte er vor den anderen in die Rolle des Lehrers. Ab diesem Zeitpunkt nahm ich die Schülerrolle ein – und zwar die eines sehr nervigen Schülers. Ich fragte und fragte und nahm ihn vor all den anderen Schülern auseinander. Ich habe ihn provoziert und sein Selbstbild zerstört: Es war eine Illusion von Karim, mich zu lieben und als Vorbild zu sehen. Danach hasste er mich – aber wenigstens weiß er jetzt, wo er steht, und ist nicht in der Illusion verhaftet.

Ich spiele ja eine Rolle. Die Leute haben das Bild von mir, dass ich zugänglich, mitfühlend, zuverlässig und kreativ bin. Aber stimmt das denn? Ich bin doch gar nicht vertrauenswürdig. Ich erzähle ja die Geschichten, die mir hier anvertraut werden, weiter, ich verwende, was mir im Vertrauen gesagt wurde, im falschen Moment gegen sie. Ich habe die Frechheit, das zu machen. Das führt bei den meisten dann wieder zur Bewunderung, aber andere hassen mich dann wie die Pest.«

Manchmal verwendet Bo für seine Provokationen auch Stellvertreter. Menschliche Tretminen sozusagen, die dort, wo sie auftauchen, Ärger machen. »Meine Lieblingstretmine ist Agnès. Agnès kommt seit zehn Jahren hierher und benimmt sich unmöglich. Jedes Mal, wenn ich frage, wer seine Hausaufgaben gemacht hat, ruft sie: ›Ich nicht!‹ Wenn ich am Meditationsabend vorschlage, eine Woche lang glückliche Momente zu sammeln, fragt sie: ›Warum muss ein Mensch überhaupt Glück empfinden, ich finde das doof.‹ Das amüsiert mich. Wenn ich Agnès sehe, freue ich mich schon immer darauf, was als Nächstes passieren wird.«

Agnès hatte ich heute Morgen beim Frühstück kennengelernt. Frühstück gibt es um acht Uhr, und jeder im Kloster beeilt sich, pünktlich zu erscheinen, denn wer zu spät kommt, dem kann es passieren, dass es am Büfett nichts mehr gibt.
Sobald sich Meister, Mönche und Nonnen an die hinteren Tische gesetzt haben, ertönt ein Gong, dann wird normalerweise gebetet und anschließend schweigend gegessen. Aber an diesem Morgen kam Agnès und begrüßte alle Anwesenden sehr laut mit: »Hallo, guten Morgen. Schmeckt's?«

Einige haben sich peinlich berührt umgesehen, ob Bo und den anderen Meistern Agnès' Verhalten wohl aufgefallen war, aber die frühstücken ungerührt weiter. Ich bin mir sicher, dass einige sich gefragt haben, warum ausgerechnet Agnès sich der Sympathie von Bo erfreut, während andere ignoriert werden.

»Interessant ist«, meint Bo, »wenn so etwas passiert, dann drehen sich die meisten sofort zu mir um und erwarten, dass ich das Verhalten von Agnès missbillige. Schließlich spricht sie, während man schweigen soll. Jeder Besucher hält sich ehrfürchtig daran, denn die Leute, die hierher-kommen, halten es für wichtig und gut, beim Essen zu schweigen. Beim Kauen und Schlucken ganz im Moment zu sein und sich nicht mit sinnlosem Geplapper zu zer-streuen. Und natürlich wollen sie unsere Gesetze und die buddhistischen Meister respektieren.

Ich spüre ihren Wunsch, dass ich Agnès zurechtweisen oder gar ausschließen soll. Aber ich finde gut, was Agnès macht: So ein Verhalten bringt Bewegung herein, es macht die anderen wach. Jeder kann selbst herausfinden, ob er sich gestört fühlt, weil nun keine Stille mehr herrscht oder weil er selbst gerne das getan hätte, was Agnès getan hat. Wer sich ärgert, ist im Moment – in der Realität. Leichter kann man Erleuchtung nicht erreichen.«

»Ich habe keine Lust auf Banque Alimentaire«, sagt Nadine am Abend zu mir und lädt mich ein, mit ihr zu Quick neben der Tankstelle gegenüber zu gehen. Wir überqueren die große Kreuzung, hinter dem Autobahnkreuz geht die Sonne unter.

»Hier müssen wir wenigstens nicht das Kauen und Schmatzen der Vietnamesen ertragen«, meint Nadine und trägt ihr Tablett mit Pommes, Kaffee und Eiscreme an den Tisch in der hintersten Ecke. Nadine hat recht: Wegen des Schweigens während der Mahlzeiten sind die Essensgeräusche des vietnamesischen Küchenpersonals das Einzige, was zu hören ist. Es fällt schwer, nicht darauf zu achten, wie sie ihre Suppe schlürfen, wenn man nicht reden darf. Ich weiß sowieso nicht, wie Nadine es im Kloster aushält. Sie ist nie allein, schläft mit drei anderen Mädchen im Zimmer, telefoniert, isst und schminkt sich stets in Gesellschaft. Und in die Stadt ins Kino oder in ein Restaurant zu gehen, kann sie sich aufgrund ihres niedrigen Gehalts nicht leisten.

»Wie gefällt es dir hier bei uns?«, fragt sie. Rechts neben uns sitzen vier Männer, ein großer, kräftiger Kerl in einer hellbraunen Lederjacke, neben ihm ein hagerer Mann mit einer riesigen Nase, ihm gegenüber zwei verschlagen aussehende Gestalten, der eine klein mit Halbglatze, der andere hat die Statur eines Boxers. »Gut«, erwidere ich und beobachte dabei, wie der Mann in der Lederjacke ein dickes Geldbündel aus der Tasche zieht, lauter 200- und 500-Euro-Scheine. »Das war doch toll von Bo, dass er deine Frage mit dem schlechten Benehmen gleich zum Wochenthema gemacht hat«, meint Nadine, kippt ihre Portion Pommes auf das Tablett und beginnt zu essen.

Der Mann zählt mehrere Geldscheine auf den Tisch, ziemlich viele vor dem Kleinen mit der Glatze und einige vor dem Langen mit der Hakennase, der Boxer bekommt nichts. »Und die Geschichten, die die Leute erzählt haben, waren doch echt krass, oder?«

»Geht so«, gestehe ich, »das meiste fand ich ziemlich langweilig.«

»Wieso? Was hast du denn erwartet?«

Der Mann, der das Geld ausgeteilt hat, sagt gerade: »Das Schwein schuldet mir auch noch 30 000 Euro. Da gehst du gleich heute Abend vorbei, aber geh nicht allein.« Der Lange mit der Hakennase nickt.

»Ehrlich gesagt, finde ich es langweilig, dass alle Bo nach dem Mund reden«, antworte ich. »Das merkt er doch. Schon allein aus diesem Grund würde ich ihm öfter mal widersprechen.«

Nadine ist richtig beleidigt: »Es geht doch nicht immer darum, besonders originell zu sein oder sich zu amüsieren!«

»Seine Frau hat gesagt, dass er bezahlen wird«, meint jetzt der Mann mit der Hakennase und steckt die Geldscheine ein.

»Worum geht es dann?«, frage ich.

»Du hast wirklich nichts verstanden«, seufzt Nadine. »Das sind alles Konzepte. Wenn man dem Meister nach dem Mund redet, ist das ein Konzept, und wenn man ihm immer widerspricht, ist es auch eines. Aber keines ist besser als das andere.«

»5000 Euro«, weht ein Gesprächsfetzen vom Nebentisch herüber.

»Das glaube ich nicht«, sage ich.

»Das ist doch alles eine Idee des Egos. Der eine denkt, dass er nett sein muss, um sich besser zu fühlen, andere glauben wie du, dass man unbedingt anders und originell sein muss.«

»Bo hat mir heute Nachmittag gesagt, dass es ihn amüsiert, wenn man ihm widerspricht. Und es ist doch ganz offensichtlich, dass er Agnès lieber mag als zum Beispiel Brigitte.«

»Das sieht nur in deinen Augen so aus.« Irgendwie ärgert

mich das, was Nadine sagt, die Stimmung ist auf jeden Fall dahin. Schweigend isst sie ihr Eis.

»Und die 8000 Euro, hast du die schon kassiert?«, fragt jetzt die Lederjacke. Der Lange antwortet: »Das mache ich noch.«

Als Nadines Telefon klingelt, wendet sie sich von mir ab, sagt etwas und schreibt etwas in ihren Terminkalender.

Der Lange steht jetzt auf, die anderen Männer nicken ihm zum Abschied zu. Ich möchte gar nicht wissen, wo er hingeht. Vorsichtig linse ich zum Nachbartisch herüber und tue dabei so, als ob ich die Sendung auf den vielen Fernsehbildschirmen über der Theke verfolgen würde. Die drei Männer sprechen nicht mehr miteinander, rühren nur in ihren Plastiktassen. Das Lebenskonzept dieser Männer soll also ungefähr so viel wert sein wie meines? Nadines These besagt, wenn ich sie richtig verstanden habe, dass die Unterschiede zwischen unseren Egos marginal sind und dass wir uns auf diese lächerlichen Unterschiede etwas einbilden. Wir kommen uns schöner, besser, gebildeter, wahrhaftiger, klüger und netter vor als andere, aber aus der Sicht eines Zen-Meister ist das wohl anders: Für ihn ist kein Mensch besser oder schlechter als der andere.

Der Mann in der Lederjacke steht auf und nimmt sein restliches Geld vom Tisch. Das Bündel ist nach der Verteilaktion immer noch so dick wie ein Taschenbuch.

> Wer andere provoziert, hilft ihnen,
> sich kennenzulernen.

»Wir erleben viele unglückliche Momente, weil wir uns den Rahmenbedingungen anpassen. Wir unterdrücken unsere Bedürfnisse, und wir unterdrücken unsere Wahrheit – weil wir akzeptiert werden wollen. Wir spielen unsere vorgeschriebenen Rollen bis zum bitteren Ende und werden unglücklich, weil sie nicht wirklich zu uns passen«, erklärt Bo bei unserem letzten Termin vor meiner Abreise. »Gleichzeitig wollen wir aber auch als etwas Besonderes wahrgenommen werden, das heißt, wir wünschen uns, dass man noch in 20 Jahren an uns denkt und von uns spricht«, fährt er fort. »Aber die Erwartungen anderer zu erfüllen und dabei etwas Besonderes zu sein, das funktioniert nicht. Denn das Besondere ist eben etwas, was nicht den Erwartungen entspricht. Um ein außergewöhnlicher Mensch zu sein, muss man aus seinen Rollen ausbrechen können. Und das trauen sich die meisten Menschen nicht. Stattdessen glauben sie, es reiche, sich die Haare rot zu färben, ein Weinkenner, Jazzliebhaber, ein Anhänger der Gothic-Szene zu sein oder in den Swinger-Club zu gehen oder ein ganz braver und toller Buddhist zu sein, um als außergewöhnlich zu gelten. Das ist lächerlich, denn all diese Dinge sind gesellschaftlich anerkannt.«

Mit guten Manieren bleibt man nicht in Erinnerung.

Ich berichte ihm von dem Eindruck, den viele Besucher des Klosters in der letzten Woche auf mich gemacht haben. Gerade die, die sehr viel davon sprachen, ihr Ego loswerden zu wollen, wirkten auf mich nämlich besonders unfroh: »Es macht keinen Spaß, sich mit ihnen zu unterhalten, sie inspirieren mich nicht. Von den meisten glaube ich, dass sie einfach keine besonderen Talente oder Interessen besitzen, aus denen sie etwas machen könnten. Was ist denn schlimm daran, ganz normale Ziele zu verfolgen und sich zu verwirklichen?«, frage ich. »Was hat man im Buddhismus dagegen?«

Bos Antwort überrascht mich: »Auch die Menschen, die in das Kloster zu den Seminaren und den Meditationsabenden kommen, wollen sich verwirklichen. Doch sie verstehen nicht, was sich verwirklichen heißt. Verwirklichen heißt, sich anzupassen.«

Für mich bedeutete Sichverwirklichen bisher immer das Gegenteil.

»Denk doch einmal nach«, fährt Bo fort, »verwirklichen kann sich in dieser Gesellschaft nur, wer sich an die Norm, an die Regeln, an die Moral hält. Tue ich das nicht, darf ich in dieser Gesellschaft überhaupt nichts machen – keine Karriere anstreben zum Beispiel, kein Geschäft eröffnen, Politiker oder Schauspieler sein. Ein Politiker strebt zum Beispiel die Position eines Parteivorsitzenden an, weil dieses Amt viel Macht bedeutet. Viele assoziieren so einen Posten mit Freiheit, dabei muss man sich in sehr viele Zwänge begeben, um ihn zu erreichen.

Selbstverständlich macht das Verwirklichen als Spiel mit diesen Normen, Zwängen und Regeln Spaß, aber du bist nicht dieses Amt. Du solltest dich also nicht damit verwechseln. Sobald nämlich das, was du tust, dir keinen Spaß mehr macht, musst du dich von dem Ziel von einem Tag auf den anderen trennen können.

Wonach sich die Leute wirklich sehnen, ist sich zu entfalten. Sich zu entfalten, bedeutet, die Stärke in sich selbst zu finden – nicht in einem äußeren Ziel. Flexibel und lebendig zu bleiben, das heißt unabhängig davon zu werden, was ich erreicht oder nicht erreicht habe, was andere von mir erwarten und über mich sagen. Entfalten kann man sich nur, wenn man nicht an den Bildern klebt, sich also nicht mit seinen Rollen als Schriftsteller, Mutter, Zen-Meister, Handwerker, Journalist oder Lehrer verwechselt.«

Sich zu entfalten, heißt immer,
aus dem Rahmen zu fallen.

Sich zu sehr anzupassen, macht aber nicht nur unglücklich, sondern sogar krank. Bo behandelt in seinem Gesundheitszentrum etwa 40 Patienten am Tag, die meisten haben Schmerzen und Verspannungen.

»Schmerzen und Verspannungen sind die direkte Folge davon, dass wir unseren Impulsen nicht folgen. Wenn wir uns aber auf Dauer verleugnen, weil wir bei Kollegen und Familie beliebt sein wollen, bekommen wir vor allen Dingen Probleme mit dem Magen, dem Herz und den Nieren. Zum Beispiel bekommt jemand, der ständig gegen einen inneren Widerstand bei der Arbeit zu Kollegen oder seinem Chef freundlich ist oder zu Hause zu seiner Frau, seinem Mann oder seinen Eltern nett ist, irgendwann Magenprobleme. Auf der körperlichen Ebene sieht das dann so aus: Man passt sein Verhalten an, spürt aber den Widerstand und produziert mehr Magensäure, um diesen Widerstand ›aufzulösen‹.

Auch wenn jemand zu unsicher ist, hält er die Energie in seinem Magen. Wenn er sich zum Beispiel nicht traut, seine Meinung zu sagen, weil er Angst hat, die Menschen, die das betrifft, zu verlieren, oder weil er seine Position behalten und kein Außenseiter werden will.

Kürzlich war eine Frau bei mir, die unter starken Magenschmerzen litt. Sie erzählte, dass sie ihre Kollegen hasse, weil sie oberflächlich und laut seien, doch sie müsse, wenn im Büro Fröhlichkeit gefordert sei, immer mitlachen. Sie fragte mich, ob ich den Satz ›Die Schönheit kommt von innen‹ kennen würde. Als ich bejahte, meinte sie: ›Aber die Kotze, die kommt auch von innen.‹

Es gibt auch noch die Variante, dass jemand nicht nur sein Verhalten anpasst, sondern auch seine Emotionen: Dass einer traurig ist, wenn jemand anders jammert, dass er fröhlich ist, wenn andere fröhlich sind, dass jemand wirklich emotional ganz dabei ist und es ihm nicht mehr bewusst ist, wie sehr er sich dabei anpasst. Wer das macht, fühlt sich irgendwann innerlich leer. Und um diese Leere zu füllen, beginnt er zu essen, das heißt, er wird dick.

Insgesamt kann man sagen: Wer nicht wirklich lebt, sich nicht wirklich ärgert und freut, dessen Hormone werden nie hochgekurbelt, das heißt, die Hormone funktionieren nicht richtig. Wozu sollen unsere Hormone schließlich arbeiten, wenn wir uns doch immer nur zurückhalten? Das schafft jedoch wieder andere gesundheitliche Probleme, zum Beispiel mit den Nieren. Die meisten Krankheiten entstehen durch Stagnation. Stagnation entsteht, wenn wir uns zu gut benehmen.«

> »Heute habe ich schlechte Laune –
> macht euch auf was gefasst!«
> Thich Bo Hoang

Würden wir mehr auf unseren Körper hören, könnten wir viele gesellschaftliche Regeln nicht mehr einhalten. Der größte Verlust, den wir erleiden, wenn wir versuchen, alles richtig zu machen, ist der von Sinnlichkeit. Gerade in Deutschland ist das Körperliche sehr verpönt, man vermeidet es, sich gehen zu lassen und seinen Genuss in der Öffentlichkeit auszudrücken, das heißt zum Beispiel im Restaurant zu schmatzen oder im Kino laut zu lachen. Man starrt auch niemandem hinterher, den man auf der Straße sexy findet, geschweige denn, dass man es demjenigen auch noch hinterherruft.

Bos Meinung nach behaupten viele Menschen, dass sie gerne sinnlicher wären – wollen aber den Preis dafür nicht zahlen. »Man ist nur sinnlich, wenn man aus dem Rahmen fällt. Nur dann macht man die Erfahrung von starker Ablehnung oder starker Anziehung – je nachdem. Wer große Angst vor Ablehnung hat, verzichtet auch auf die gegenteilige Erfahrung, nämlich andere Menschen stark anzuziehen.

Sich schlecht zu benehmen,
heißt lebendig und sinnlich zu sein.

Es ist erstaunlich, wie viele Menschen dem Irrtum unterliegen, dass nur geliebt wird, wer seine Impulse unterdrückt. Doch das Gegenteil ist der Fall. Ngo, unser Akupunkturmeister, zum Beispiel benimmt sich immer merkwürdig, und dennoch mögen ihn alle. Wenn man ihm aber erzählt, dass er unheimlich beliebt ist bei den Patienten, ist er selbst erstaunt: ›Ich? Das glaube ich nicht‹, antwortet er dann.«

PATIENTENDIALOGE MIT THICH BO HOANG,
GESAMMELT IM MAI 2010

Bo: »Sie haben Konflikte, Sie unterdrücken Ihren Ärger,
und das erzeugt innere Spannungen, die dann in Ihren
Rücken gehen.«
Patientin: »Und was soll ich tun?«
Bo: »Schreien Sie die Leute an, lassen Sie alles raus, sagen
Sie etwas Hartes und Gemeines!«
Patientin: »Aber wenn ich das mache, sind die Leute
sauer, und das erzeugt doch neue Spannungen.«
Bo: »Dann suchen Sie nach einem geeigneten Opfer.
Irgendwann finden Sie den Richtigen, der sich das ge-
fallen lässt. Ich finde zumindest immer einen.«

Bo: »Wie geht es Ihnen?«
Patient: »Besser als letzte Woche.«
Bo: »Und Ihrer Frau?«
Patient: »Na ja, wie soll es einer Demenzkranken schon
gehen?«
Bo: »Wie lange sind Sie eigentlich schon mit Ihrer Frau
verheiratet?«
Patient: »52 Jahre.«
Bo: »52 Jahre? Was für eine Leistung!« Zu mir gewandt:
»Stell dir vor, du müsstest es mit einem Menschen so lange
aushalten, das ist ja die reine Hölle.«

Bo: »Treiben Sie eigentlich Sport?«
Patientin: »Ja, ich fahre Rad.«
Bo zeigt auf den Bauch seiner Assistentin und sagt zu ihr:
»Das wäre auch mal gut für dich. Obwohl – da musst du
schon weit fahren.«

Bo behandelt eine hochschwangere Patientin. Dann wendet er sich an seine Assistentin: »Du könntest auch mal wieder mit deinem Mann schlafen.«

Bo behandelt eine Frau mit starken Nackenschmerzen, sie erzählt, dass sie sich von ihrem Mann getrennt hatte, nun aber beschlossen hat, es doch wieder mit ihm zu versuchen.
Bo: »Weswegen wollten Sie sich denn trennen?«
Patientin: »Mein Mann war so langweilig.«
Bo: »Und nun ist er nicht mehr langweilig?«
Patientin: »Doch. Aber ich habe festgestellt, dass ich ohne ihn Existenzängste habe, mein Mann hat ja bis jetzt für mich gesorgt.«
Bo: »Sie nützen aber den Mann nicht aus, oder?«
Patientin: »Niemals würde ich das tun. Ich hatte ihm schon gesagt, dass ich bei einer Scheidung nur 100 000 Euro von ihm fordern würde, obwohl ich Anrecht auf eine Million hätte. Er weiß also, dass ich nicht geldgierig bin.«
Bo nickt und setzt die Akupunkturnadeln. Als er damit fertig ist, deckt er die Frau mit einer Decke zu und geht zur Tür. Dann dreht er sich noch einmal um und meint: »Sie sind dumm. Ich hätte die Million genommen.«

Bo wird zu einer krebskranken Frau gerufen, die sich bei ihm über ihren Sohn beschwert, der sich ihrer Meinung nach nicht genug um sie kümmert.
Bo: »Lassen Sie Ihren Sohn in Ruhe, es gibt doch Essen auf Rädern.«

ZEN ODER WIE MAN UNABHÄNGIGER, INTERESSANTER UND ANZIEHENDER WIRD

Die Vier Edlen Wahrheiten des Buddhismus sind:

1. Das Leben im Daseinskreislauf ist letztlich leidvoll.
2. Ursachen des Leidens sind Gier, Hass und Verblendung.
3. Erlöschen die Ursachen, erlischt das Leiden.
4. Zum Erlöschen des Leidens führt der Edle Achtfache Pfad.

Der Edle Achtfache Pfad stellt also den praktischen Weg zur Aufhebung des Leidens dar. Ich habe nach meinem einwöchigen Aufenthalt im Kloster von Thich Bo Hoang folgende Alternative erstellt:

ERSTER PFAD
Tun Sie jeden Tag irgendetwas Falsches – das macht unabhängig

Der Büroleiter Jean-Pierre fragt beim gemeinsamen Mittagessen die Projektleiterin Nadine: »Weißt du, was ich an dir mag?« Sie antwortet erwartungsvoll: »Nein.« Wir anderen sind ebenfalls gespannt, denn wir fragen uns alle, was man denn an Nadine mögen könnte. Jean-Pierre sagt: »Nichts.«

Sich nicht um die Ablehnung der anderen zu kümmern, verschafft Freiheit. Das Interessante am schlechten Benehmen ist, dass es in der eigenen Umgebung Veränderungen bewirkt, weil es unmittelbare Reaktionen hervorruft. Doch vor diesen Reaktionen haben viele Menschen Angst und wollen sie um jeden Preis vermeiden. Da sich zwischen den Menschen aber ständig nicht zu überbrückende Interessenskonflikte auftun und Spannungen aufbauen, kommt eigentlich niemand dauerhaft um schlechtes Benehmen herum.

Mit der Abneigung anderer fertig zu werden, kann man üben. Es ist ganz einfach: Tun Sie jeden Tag bewusst etwas Falsches:

- Erzählen Sie beim Mittagessen mit Kollegen etwas Unanständiges oder Ekliges, beschreiben Sie zum Beispiel in allen Einzelheiten das dreckige Herrenklo des Restaurants.
- Provozieren Sie, machen Sie sexistische oder rassistische Bemerkungen. Widerstehen Sie dabei unbedingt dem Drang, diese Bemerkungen wieder abzuschwächen. Nehmen Sie die Empörung der anderen so gleichmütig wie möglich entgegen.
- Zeigen Sie einem Menschen, den Sie nicht mögen oder der Sie schon seit Langem nervt, unmissverständlich Ihre Abneigung. Gestehen Sie offen, dass derjenige Sie ekelt, nervt, abtörnt, langweilt oder enttäuscht hat. Am besten wirkt diese Übung, wenn Sie von dieser Person, also zum Beispiel dem Chef oder der Chefin, dem Vermieter, den Eltern, den Kindern, dem Nachbarn, in irgendeiner Weise abhängig sind.
- Sehr wirkungsvoll ist es auch, sich Kollegen, Freunden oder der Familie zu verweigern und aufgetragene Aufgaben ohne Entschuldigung liegen zu lassen. Dabei wer-

den Sie feststellen, dass es gar nicht so schlimm ist, die Abneigung der anderen zu spüren. Oft wird einem sogar noch mehr Respekt entgegengebracht, als wenn wir die Aufgaben ohne Widerspruch erledigt hätten.

Durch die so frei werdende Energie entsteht ein Hochgefühl, das allerdings leider meist nicht lange anhält, danach folgen sofort Angst und Schuldgefühl. Lassen Sie dieses Schuldgefühl zu. Wenn Sie das ein paar Mal gemacht haben, werden Sie hinter Ihrem Schuldgefühl eine ungeheure Stärke entdecken! Wie bei allem, vor dem man sich lange gefürchtet hat und von dem man dann feststellt, dass man damit durchaus fertig wird.

ZWEITER PFAD
Seien Sie launisch, zickig und anspruchsvoll – das macht attraktiv

> *Lieber zweimal weniger freundlich sein als einmal zu viel!*

Grundvoraussetzung, um attraktiv für andere zu werden: Seien sie nicht freundlich, wenn Sie in sich auch nur den leisesten Widerstand wahrnehmen, freundlich zu sein. Das Gefühl der Lustlosigkeit, das viele Menschen verspüren, hat seine Ursache darin, dass sie sich bemühen, nicht schwierig oder zickig zu sein. Das kostet viel Energie. Außerdem: Je mehr wir uns zusammenreißen, desto launischer werden die Menschen in unserer Umgebung. Es ist tatsächlich so, dass besonders feinfühlige Menschen instinktiv die nicht gezeigten Gefühle anderer ausagieren, also beispielsweise immer schwieriger werden. Lassen Sie es nicht so weit kommen: Seien Sie so launisch und zickig wie möglich, das zwingt Ihre Freunde und Bekannten dazu, sich Mühe zu geben und Sie bei Laune zu halten.

Die meisten Menschen haben Strategien entwickelt, um ihre schlechte Laune auszuleben, zum Beispiel regen sie sich im Auto über die anderen Verkehrsteilnehmer auf, oder sie sind besonders gemein zu Mitarbeitern von Callcentern. Manche lassen ihre Aggressionen auch an Verkäufern aus. Das alles funktioniert aber nur, wenn Sie Ihre schlechte Laune und Aggressivität auch genießen. Wer danach sofort an Schuldgefühlen leidet, verliert seine eben gewonnene Energie gleich wieder.

Zickig sein macht Spaß. Zickiges Verhalten reizt die anderen und zwingt sie, aus sich herauszugehen. Dadurch wird Nähe geschaffen, die Sie für sich nutzen können. Entweder entschuldigen Sie sich einen Tag später für Ihr Benehmen, oder Sie setzen noch nach. Bei der ersten Variante, der Entschuldigung, besteht die Chance, dass Sie für diese Geste exakt die Menge an Sympathie gewinnen, die der Intensität des Ärgers vom Vortag entspricht. Bei der zweiten Variante sollten Sie so weit gehen, dass der andere sich so sehr ärgert, dass er sich nicht mehr im Griff hat – dadurch sind Sie automatisch in der überlegenen Position.

Anspruchsvolle Menschen wissen wenigstens, was sie wollen. Profilieren Sie sich, indem Sie sich anspruchsvoll geben: Stehen Sie in einem Restaurant sofort wieder auf, nachdem sich Ihre Begleiter gesetzt haben, weil Sie doch lieber an einem anderen Tisch sitzen wollen. Oder bestehen Sie sogar darauf, in ein anderes Restaurant zu gehen.

Bitten Sie während des Essens darum, das Thema zu wechseln, weil es Sie langweilt. Verlassen Sie einen Kinofilm, eine Veranstaltung, ein Abendessen vorzeitig, weil Ihre Erwartungen nicht erfüllt werden. Wer in der Lage ist, die Seufzer und das Augenrollen in seiner Umgebung mit Gleichmut zu ertragen, der hat sich von dem Zwang, gefallen zu müssen, befreit.

Sagen Sie direkt, was Sie wollen. Bitten Sie nicht vorsichtig darum, und konstruieren Sie auch keine Gründe, warum Ihnen Ihr Gegenüber die Bitte erfüllen sollte. Bo hat festgestellt, dass es vielen Menschen schwerfällt, zu ihren Ansprüchen zu stehen, und gibt dafür ein Beispiel: »Die Aufmerksamkeit anderer Menschen für sich zu beanspruchen, gilt in Frankreich als unhöflich. Wer nur von sich spricht, wird verurteilt. Daher geben sich viele Leute, die zu mir kommen, bescheiden und vorsichtig, betonen in einem fort, dass sie mir gar keine Zeit stehlen wollen – und dann quatschen sie mich doch zwei Stunden voll. Mir sind da die Leute lieber, die direkt ihre Ansprüche stellen. Das gefällt mir besser.«

DRITTER PFAD
Lassen Sie sich gehen – das macht sexy

> »Für mich sind Selbstdisziplin und Unterdrückung das Gleiche – beides verleugnet die Intelligenz. Sagen Sie nicht, dass Sie Selbstdisziplin haben müssen, weil sonst das Chaos in der Welt ausbricht – als ob wir nicht bereits Chaos hätten!«
> Jiddu Krishnamurti, indischer Philosoph und spiritueller Lehrer

Um sinnlich zu sein, ist es unerlässlich, den eigenen Körper zu kennen, also zu spüren, wann ich Hunger habe, wann ich müde bin, wann ich eine Pause brauche oder wann ich mich bewegen will. Weiß ich, was mir Spaß macht und mir Genuss verschafft? Oder verschiebe ich die Erfüllung meiner Bedürfnisse stets auf einen anderen, »besseren« Zeitpunkt? Da das Leben kurz ist, sollte jeder die Gelegenheiten nutzen, die sich ihm bieten. Doch wie geht das? Am besten einfach ausprobieren, geeignete Maßnahmen sind beispielsweise:

– Versuchen Sie sich in der Öffentlichkeit weniger zu kontrollieren, lachen Sie zum Beispiel laut im Kino, schmatzen Sie im Restaurant, treten Sie Fremden zu nahe, sprechen Sie sie zum Beispiel ohne besonderen Grund an. Essen Sie, wenn Sie Hunger haben, auch während der Arbeitszeit, dafür nicht unbedingt in der Mittagspause, gehen Sie nicht nach Hause, wenn Sie auf Partys müde sind, sondern legen Sie sich an Ort und Stelle schlafen.

– Ergreifen Sie alle Gelegenheiten, die sich Ihnen bieten. Nehmen Sie zwei Wochen lang jedes Angebot sofort an, das Sie bekommen. Gehen Sie mit einem Freund ins Kino, obwohl Sie arbeiten müssen, haben Sie Sex, obwohl Sie in einer festen Beziehung leben. Essen Sie, was Sie wollen, obwohl Sie eigentlich Diät machen, joggen Sie nicht, sondern schauen Sie lieber fern, wenn Ihnen danach ist, begleiten Sie jemanden, der Sie darum bittet, auf eine Reise, obwohl Sie kein Geld haben. Vergleichen Sie anschließend diese zwei Wochen mit dem Leben, das Sie bis dahin geführt haben.

– Lassen Sie sich nicht durch irgendwelche Umstände

aufhalten, wenn diese Ihrem Vergnügen im Wege stehen. In Gelsenkirchen wurde auf einer ehemaligen Abraumhalde ein Freizeitpark gebaut. Da der Eintritt teuer war, schnitten die Gelsenkirchener mit Heckenscheren Löcher in den Maschendrahtzaun, um mit ihren Familien umsonst auf das Gelände zu kommen. Der Zaun wurde von dem Betreiber des Freizeitparks so oft geflickt, bis der Zaun nur noch aus Flicken bestand. Irgendwann wurde er durch eine Holzwand ersetzt, die allerdings der Entschlossenheit der Gelsenkirchener, sich zu amüsieren, auch nicht lange standhalten konnte.

VIERTER PFAD
Gehen Sie keine Kompromisse ein –
das macht glücklich

»Für manche Dinge gibt es keine Kompromisse«, sagt Dr. Jürgen Stepien, »wer Kompromisse schließt, verleugnet sich selbst. Das ist am Beispiel von Sex gut zu verstehen. Stellen Sie sich vor, der eine Partner möchte Sex, der andere aber nicht – wo soll da der Kompromiss sein? Ein bisschen Sex gibt es nicht.«

»Man muss für seine Sache kämpfen«, meint auch Bo und gibt ein anderes Beispiel: »Letzten Monat sollte eine Referentin in unserer Klinik einen Vortrag halten, die Nonne Huy The ruft mich also an und sagt: ›Die Referentin will zu viel Geld für den Vortrag, da macht unser Kloster Verlust.‹ Eine Stunde später ruft mich die Referentin an und beschwert sich, dass Huy The sie herunterhandeln will. Ich rate ihr: ›Kämpfe um dein Gehalt, kämpfe um den Wert deiner Arbeit.‹ Huy The ruft wieder an und sagt, dass die Referentin Schwierigkeiten macht. Huy The befehle ich: ›Hol so viel raus für uns, wie möglich, es geht schließlich um die finanziellen Interessen unseres Klosters.‹

Ich finde, dass keine von den beiden Parteien einen Kompromiss eingehen sollte, sowohl Huy The als auch die Referentin sollten sich für ihre Interessen einsetzen. Durch diesen Kampf wird sich herauskristallisieren, worum es den beiden geht – es geht hier nämlich nicht um Geld und Gewinn, sondern um einen Austausch.«

Setzen Sie also so oft wie möglich Ihre Interessen durch – gegenüber Ihren Eltern, Ihren Partnern, Ihren Kindern. Denken Sie daran, dass auch Ihr Gegenüber mit allen Mitteln für sich kämpft und allzu schnelle Zugeständnisse zu Ihren Lasten gehen – und Sie sich vor allen Dingen immer weiter von Ihrer persönlichen Idealsituation entfernen.

FÜNFTER PFAD
Arbeiten Sie nicht an sich – das ist gesund

»Alles, was Sie absichtlich tun, ist nicht echt.«
Jiddu Krishnamurti

Kann irgendjemand in dieser Welt leben, ohne sich mit jemand anderem zu vergleichen? Wer hässlich ist, will schön sein, wer cholerisch ist, will sanftmütig sein – anders sein zu wollen, »mehr« zu sein, ist der Anfang des Neides, sagt jedoch der spirituelle Lehrer Jiddu Krishnamurti. Das bedeutet nicht, dass jeder einfach akzeptieren sollte, wie er ist. Doch laut Krishnamurti steht der Wunsch, anders zu sein, immer in Beziehung zu etwas, das vergleichsweise größer, gerechter, schöner, mehr dies und mehr jenes ist. Wir sind dazu erzogen, uns zu vergleichen. Wir sollen ein Leben lang an uns arbeiten, uns verbessern, wie es so schön heißt, deswegen sollen wir auch Kritik ertragen können und daraus lernen. Aber das alles dient letztlich nur dazu, uns in unserer Wertigkeit zu schaden. Menschen, die sich trauen, sie selbst zu sein, die nicht an sich arbeiten und Kritik an ihrer Person verweigern, sind vielleicht nicht »everybody's darling«, werden aber feststellen, dass ihr Leben und ihre Beziehungen an Klarheit gewinnen.

Krishnamurti nennt zur Verdeutlichung der Tatsache, dass es zu Unklarheit führen kann, an sich zu arbeiten; ein Beispiel: »Angenommen, Sie entdecken, dass Sie snobistisch sind. Diese Entdeckung verursacht eine Beunruhigung, einen Konflikt. In diesem Konflikt könnte sich Ihr Snobismus einfach auflösen. Wenn Sie aber lediglich den Geist disziplinieren, nicht snobistisch zu sein, dann entwickeln Sie eine andere Charaktereigenschaft, die das Gegenteil von snobistisch ist, und da Sie es absichtlich tun, es also nicht echt ist, ist das genauso schädlich.«

> Schwören Sie niemals, sich bessern zu
> wollen. Nicht einmal sich selbst.

Lassen Sie sich daher nicht von Kollegen und Bekannten kritisieren. Bo meint: »Wenn mich jemand kritisiert, antworte ich ihm: ›Behalt es für dich, ich weiß auch ohne dich, wer ich bin.‹«

Probieren Sie es aus: Hören Sie sich ab heute nicht mehr an, was andere an Ihnen verbessern würden.

SECHSTER PFAD

*Nehmen Sie die Gefühle anderer
nicht zu ernst - das macht frei*

*Nehmen Sie die Gefühle der anderen nicht
zu persönlich, spielen Sie lieber damit.*

Alles ist ein Spiel, auch die Beziehungen. Viele Probleme entstehen daraus, dass die Menschen die Befindlichkeiten anderer zu ernst nehmen. Wer ehrlich ist, muss zugeben, dass er ständig in der Angst lebt, dass Freunde, Partner oder Eltern ihm Privilegien oder gar ihre Zuneigung entziehen könnten. Dabei passiert dies normalerweise nicht so schnell, auch wenn es vielleicht angedroht wird – denn der Mensch ist ein Gewohnheitstier. Es gilt als verpönt, auszusprechen, dass Beziehungen oft durch Gewohnheit, eine gemeinsame Wohnung, ein Auto oder die Kinder und nicht immer nur durch Gefühle zusammengehalten werden. Man sollte sich daher nicht von seinen Liebsten emotional erpressen lassen. Was von ihnen Liebe genannt wird, ist nicht immer ein edles Gefühl, vielmehr ein Bündel von Bedürfnissen, in dem durchaus auch Zuneigung enthalten sein kann.

Zen-Meister Bo beschreibt die Beziehungen zu seinen Schülern, die mit Liebesbeziehungen und Freundschaften vergleichbar sind, so: »Meine Beziehungen zu meinen Schülern durchlaufen stets drei Phasen – Phase eins: sie lieben mich. Phase zwei: sie empfinden Hass oder Wut; danach folgt Phase drei: sie bringen mir eine normale Sympathie entgegen. Viele meiner Schüler bleiben in Phase zwei stecken und hassen mich. Sie gehen raus, reden schlecht über mich, kritisieren oder verleumden mich sogar. Doch das ist mir gleich, sowohl Liebe als auch Hass sind Projektionen.« Und somit nicht besonders ernst zu nehmen.

Folgende Dinge sollten Sie sich bewusst machen, um die Gefühle Ihrer Mitmenschen besser einordnen zu können:

– Jemand kann Sie heute lieben und morgen hassen, doch das hat wenig mit Ihnen zu tun. Sie müssen nicht ständig agieren, also etwas tun oder unterlassen, um das von Ihnen gewünschte Gefühl zu erzeugen. Gehen Sie also auch mal über die Gefühle anderer hinweg.
– Wut und Hass entstehen stets dann, wenn Sie eine Wahrheit aussprechen, die Ihr Gegenüber nicht hören will. Das soll Sie nicht daran hindern, diese auszusprechen.
– Wenn Sie sich den Manipulationsversuchen Ihres Gegenübers widersetzen, erhöht das den Ärger über Sie. Ignorieren Sie ihn.
– Sie sollten kein schlechtes Gewissen haben, wenn sich jemand von Ihnen ungerecht behandelt oder vernachlässigt fühlt. Dieses Gefühl hat selten etwas mit Ihnen zu tun, und wenn Sie darauf nicht reagieren, wird Ihr Gegenüber sich eine andere Projektionsfläche suchen.

SIEBTER PFAD
*Nehmen Sie sich selbst nicht zu ernst –
das macht kreativ*

Die Fähigkeit zur Selbstironie besitzt man oder eben nicht. Ein selbstironischer Mensch nimmt kaum etwas ernst, und statt seine unerwünschten Gedanken und Gefühle zu verdrängen, macht er sich über sie lustig. Manche entdecken darin die Quelle für Literatur oder Reportagen, und damit eine Möglichkeit zum Geldverdienen. Die französische Journalistin Corinne Mayer schrieb beispielsweise über die Schattenseiten ihres Mutterdaseins den Bestseller *No Kid, 40 Gründe, keine Kinder zu haben.* Davor veröffentlichte sie die Polemik *Die Entdeckung der Faulheit. Von der Kunst, bei der Arbeit möglichst wenig zu tun.* Wer jedoch ihre Aussagen zu ernst nimmt und Corinne Mayer tatsächlich für eine schlechte Mutter oder für faul hält, der hat in punkto Selbstironie noch einigen Nachholbedarf.

Selbstironie, die Kunst, sich über sich selbst amüsieren zu können, ist einer der wichtigsten Kreativmotoren. Woody Allen wurde mit dieser Kunst ein Star, jeder wirklich gute Film, jedes amüsante Buch, jedes Kabarettprogramm begründet sich auf ihr.

ACHTER PFAD
Befolgen Sie nichts von dem, was hier steht

NOTFALLTIPP: WAS TUE ICH, WENN ALLES SCHIEFGEGANGEN IST?

Selbstverständlich kann es passieren, dass Sie für Ihr schlechtes Benehmen nicht den Beifall bekommen, den Sie sich gewünscht haben. Was ist, wenn Sie den Achtfachen Pfad Ihrer Befreiung gegangen sind, sich frech, eigennützig und rücksichtslos verhalten haben und niemand in Ihrer Umgebung das interessant oder originell fand? Statt für Ihren

Mut bewundert zu werden, werden Sie als unverschämt und impertinent bezeichnet – und Sie selbst sehen das auch so. Wenn Sie selbst für Ihren Geschmack zu weit gegangen sind, bleibt nur noch eins: Sie können Ihr Verhalten vielleicht verurteilen, müssen sich aber trotzdem weiterhin lieben. Wer sich selbst nicht fallen lässt, dem wird auch von anderen leichter verziehen, das ist ein Naturgesetz.

7
DIE WAHL DER WAFFEN
WELCHES SCHLECHTE BENEHMEN PASST ZU WEM?

»Nichts macht uns feiger und gewissenloser
als der Wunsch, von allen Menschen
geliebt zu werden.«
Marie von Ebner-Eschenbach

An einem Herbstnachmittag saß mein Onkel im Wohnzimmer seiner langjährigen Freunde Hans und Anna. Annas Vater war gestorben, und mein Onkel sollte ihr helfen, die Möbel und Bilder zu schätzen, die sie von ihrem Vater geerbt hatte. Mein Onkel kannte sich aus mit Kunst und Antiquitäten, denn er war Antiquitätenhändler, und ein Bild, das über dem Sofa hing, war ihm besonders ins Auge gefallen. Ein Frauenporträt aus dem 19. Jahrhundert, gemalt von Wilhelm Kobell. Dieses Bild hatte Annas Vater seiner Tochter bereits zu Lebzeiten geschenkt, und mein Onkel brauchte es nicht zu schätzen, denn Anna wollte es nicht verkaufen. Doch zu der Schätzung der anderen Gegenstände kam es nie. Anna verließ kurz den Raum, um Kaffee zu kochen, und als sie mit ihrem Tablett wieder ins Wohnzimmer kam, war mein Onkel verschwunden. Es fehlte allerdings noch etwas anderes: das Bild.

Als ich auf einem Abendessen mit Freunden diese ungeheuerliche Geschichte erzählte, stand ihnen Entsetzen – aber auch Bewunderung für so viel Dreistigkeit ins Gesicht geschrieben. »Wenn sich doch mein Vater mal so etwas Unverschämtes rausgenommen hätte«, sagte ein Freund. »Niemals in seinem Leben hat er sich etwas getraut.« Stattdessen, berichtete er, habe sein Vater ihn neulich angerufen und gebeten, ihm dabei zu helfen, ein Zeitungsabonnement wieder abzubestellen, welches ihm ein Vertreter aufgeschwatzt hatte. »Meinem Vater«, behauptete er, »kann man auf den Kopf spucken, und er bedankt sich noch dafür.«

Weiterentwickeln können wir uns nur frei von den Vorstellungen der anderen.

Der Vater meines Freundes hat also nicht begriffen, worum es im Leben geht: Im Leben geht es darum, seine Interessen durchzusetzen – notfalls gegen den Willen der anderen. Die Frage, die wir uns alle stellen müssen, ist, wie wir an das Bild über dem Sofa kommen, möglichst ohne es heimlich abnehmen zu müssen. Und dafür brauchen wir das schlechte Benehmen. Denn nicht immer erlauben es die äußeren Bedingungen, seine Interessen offen durchzusetzen. Sobald wir nicht sicher sind, mit konventionellen und anerkannten Methoden zum Ziel zu kommen, sollten wir über Alternativen nachdenken. Mein Onkel ist leider kein Freund von Verhältnismäßigkeit, er ist lieber gleich kriminell. Wie aber erreichen wir unsere Ziele, ohne everybody's Depp zu sein, oder ständig mit einem Bein im Gefängnis zu stehen?

Freundschaften festigt man, indem man gegen Normen verstößt.

Ansprüche und Wünsche treiben uns an, sie stets zu verleugnen, bringt uns in Konflikt mit unserer Seele, sie immer gewaltsam durchzusetzen, in Konflikt mit dem Rest der Welt. In diesen Konflikten aber liegt das Potenzial zur persönlichen Weiterentwicklung verborgen.

Gerade in Freundschaften und Beziehungen lohnt es sich, Bedürfnisse zu äußern, denn sie gewinnen dadurch an

Tiefe, gemeinsam überstandene Konflikte festigen die Freundschaft. Allerdings: Mit Vorsicht und Freundlichkeit sprengt man keine Grenzen, da braucht es oft rabiatere Mittel.

Es wohnen also zwei Herzen in unserer Brust. Einerseits wollen wir zu unserem Recht kommen, andererseits wollen wir aber Konflikte vermeiden. Manche betonen in ihrem Leben die Konfliktvermeidung und machen ihre Freundschaften und Beziehungen zur gefahrenfreien Zone. Sie räumen noch im größten Stress Terminslots frei, für eine Stunde Kaffee trinken mit einer flüchtigen Bekannten, plaudern über Belangloses – aber riskiert wird in dieser einen Stunde nichts, die gemeinsame Zeit bleibt ungenutzt: man hat ja schon genug um die Ohren. Einmal die Woche trifft man sich mit einem guten Kumpel zum Badmintonspielen, denn bekanntermaßen macht sportliche Ertüchtigung zu zweit mehr Spaß als allein. Mehr Ansprüche würde man an diesen Kumpel nicht stellen, denn er hat schließlich auch ohne uns genügend Verpflichtungen. Das alles kann niemals genug für einen Menschen sein. Auf diese Weise werden unsere Bedürfnisse nicht erfüllt.

Nur wenn man sich und dem anderen die leeren Höflichkeitsphrasen verbietet, kann man das von Freunden bekommen, was man braucht: echte Zuneigung. Daher gilt für jede Beziehung: Sie müssen zuerst Ihre eigenen Bedürfnisse kennen und entscheiden, wie weit Sie dafür gehen wollen, bevor Freundschaften möglich sind.

Testen Sie, ob man Sie wirklich mag.

Die Wahl der Mittel hängt selbstverständlich von Ihrem Temperament und von der Situation ab. Auf etwas zu verzichten, was Sie gerne haben möchten oder tun wollen, ist auf jeden Fall die schlechtere Alternative und eine eklatante Pflichtverletzung gegenüber sich selbst.

Anja und Mark, ein befreundetes Ehepaar, fuhren seit fast acht Jahren jedes Jahr nach Südfrankreich zum Paddeln. Vor Kurzem stellte sich während eines heftigen Streits heraus: seit fast acht Jahren hassen sie es und haben es jeweils nur dem anderen zuliebe getan.

Alle beide haben sich acht Urlaube zur Hölle gemacht, weil sie es nicht gewagt haben, ihre Interessen zu äußern.

Mit schlechtem Benehmen setzte ich mich besser durch als durch stundenlange Diskussionen.

Meine drei Jahre jüngere Schwester war in diesem Punkt schon viel früher viel weiter als ich. Ich war siebzehn Jahre alt, als sie mir vor Augen führte, wie unfähig ich war, für mein Vergnügen selbst Verantwortung zu übernehmen.

Bei uns zu Hause herrschten strenge Regeln. Ich durfte zwar alle zwei Wochen mit meiner Freundin Ute ausgehen, aber nur bis 22 Uhr. Ute war schon 18 Jahre alt und konnte tun und lassen, was sie wollte, und es nervte sie, wenn ich Partys und Abendessen immer dann wieder verlassen musste, wo sie doch gerade begonnen hatten. Auch wenn ich bei ihr übernachtete, drängte ich darauf, pünktlich zu Hause zu sein, denn ich fürchtete die Kontrollanrufe meiner Mutter am nächsten Morgen – und ich konnte einfach nicht lügen. Kam ich nur eine halbe Stunde zu spät, quälte mich das schlechte Gewissen.

Eines Freitagabends war ich wieder mit Ute verabredet; meine Schwester übernachtete bei einer Freundin um die

Ecke und war kurz vor mir aus dem Haus gegangen. Ich nahm den Bus Richtung Innenstadt, drei Stationen später sah ich zwei junge Mädchen einsteigen. Sie waren stark geschminkt und trugen kurze Röcke. Plötzlich erkannte ich die beiden: es waren meine Schwester und ihre Freundin Mareike. Mareike bemerkte mich als Erste und zog meine Schwester am Ärmel, beide kamen zu mir herüber.

»Wo wollt ihr hin?«, fragte ich und klang dabei schon fast wie unsere Mutter.

»Wir gehen zur Party von Ralf, einem Freund von Mareikes Bruder«, antwortete meine kleine Schwester.

»Weiß Mama davon?«

»Mama denkt, ich verbringe den Abend mit Mareike und ihrer Mutter, aber Mareikes Mutter ist nicht da«, grinste mir meine Schwester ins Gesicht.

Mareike lachte: »Und ich habe erzählt, ich übernachte bei euch.«

Um zu der Party zu kommen, mussten sie noch zwei Stationen bis zum S-Bahnhof fahren. Ich sah meiner Schwester in die Augen, ich hatte sie in der Hand. Wenn ich unserer Mutter erzählte, dass sie gelogen hatte und heimlich mit Mareike ausging, dann würde sie nie wieder bei ihr übernachten dürfen. Die nächste Haltestelle ging vorüber, ihr blieben nur noch zwei Minuten, mich zu bitten, sie nicht zu verraten. Ich hatte mir überlegt, dass ich nicht gleich antworten würde. Sollte die Kleine ruhig ein bisschen zappeln.

Doch der Bus hielt, meine Schwester sagte: »Tschüss, bis morgen«, und weg waren sie.

Setzen Sie Ihre Interessen durch, indem Sie lügen, sich verweigern oder provozieren.

Erst später begriff ich: Meine Schwester machte sich nicht zum Sklaven der Vorstellungen meiner Mutter. Sie log – und das machte sie frei. Besonders beeindruckte mich, dass sie keine Angst hatte und mir so keine Gelegenheit gegeben hatte, sie zu erpressen.

Als Erwachsener kann es unwürdig sein zu lügen. Was aber sagen wir den Menschen, die über unsere Zeit verfügen und uns kontrollieren wollen. Die jedes Mal, wenn wir das Haus verlassen, fragen: »Wann kommst du wieder?«, und wenn wir es betreten: »Wo warst du denn so lange?«

Albert Einstein hatte gegen die Ansprüche seiner Umgebung folgende Strategie entwickelt: Weil er Abendgesellschaften hasste, floh er die eigenen Gäste, wenn seine Frau mal wieder in das gemeinsame Wochenendhaus in Caputh bei Berlin geladen hatte. Kaum hatte er gegessen, bestieg er sein Boot und ruderte in die Mitte des Templiner Sees. Erst wenn das Licht auf der Terrasse ausging – ein Zeichen, dass die Gäste gegangen waren, kehrte er zurück. Albert Einstein hat auf jede Ausrede und Lüge verzichtet, als er spät am Abend vor den Augen seiner Gäste Stiefel und Windjacke anzog, um vor ihnen und ihrem oberflächlichen Geschwätz zu fliehen. Sein Ansehen hat übrigens unter seinem schlechten Benehmen nicht gelitten.

Das zu sein und zu tun, was man möchte, wird einem nicht geschenkt. Das Leben ist ein Kampf. Wir stehen mit Familie, Freunden und Bekannten in einem imaginären Boxring – nur ist der Schiedsrichter weggegangen. Sie können entscheiden, ob Sie in diesem Kampf nur antäuschen oder gleich zum K.-o.-Schlag ausholen wollen. Wählen Sie daher die Ihnen gemäße Methode:

EVERYBODY'S DARLING ODER
EVERYBODY'S DEPP?
FÜNF METHODEN FÜRS DANEBENBENEHMEN:

Die intelligente Methode

Bei der intelligenten Methode lässt man die Umwelt über seine wahren Absichten im Unklaren. Etwas heimlich zu tun, statt um Erlaubnis zu bitten, spart jede Menge Diskussionen – man darf sich dabei halt nicht erwischen lassen. So wie meine Schwester, die log und sich auf diese Weise den zähen Kampf mit meiner Mutter ersparte.

Der Vorteil daran ist, dass der Intelligente die Erwartungen an ihn dadurch so niedrig wie möglich hält. Er muss dringend etwas erledigen, wenn er eigentlich beim Umzug helfen soll, er wird krank, wenn ein Ausflug mit den Kindern in den Freizeitpark ansteht, und weil er dadurch als unzuverlässig gilt, bittet man ihn immer seltener um einen Gefallen. Er macht beizeiten deutlich, dass er sich nur begrenzt disziplinieren kann und seinen Gelüsten mehr oder weniger hilflos ausgesetzt ist. Er wirkt dadurch nicht unbedingt unsympathisch; geschickt versteht er es, den Eindruck einer liebenswürdigen Flatterhaftigkeit zu erzeugen, welche ihm eine Menge Freiheiten verschafft.

Wer sich hingegen stets korrekt und top-organisiert gibt, dem wird der kleinste Fehler nicht verziehen. Wer nie zu spät kommt, macht sich sofort verdächtig, wenn er es doch einmal tut. Wer immer Rechenschaft über seine Einnahmen und Ausgaben ablegt, wird in Erklärungsnöte kommen, wenn er das Geld einmal für sich selbst ausgegeben hat, und wer immer das tut, was andere von ihm erwarten, wird schon bei der ersten Verweigerung heftigen Widerstand erfahren.

Nachteil: Wer schnell unter einem schlechten Gewissen leidet, sollte lieber eine andere Methode wählen.

Die Tollpatsch-Methode

Der tollpatschige Typ boykottiert die Pläne seiner Umgebung, indem er sich ihnen durch seine Vergesslichkeit und Ungeschicklichkeit entzieht. Ein früherer WG-Mitbewohner zum Beispiel zerschlug in der WG-Küche dermaßen viel Geschirr, dass er von sämtlichen häuslichen Pflichten befreit wurde.

Die Methode der Zerstreutheit ist dann ideal, wenn Ihnen Zeit und Nerven fehlen, sich mit Ihren Mitmenschen auseinanderzusetzen oder sich die Konfrontation nicht lohnt, welche sich durch die Offenlegung Ihrer wahren Motive ergeben würde. Einen lästigen Gesprächspartner wird man zum Beispiel am besten los, indem man ihn zum wiederholten Male nach seinem Namen fragt oder sich nach seinem Praktikum erkundigt (obwohl er seit zehn Jahren Abteilungsleiter ist und auch so aussieht). Machen Sie ungeschickte Bemerkungen über seine Schuhe, seine Frisur, sein Gewicht und sein Auto. Irgendwann wird er sich dann schon ein anderes Opfer suchen.

Nachteil: Man wird für ziemlich dämlich gehalten.

Die Coolness-Methode

Cool ist, sich nicht von der Meinung und den Gefühlen anderer beeindrucken zu lassen. Coolness ist darum weniger eine Methode als eine Lebenseinstellung und hat nichts mit getönten Sonnenbrillen und schwarzen Lederjacken zu tun. Wenn Sie cool sind, tun Sie immer genau das, was Sie wollen, ganz gleich, wie die ungeschriebenen Vorschriften und Regeln derer sind, mit denen Sie sich gerade umgeben. Rechtfertigen Sie sich niemals, reagieren Sie nicht auf Anschuldigungen. Helmut Schmidt entschuldigt sich auch nicht, bevor er sich trotz Rauchverbots in einer Talkshow eine Zigarette anzündet. Deswegen ist Helmut Schmidt cool. Und in Bayern schaffen es meist nur jene ins Kabinett, die sich als »Grantler« oder »Echtes Original« einen Ruf gemacht haben.

Coolness ist praktizierter Realismus: Niemand kann durchs Leben gehen, ohne sich schuldig zu machen, daher versucht es der Coole gar nicht erst. Sie sagen, was sie stört, ohne ihr Gegenüber in moralische Ansprüche zu verstricken, und sie ertragen es mit Gelassenheit, wenn man anschließend sauer auf sie ist.

Nachteil: keine Nachteile

Die Methode der Provokation

Dieter Bohlen hat mit dieser Methode Karriere gemacht, und Thilo Sarrazin wurde mit ihr zum Bestsellerautor. Künstler provozieren, Unterdrückte, Machtbewusste, Kinder oder Intellektuelle tun es, Rechte leider auch. Sich mit Provokationen durchzusetzen, erfordert Mut, ist aber im Grunde genommen ganz einfach. Man tut einfach das, wovon man sicher ist, dass andere sich darüber aufregen MÜSSEN. Provozieren macht Spaß und ist besonders bei solchen Menschen eine unschlagbare Methode, die in einem starren Wertekorsett leben und ihren Aggressionsstau endlich mal loswerden wollen.

Nachteil: Man kann reich und berühmt werden – aber eben auch zum Hassobjekt der Nation.

Die Gangster-Methode

Die Gangster-Methode lässt sich für höhere und niedere Ziele einsetzen. Menschen sägen Strommasten um und blockieren Gleise, weil sie gegen Kernkraftwerke sind, andere zerkratzen Autos, weil sie auf Fahrradwegen parken. Mein Onkel stahl das Bild seiner Freundin, weil er Geld brauchte und sie ihm am ehesten noch verzeihen würde. Kriminell muss ich immer dann werden, wenn der andere meine ureigensten Interessen missachtet und partout nicht hören will – oder wenn ich mich aus anderen Gründen sehr hilflos fühle.

Nachteil: Diese Art des schlechten Benehmens kann Gefängnisstrafen nach sich ziehen.

8
GESELLSCHAFTSSPIELE
WELCHE ROLLE HASSEN SIE AM MEISTEN?

Unser Auftreten und unsere Erscheinung sind ein Spiel. Jeder nimmt in diesem Spiel bestimmte Rollen ein, viele aber verschmelzen derart mit ihrer Rolle, dass sie sie für ihre Persönlichkeit halten, und meinen deswegen, sie könnten nichts an ihrem Verhalten ändern. Sie terrorisieren uns mit ihren Eigenheiten und fühlen sich dabei noch im Recht. Leider führt bei vielen Rollentypen korrektes Verhalten mitnichten dazu, dass man mit ihnen in Frieden leben kann.

Um aus diesem Spiel als Sieger hervorzugehen, müssen Sie jede Rolle genau studieren und im anschließenden Test die geeignete Methode des schlechten Benehmens für sich herausfinden.

Die fünf häufigsten Rollen in unserem Gesellschaftsspiel sind:

DER DRAMATIKER

Die Rolle und ihr Gegenspieler: Den Dramatiker muss man als Dramatiker übertreffen.

Dramatiker lieben, wie man sich denken kann, das Drama. Gibt es gerade keines, wird eines erfunden – auf Kosten der Mitmenschen. Gerade noch war die Stimmung unbeschwert, da haben wir sie durch eine unachtsame Bemerkung zerstört. Ein harmloser Einkaufsbummel endet in einer Katastrophe, weil man den teuren Alpaka-Mantel mit einer belanglosen Bemerkung über die aktuelle Finanzlage unseres Dramatikers zurückgehängt hat. Der Dramatiker oder die Dramatikerin bricht zusammen mit den Worten: »Willst du sagen, dass ich keinen Alpaka-Mantel verdient habe?«

Nun entschuldigt man sich, beteuert, so habe man es nicht gemeint, und verstrickt sich immer mehr. Und das genau will der Dramatiker, denn unsere Entschuldigungen bestätigen ihm, dass er im Recht ist:

Er ist voller Sehnsucht – wir treten seine Gefühle mit Füßen.

Er liebt (mal uns, dann wieder jemand anderen) – wir sind stumpf und uneinfühlsam.

Er hat widerstreitende Gefühle, aber wir sollen immer eindeutig sein.

Er ist seinen Ängsten schutzlos ausgeliefert, aber das können wir ja nicht verstehen.

Mit Dramen sollen wir in Schach gehalten werden. Diesen Plan müssen wir hintertreiben, indem wir ebenfalls Szenen hinlegen; also auf der Straße weinen und schreien, Restaurants Türen knallend verlassen und Telefonate aus nichtigen Gründen abrupt beenden. Kurz: Wir foltern zurück. Allerdings sollten wir dabei den Dramatiker übertreffen. Er wird erst irritiert sein, aber da er Aufregung schätzt, wird er uns selbst die absurdesten Aktionen verzeihen.

DER KOMPLIZIERTE

Die Rolle und ihr Gegenspieler: Auf den Komplizierten reagiert man kompliziert, wichtigste Zusatzregel: niemals entschuldigen!

Komplizierte verstricken uns in ihr unordentliches Leben ohne Rücksicht auf unsere Zeit und unsere Gefühle. Hat man sich einmal breitschlagen lassen, ihnen bei irgendeiner Sache zu helfen, wird es damit enden, dass sie unzufrieden mit uns sind.

Immer haben sie Streit mit irgendjemandem, können also bei dem Y nicht zum Abendessen erscheinen, wenn die Freundin vom Soundso kommt und müssen lange Telefonate führen, damit sie ausgeladen wird. Laden sie selbst ein, muss ebenfalls viel telefoniert werden, weil der X nicht kommen darf.

Bei Komplizierten passiert immer etwas, und immer haben die anderen Schuld. Deswegen darf man sich bei ihnen niemals entschuldigen, denn das spielt ihnen unnötig in die Hände. Auch den Komplizierten schlägt man am besten mit seinen eigenen Waffen. Halten Sie also den Komplizierten in Schach mit unerwarteten Wendungen und ausgefallenen Problemen.

DER WEINERLICHE

Die Rolle und ihr Gegenspieler: Dem Weinerlichen kommt man mit Befehlen bei.

Ihre Kollegin hat Asthma, natürlich wird im Büro nicht geraucht, aber sie bekommt schon einen Hustenanfall, wenn der Zigarettenrauch durch die offene Terrassentür an ihrem Schreibtisch vorbeizieht. Werden Sie ihr gegenüber ungehalten, hält Sie Ihnen eine Rede über Rücksichtnahme und Respekt, und am nächsten Tag ist sie krank, und Sie dürfen ihre Arbeit mitmachen. Irgendwie fühlen Sie, dass da etwas nicht stimmt, denn die Kollegin kann auf Partys durchaus neben einem Raucher sitzen. Den Terror der Weinerlichen können Sie ganz einfach beenden, und zwar mit einem klaren Befehl. In diesem Beispiel lautet er:

»Übrigens, Ilona, in meinem Büro hast du kein Asthma.«
Befehle sind ein klares Signal an den Weinerlichen und haben eine erstaunlich heilende Wirkung.

Zeigen Sie durch klare Ansagen, dass die Opfer, Hypochonder und notorischen Verlierer bei Ihnen kein Verständnis erwarten können und dass sie sich die Aufmerksamkeit für ihre Ticks und Krankheiten woanders holen müssen.

DER GUTE

Die Rolle und ihr Gegenspieler: Den Guten muss man als Dramatiker verwirren.

Ein Gutmensch macht jeden Witz kaputt, weil er alles zu ernst nimmt, über nichts darf man sich lustig machen, schon gar nicht über Schwache und Frauen. In seiner Gegenwart kämpft man permanent gegen den ausgesprochenen oder unausgesprochenen Vorwurf, ein Rassist,

Sexist, Reaktionär oder ein Egoist zu sein. So sehr wir uns auch bemühen, ein Gutmensch ist immer besser als wir. Da hilft nur eins – zuerst beleidigt sein! Wie das geht, haben wir vom Dramatiker gelernt: Um beleidigt zu sein, genügt uns der kleinste Anlass, theoretisch ist alles geeignet, um unsere Gefühle zu verletzen. Das versetzt den Gutmensch in Angst, denn er möchte auf keinen Fall ignorant wirken. Am besten funktioniert das Drama, wenn sich ein Migrationshintergrund oder wenigstens Verwandte (zur Not auch deren Nachbarn) anführen lassen, die mal im Ausland gelebt haben.

DER KONTROLLEUR

Die Rolle und ihr Gegenspieler: Mit Kontrolleuren sollte man keinen Umgang haben, wenn es sich vermeiden lässt.

Kontrolleure gibt es überall. Der Nachbar, der wegen jeder Kleinigkeit die Hausverwaltung anschreibt und mit der Polizei im täglichen Telefonkontakt steht, um angebliche Ruhestörungen zu melden. Der Busfahrer, der einem Fahrgast die Tür nicht mehr öffnet, wenn er sich mit seinem Fahrzeug zehn Zentimeter vom Bordstein der Bushaltestelle entfernt hat. Der Freund, der alle Schritte eifersüchtig überwacht, die Arbeitskollegin, die jedes Gespräch an sich reißt und alles besser weiß. Kontrolleure sind die unangenehmsten Menschen, die es gibt, sie vertrauen niemandem, selten loben sie, und wenn, dann in dem Bewusstsein, dass das Ergebnis ein besseres gewesen wäre, wenn sie die Sache erledigt hätten.

Sie würgen jedes Gespräch und jede Ausgelassenheit ab

und unterdrücken jede Entspannung und jedes Abenteuer. Gegen sie ist kein Kraut gewachsen. Sollte man ihnen begegnen, gilt die Regel: be nice twice. Das heißt, im ersten Schritt warnen Sie den Kontrolleur, dass sein Verhalten Sie ärgert und bieten ihm einen Ausweg. Im zweiten Schritt wiederholen Sie den Vorschlag, mit dem man Ihrer Meinung nach die Situation noch retten könnte. Danach ist Schluss, alles vorbei, Sie sind zu keinerlei Gespräch mehr bereit. Wenn Sie hundertprozentig sicher sind, einen Kontrolleur vor sich zu haben, können Sie natürlich auch gleich draufhauen.

Auf dem Sofa zu sitzen und über schlechtes Benehmen zu lesen, ist das eine, es selbst zu tun, das andere: Setzen Sie Ihr Wissen in die Praxis um. Prüfen Sie in dem folgenden Test, in welcher Situation Sie sich zukünftig schlechter benehmen wollen. Denken Sie dabei auch an die verschiedenen Rollen und ihre Gegenspieler.

DER GROSSE PERSÖNLICHKEITSTEST

1)
Sie sind bei einer Freundin zum Essen eingeladen.
Gekocht hat der Besuch aus Indien, und zwar, wie er
sagt, das Lieblingsrezept seiner Großmutter. Das Essen
schmeckt scheußlich, dennoch loben die Gäste es in den
höchsten Tönen. Auf dem Weg zum Badezimmer kommen Sie
an der Küche vorbei, aus dem Mülleimer ragt eine Tief-
kühlpackung Gut und Günstig – Indisches Currygemüse.
Wie reagieren Sie?

*a) Ich setze mich wieder und verliere kein Wort darüber, was
ich in der Küche gesehen habe.*
*b) Zurück in der Runde beginne ich, das Essen übertrieben
zu loben, und löchere den Koch mit Fragen nach Details über
Gewürze und Zubereitung.*
*c) Ich gehe ins Zimmer zurück und halte die Tiefkühlpa-
ckung für alle Gäste sichtbar in die Höhe und frage mit
Unschuldsmiene: »Und was ist das?«*

2)
Sie sind mit einem Freund verabredet. Eine Stunde vorher merken Sie, dass Sie gar keine Lust haben, ihn zu
treffen. Was tun Sie?

*a) Ich gehe trotzdem hin und nehme mir für das nächste Mal
fest vor, genauer darauf zu achten, ob und wann ich Lust
habe, jemanden zu sehen.*
b) Ich rufe an und sage offen, dass ich keine Lust mehr habe.
c) Ich rufe an und lüge wie gedruckt.

3)
Die spießige Nachbarin klingelt bei Ihnen – sie hat
sich ausgesperrt und muss nun warten, bis ihr Mann nach

Hause kommt. Sie bitten sie herein. In Ihrer Wohnung herrscht Chaos, am Gesicht der Nachbarin können Sie ablesen, wie entsetzt sie ist. Wie kommen Sie da wieder heraus?

a) Ich entschuldige mich für die Unordnung.

b) Ich sage gar nichts und biete ihr einen Tee an.

c) Ich nehme mir etwas aus dem Kühlschrank, esse es mit viel Geschmatz und Bröselei im Stehen, ohne ihr etwas anzubieten.

4)
Ihre Abteilung trifft sich zu einem »Team-Building-Event«, um die Atmosphäre im Büro zu verbessern. Jeder soll sagen, was ihn am meisten an den Kollegen stört. Was sagen Sie?

a) Ich lobe die Atmosphäre und beteuere, wie gern ich jeden Tag ins Büro komme.

b) Ich sage kurz und knapp, was mich stört, biete aber gleich Lösungsvorschläge an.

c) Ich nutze die Gelegenheit und lasse alles hemmungslos raus, was mich an den anderen Kollegen nervt.

5)
Was halten Sie von der Regel, mit dem neuen Partner nicht über verflossene Beziehungen zu reden?

a) Goldrichtig. Die Fehler, die damals gemacht wurden, haben in meiner neuen Beziehung nichts zu suchen.

b) Über meine Ex-Partner gibt es gar nichts Interessantes zu erzählen.

c) Ich finde diese Regel albern: Was gibt es Interessanteres als Beziehungsgeschichten?

6)

Sie müssen auf das Kind einer Freundin aufpassen. Was machen Sie mit dem Kind?

a) Ich denke mir einen abwechslungsreichen Nachmittag aus, spiele mit ihm oder lese ihm etwas vor.

b) Ich setzte es vor den Fernseher und stopfe es mit Schokolade voll. So mache ich mich beliebt und habe auf jeden Fall meine Ruhe.

c) Mich würde nie jemand als Babysitter haben wollen.

7)

Sie sind zum Geburtstag einer Freundin eingeladen. Einen Tag vorher ruft ein anderer Gast an und fragt, ob Sie sich an einem Sammelgeschenk für das Geburtstagskind beteiligen wollen, das Sie furchtbar finden.

a) Ich gebe etwas dazu, obwohl ich das Geschenk schrecklich finde.

b) Ich sage, dass ich leider schon etwas habe, und zerbreche mir dann den Kopf, wo ich jetzt etwas Originelles auftreiben soll.

c) Ich sage meine Teilname an dem Fest ab, weil ich mir die Peinlichkeit bei der Geschenkübergabe ersparen will.

8)

In Ihrer Abteilung wird eine Stelle neu besetzt. Zufällig kennen Sie den Favoriten des Chefs, der bei seinem alten Arbeitgeber als fauler Blender bekannt war. Wie reagieren Sie?

a) Ich gehe sofort zum Chef und weise ihn dezent darauf hin.

b) Mir doch egal, wen er einstellt.

c) Ich sage auf keinen Fall etwas. So gibt es bald einen neuen Sündenbock in der Abteilung, und ich bin aus der Schusslinie.

9)

Nach einem unterhaltsamen Abend kommen Sie mit einem Knutschfleck am Hals nach Hause. Wie erklären Sie das Ihrem Partner?

a) Ich sage die Wahrheit und verspreche, es nie wieder zu tun.

b) Ich leugne bei aller Offensichtlichkeit, dass der Knutschfleck ein Knutschfleck ist.

c) Der Knutschfleck ist an einer sehr delikaten Stelle, die er so einfach nicht zu Gesicht bekommt.

10)

Sie kommen gerade nach einem stressigen Tag nach Hause, und das Telefon klingelt – ein Callcenter-Mitarbeiter ist an der Strippe. Lassen Sie Ihren Zorn an ihm heraus?

a) Das würde ich nie tun, schließlich macht er nur seinen Job.

c) Ich habe keine Wut auf Callcenter-Mitarbeiter, nur Verachtung.

b) Natürlich lasse ich meine Wut an Callcenter-Mitarbeitern raus. An irgendjemandem muss ich sie ja auslassen – und wer so doof ist, in einem Callcenter zu arbeiten, hat es verdient.

11)

Es ist spät am Abend, Sie sind auf dem Weg zu Ihrem Schatz. »Bitte, könntest Du noch kurz bei der Reinigung vorbeigehen?«, wird ins Telefon geflötet. Sie haben aber gar keine Lust dazu. Wie verhalten Sie sich?

a) Ich mache es trotzdem, auch ohne Lust. So habe ich beim nächsten Mal einen Gefallen gut.

b) Ich sage nein und riskiere lieber einen Streit.

c) Ich flöte zurück, »klar Schatz« – und trödele herum, bis der Laden geschlossen hat.

12)

Eine gute Freundin von Ihnen hat einen neuen Freund,
der leider unerträglich ist. Sie wollen auf keinen
Fall, dass sie ihn bei der nächsten Einladung mit-
bringt. Was tun Sie?

a) Ich lade die beiden ein, denn wenn man jemanden mag,
muss man auch den Partner akzeptieren, ganz gleich, wie
doof er ist.

b) Ich lade meine Freundin ein und sage ihr ganz deutlich,
dass es mir lieber wäre, sie würde ihren Freund nicht mitbrin-
gen.

c) Ich lade meine Freundin nicht ein und lästere mit den
anderen Gästen über ihren schrecklichen Freund.

13)

Einer Ihrer Kollegen stinkt regelmäßig nach Schweiß,
was man auch sehr gut im ganzen Büro riechen kann. Was
machen Sie?

a) Ich hoffe, dass einer der anderen Kollegen ihn auf seinen
Schweißgeruch aufmerksam macht.

b) Ich stelle ihm unauffällig ein Deospray auf den Schreibtisch.

c) Ich gehe an seinen Schreibtisch und sage ohne Vorwarnung, und zwar so laut, dass alle Anwesenden es hören können: »Hör mal Alter, du stinkst!«

14)

Ein Freund hat sich als Handwerker selbstständig gemacht und bittet Sie, ihn an Ihre Nachbarn weiterzu-
empfehlen. Das Problem ist, dass Sie nicht viel von den
beruflichen Fertigkeiten Ihres Freundes halten. Was
machen Sie?

a) Ich empfehle ihn nicht weiter, erfinde aber potenzielle Auftraggeber, bei denen ich ein gutes Wort für ihn einlegen würde.

b) Ich sage dem Freund, dass ich ihn nicht weiterempfehlen kann, weil er miserabel arbeitet.

c) Ich vereinbare eine Vermittlungsprovision mit ihm und empfehle ihn weiter – so haben wir beide etwas davon.

15)
Sie gehen Freitagabend nach der Arbeit auf eine Privatparty. Kaum sind Sie eine Stunde da, stellen Sie fest, dass Sie entsetzlich müde sind. Was tun Sie?

a) Sie trinken literweise Cola und verwickeln sich in ein anstrengendes Gespräch.

b) Sie verabschieden sich höflich und gehen nach Hause.

c) Sie machen ein heimliches Nickerchen im Bett des Gastgebers und feiern nach einer Stunde weiter.

16)
Auf einem Abendessen schildert Ihnen Ihr Tischnachbar minutiös, wie er in der Sierra Nevada einen echten Pata-Negra-Schinken erstanden habe. Wie er in eine, natürlich touristisch unberührte, Gegend gefahren ist und probiert, gerochen, geschmeckt und gefühlt habe. Dass der Schinken so ein wunderbares Aroma habe, weil die Schweinerasse, halb Haus-, halb Wildschwein, nur mit Eicheln gefüttert werde, alles total natürlich und biologisch. Und total langweilig. Wie reagieren Sie?

a) Ich sage ihm, wie interessant ich seine Geschichte finde, und versuche, beim nächsten Gang, einen anderen Platz zu ergattern.

b) Ich revanchiere mich mit einer ebenso ausführlichen und ebenso langweiligen Story.

c) Ich sage, dass ich mich nicht für andere Länder oder Kulturen interessiere, dass ich außer Gebrauchsanweisungen noch nie ein Buch gelesen habe und am liebsten den ganzen Tag auf dem Sofa sitze oder in der Badewanne liege. Und dass ich leider jetzt gehen muss, weil ich sonst meine Lieblingsfernsehserie verpasse.

TESTERGEBNIS

Sie haben zwischen 9 bis 16 mal a) angekreuzt.
Sie haben 456 Freunde auf Facebook und waren in der Schule immer Klassensprecher. Ihre Kollegen mögen Sie, und die Nachbarin kommt öfter einfach so auf einen Kaffee vorbei. Aber auf die richtig legendären Partys werden Sie nie eingeladen, und die letzte Beförderung ging an den schwarz gekleideten Stoffel aus dem Vertrieb? Außerdem verbringen Sie Ihre gesamte Freizeit als Trauzeuge oder Taufpate bei irgendwelchen langweiligen Familienfeiern? Ihre Lieblingsrolle ist die des Guten. Sollten Sie mehr als 14 mal a) angekreuzt haben, ist Ihnen auch die Rolle des Weinerlichen nicht fremd. Sie sind einfach nett ... noch Fragen? Ein Test in einem Buch oder in einer Zeitschrift bringt Sie jedenfalls keinen Schritt weiter.

Sie haben zwischen 9 bis 16 mal b) angekreuzt.
An sich ist Ihre Verweigerungshaltung lobenswert. Sie sagen immer, was Sie denken, lösen unangenehme Situationen ehrlich und direkt – und gehen keiner Konfrontation aus dem Weg. Für die Abwehr des Dramatikers und des Komplizierten fehlt Ihnen noch ein wenig Originalität. Aber das kann ja noch kommen.

Sie haben zwischen 9 bis 16 mal c) angekreuzt.
Ganz gleich, was Sie angekreuzt haben – Hauptsache, Sie
machen das, was Sie für richtig halten. Dramatiker sind
bei Ihnen ganz zahm, die Komplizierten haben bei Ihnen
wenig zu lachen, die Guten und die Kontrolleure riechen
Sie auf hundert Meter gegen den Wind. Und nach diesem
Buch haben Sie vielleicht sogar noch einige Bekannte vom
Typ Weinerlich weniger, aber die haben eh nur genervt.

Sie hatten keine Lust, den Test zu machen.
Großartig. Sie lassen sich nicht vorschreiben, was Sie zu
tun haben. Nur weil irgendwo »Ankreuzen« steht, zücken
Sie nicht gleich den Stift. Sie haben alle Lektionen des
Buches verinnerlicht und können auch ohne einen alber-
nen Test entscheiden, wie Sie sich in entsprechenden
Situationen verhalten wollen. Auf ein sinnloses Lob wie
»weiter so« verzichten Sie gern.

NACHWORT: LETZTE WARNUNG VOR KAMELEN

Die zwölfjährige Luise aus Mecklenburg-Vorpommern fuhr an einem kalten Oktoberabend nach dem Cello-Unterricht mit dem Regionalzug nach Hause. Sie hatte ihr Monatsticket in der Schule vergessen und war ohne Fahrkarte in die Bahn eingestiegen. Bei einer Kontrolle bemerkte die diensthabende Schaffnerin die junge Schwarzfahrerin und tat, was sie tun musste: sie zwang das Mädchen, an der nächsten Station auszusteigen. Der Zug fuhr weiter und ließ Luise an einem menschenleeren Bahnhof zurück. Ohne Geld und ohne Handy, dafür mit einem riesigen Cello-Kasten auf dem Rücken, musste sie im Dunkeln durch eine ziemlich einsame Gegend nach Hause laufen. Sie brauchte dafür zwei Stunden, die Eltern waren krank vor Sorge.

Die wütende Beschwerde der Eltern hatte für die Schaffnerin eine Abmahnung zur Folge; diese wunderte sich. Sie hatte sich doch nur an die Vorschriften gehalten. Das Mädchen hatte keine Fahrkarte, und jemand, der keine Fahrkarte hat, und auch kein Geld, um sich eine zu kaufen, wird des Zuges verwiesen. Ob die Schaffnerin einen Zusammenhang zwischen ihrem Verweis und einem Fahndungsplakat mit einem Foto von Luise hergestellt hätte, wäre dieses eine Woche später in allen Bahnhöfen gehangen? Glücklicherweise ist dem Mädchen nichts passiert – manche jedoch überleben das korrekte Benehmen ihrer Mitmenschen nicht.

Friedrich Nietzsche hat diese Art von Gehorsam und Selbstgerechtigkeit stets kritisiert. In »Also sprach Zarathustra« forderte er einen neuen Menschen. Frei sollte dieser Mensch sein, klug, stolz, intelligent und mutig. Ein Mensch aber, der an Regeln klebt, ist nicht intelligent und mutig, sondern dumm und manchmal sogar gefährlich.

Um mit Nietzsche zu sprechen: Die Bahnschaffnerin ist ein Kamel. Beladen mit Moralvorstellungen, Gebräuchen und Prinzipien, mit »Du sollst« und »Du musst« schleppt sie sich durchs Leben.

Das Kamel ist die erste von drei menschlichen Erkenntnisstufen, schreibt Nietzsche im Kapitel über die drei Verwandlungen. Es trägt seine Lasten und verzichtet demütig auf jeden Genuss, in der Hoffnung auf eine jenseitige Belohnung.

Die zweite Erkenntnisstufe ist erreicht, wenn sich das Kamel in die Wüste begibt, um sich in einen kämpferischen Löwen zu verwandeln. In der Einsamkeit der Wüste begegnet der Löwe einem alten Drachen, der die bestehende Moral, das »Du sollst« und »Du musst« verkörpert. Ihn gilt es zu besiegen. Den Kampf gegen diesen Drachen gewinnt der Löwe aber nur dann, wenn er ihm ein »Ich will« entgegensetzt. Der aggressive Kämpfer muss schöpferischer Kraft Platz machen. Damit ist dann die letzte Stufe zur Selbstermächtigung erreicht: das Kind. Es symbolisiert Reinheit und Unschuld und kennt keine Regeln.

Auf der Stufe des Kindes erkennt man dann: Normal gibt es nicht, die eigene Persönlichkeit ist immer eine Abweichung von der Norm. Und nur wenn es für mich viele Ausnahmen von den einengenden Regeln gibt und ich meine Wünsche und Bedürfnisse ausleben kann, werde ich meinem ureigensten Wesen gerecht.

Da stellt sich doch die Frage, warum manche Menschen eigentlich ihr ganzes Leben ein Kamel bleiben, während andere diesen Entwicklungsschritt gleich zu überspringen scheinen, um der Pippi Langstrumpf in ihnen Platz zu machen? Warum fordern manche die für sie nötigen Ausnahmen ein, während andere sich ihr Leben lang selbst verleugnen und es als ihre edelste Aufgabe ansehen, überall und immer zu funktionieren?

Mit etwas Glück eignet man sich erst gar nicht zum Kamel. Ich zum Beispiel war zehn Jahre alt, als ich das Projekt, alles richtig machen zu wollen – durchaus mit Bedauern – aufgab. Anlass war eine Party meiner Eltern, zu der auch Peter, ein langjähriger Freund meiner Eltern kommen wollte. Peter war wiederum der Freund von Gudrun, und da ich die beiden sehr mochte, freute ich mich auf ihren Besuch. Meine Mutter warnte mich allerdings zuvor, dass Peter sich von Gudrun getrennt hatte. Damit konnte ich nicht viel anfangen. Trennen? Was sollte das heißen? Als Peter schließlich auf der Party erschien, fragte ich ihn sofort: »Wo ist denn Gudrun?« Die blonde Frau, die neben ihm stand, beachtete ich gar nicht, denn ich hatte ja Gudrun erwartet.

Meine Mutter zerrte mich ins Kinderzimmer und erklärte mir, dass ich die blonde Frau, die neue Freundin von Peter, mit meiner unhöflichen Frage sehr gekränkt hätte. »Wie konntest du nur, ich habe dir doch vorher erklärt, dass Peter nicht mehr mit Gudrun zusammen ist!«

Ich begriff an diesem Tag, dass man mit Fragen nach Freund oder Freundin sehr vorsichtig sein musste. Leider wurde mir auch bewusst, dass mir Schnitzer dieser Art jederzeit wieder passieren konnten – denn schließlich wusste ich noch unendlich vieles nicht, was andere Menschen verärgerte, kränkte oder nervte. Der nächste Fauxpas war also vorprogrammiert, und die einzige Alternative wäre, gar nichts mehr zu sagen. Da mir aber sowohl Stummheit als auch der ewige Eiertanz keinen Spaß machten, erkannte ich schnell, dass ich schlichtweg zu faul bin, um jedes Wort, jedes Bedürfnis und jede Handlung auf die Goldwaage zu legen.

Ich wurde durch meine Faulheit, andere werden durch ihre besondere Persönlichkeit, durch ihr kreatives und außergewöhnliches Temperament gezwungen, sich mit der Unmöglichkeit guten Benehmens auseinanderzusetzen. Marlon Brando, Klaus Kinski oder Lady Gaga sind wohl ziemlich schnell darauf gekommen, dass sie so viele Kompromisse nicht eingehen können, und haben es daher zum Glück auch gar nicht erst versucht.

Wer es schafft, aus sich ein Kamel zu machen und dabei das Beste zu verlieren, was er hat, nämlich seine Persönlichkeit, kommt vielleicht gut durch – aber er ist und bleibt ein Kamel.

Bevor es also zu spät ist und man ein Kamel unter anderen Kamelen ist, das sich endlos langweilt oder gar andere durch seine Regelhörigkeit in unangenehme Situationen bringt, sollte man sich lieber bewusst machen, dass nicht einmal Gott von uns verlangt, unsere Persönlichkeit und unsere Impulse zu verleugnen.

Lassen wir also einem Gelehrten das letzte Wort, der es wissen muss, schließlich entstammt er einer religiösen Tradition, in der es sage und schreibe 365 Verbote und 248 Gebote gibt – und von deren Einhaltung angeblich die Erlösung eines ganzen Volkes abhängt:

> *Eine Frau kommt zum Rabbiner und klagt:*
> *»Rebbe, mein Sohn ist nicht fromm.*
> *In jedes Stück Schweinefleisch, das er*
> *sieht, beißt er hinein, und jedes Mädchen,*
> *das ihm begegnet, muss er küssen.«*
> *Der Rabbiner antwortet: »Danken Sie Gott,*
> *liebe Frau. Stellen Sie sich vor,*
> *er machte es andersherum.«*

WEITERFÜHRENDE HINWEISE:

Woody Allen, *Verbrechen und andere Kleinigkeiten.*
USA 1989.
Pearl S. Buck, *Das Mädchen Orchidee.* Berlin: Ullstein
Verlag, 1996.
Sigmund Freud, *Der Witz und seine Beziehung zum
Unbewussten.* Frankfurt, M.: Fischer Verlag, 2009.
Immanuel Kant, *Kritik der reinen Vernunft.* Stuttgart:
Reclam Verlag, 1986.
Adolph Freiherr von Knigge, *Über den Umgang mit
Menschen.* Frankfurt, M.: Insel Verlag, 2001.
Corinne Maier, *No Kid: 40 Gründe, keine Kinder zu
haben.* Reinbek: Rowohlt Verlag, 2008.
Friedrich Nietzsche, *Morgenröte. Gedanken über die
moralischen Vorurteile.* Frankfurt: Insel Verlag, 1995.
Neil Strauss, *Die perfekte Masche. Berlin:* Ullstein Ver-
lag, 2007.
Dr. Jürgen Stepien, Audiovortrag *Magie der Konflikte.*
www.stepien-impulse.de
Dietlind Tornieporth, *Die perfekte Verführerin.* Mün-
chen: Knaur Verlag, 2009.

Die Zitate sind entnommen aus Gabriel Laub, *Denken
verdirbt den Charakter. Alle Aphorismen.*
© München: Carl Hanser Verlag, 1984.